本书是教育部人文社会科学课题"审判荫影"下调解合意诱导机制研究——以我国民事诉讼法调审合一程序为基础（项目编号：10YJA820096）的最终研究成果

诉讼调解合意诱导机制研究

唐 力 毋爱斌 谷佳杰 高 翔 易晓东 ● 著

图书在版编目(CIP)数据

诉讼调解合意诱导机制研究/唐力等著. —厦门:厦门大学出版社,2016.10
ISBN 978-7-5615-6250-5

Ⅰ.①诉… Ⅱ.①唐… Ⅲ.①调解(诉讼法)-研究-中国 Ⅳ.①D925.04

中国版本图书馆 CIP 数据核字(2016)第 235279 号

出 版 人	蒋东明
责任编辑	甘世恒 邓 臻
美术编辑	蒋卓群
责任印制	许克华

出版发行 厦门大学出版社
社　　址　厦门市软件园二期望海路 39 号
邮政编码　361008
总 编 办　0592-2182177　0592-2181406(传真)
营销中心　0592-2184458　0592-2181365
网　　址　http://www.xmupress.com
邮　　箱　xmupress@126.com
印　　刷　厦门市金凯龙印刷有限公司

开本　720mm×1000mm　1/16
印张　14.75
插页　2
字数　220 千字
版次　2016 年 10 月第 1 版
印次　2016 年 10 月第 1 次印刷
定价　60.00 元

本书如有印装质量问题请直接寄承印厂调换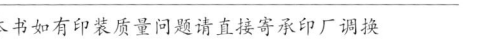

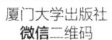
厦门大学出版社
微信二维码

厦门大学出版社
微博二维码

目　录

绪　论：问题与方法 …………………………………………………… 1
　一、问题缘起 …………………………………………………………… 1
　二、选题价值 …………………………………………………………… 3
　三、研究进路 …………………………………………………………… 4
　四、研究方法 …………………………………………………………… 6
第一章　我国诉讼调解的历史变迁与实践考察 ……………………… 8
　一、调解制度的历史变迁 ……………………………………………… 9
　　（一）"调解初创"期：1931—1949 年 ……………………………… 9
　　（二）"调解为主"期：1949—1982 年 ……………………………… 14
　　（三）"着重调解"期：1982—1991 年 ……………………………… 18
　　（四）"自愿合法调解"期：1991—2003 年 ………………………… 20
　　（五）"调解复苏"期：2003—2012 年 ……………………………… 23
　　（六）"调解重构"期：2012 年至今 ………………………………… 29
　二、诉讼调解的实践考察 ……………………………………………… 35
　　（一）诉讼调解制度的实施状况 …………………………………… 36
　　（二）诉讼调解制度的评估分析 …………………………………… 47
第二章　诉讼调解合意生成的法理基础 ……………………………… 53
　一、协商性司法的理论分析 …………………………………………… 53
　　（一）协商性司法理论的兴起 ……………………………………… 53
　　（二）互利的正义：协商性司法的正当性基础 …………………… 58
　　（三）对话与妥协：协商性司法的基本运作机理 ………………… 64
　　（四）程序性：协商性司法的制度框架 …………………………… 66
　二、诉讼与调解之法理及程序构造 …………………………………… 69

（一）"合意"与"强制"：解决纠纷的不同构造 …………… 71
（二）审判模式中合意生成的契机 ………………………… 78
（三）我国诉讼调解中合意生成的制度悖论 ……………… 81
（四）我国诉讼调解制度改革的路径选择 ………………… 84
三、诉讼调解合意诱导机制的理论模型 …………………………… 94
（一）调解合意生成的法理 ………………………………… 97
（二）我国诉讼调解的实践检视 …………………………… 103
（三）我国诉讼调解合意生成之程序保障 ………………… 108

第三章 调审程序分立及其程序结构 ……………………………… 118
一、调解作为审判权运行方式的必要性 …………………………… 120
（一）调解是我国法院解决民事纠纷的传统，积累了丰富的经验 … 120
（二）现代司法应当为民众提供更为便利的司法服务 …… 121
（三）我国社会治理的需要 ………………………………… 122
二、审判程序与调解程序分立设置 ………………………………… 124
（一）调解先行的程序关系 ………………………………… 124
（二）调解失败后的程序转换 ……………………………… 127
三、调审分离后的审判程序 ………………………………………… 128
（一）基本原则体系 ………………………………………… 129
（二）对审的程序结构 ……………………………………… 130
（三）构建安定、可预测的诉讼程序 ……………………… 130
（四）完善的判决结果归责体系 …………………………… 132
四、调审分离后的调解程序 ………………………………………… 132
（一）裁量适用调解 ………………………………………… 133
（二）调解程序的结构 ……………………………………… 136
（三）程序的经过不具有拘束力和"扩张性" …………… 138
（四）多元化的调解模式 …………………………………… 139
（五）调解的方式 …………………………………………… 141
（六）调解合意的生成方式 ………………………………… 143

第四章 审判程序对调解合意生成的引导 ………………………… 145
一、审判程序预测功能对合意生成的引导 ………………………… 145

(一)我国审判程序检视 …… 146
   (二)审判程序改革与合意生成机制的构建 …… 154
 二、案例指导制度对合意生成的引导 …… 158
   (一)案例为当事人提供了协商的参考依据 …… 161
   (二)案例在一定程度上能够修正当事人的诉讼预期 …… 162
   (三)案例能够更容易促成当事人合意的形成 …… 162

第五章 费用及时间成本对调解合意生成的引导 …… 164
 一、费用成本对调解合意生成的引导 …… 165
   (一)诉讼费用制度一般分析 …… 166
   (二)我国诉讼费用政策的文本分析 …… 171
   (三)诉讼费用促成调解合意的正向激励机制 …… 173
   (四)诉讼费用制裁对合意形成的引导 …… 178
 二、时间成本对调解合意生成的引导 …… 184
   (一)时间成本的一般分析 …… 184
   (二)构建多轨纠纷解决机制满足当事人的程序利益需求 …… 186

第六章 法院附设调解机制 …… 191
 一、法院附设调解的实践与模式选择 …… 191
   (一)法院附设诉前调解兴起的现实基础 …… 193
   (二)对法院附设诉前调解两种实践模式的分析 …… 196
   (三)两种调解机制的性质与模式选择 …… 198
   (四)司法性法院附设诉前调解机制设立的构想 …… 202
 二、法院附设型人民调解及其运作 …… 206
   (一)什么是法院附设型人民调解 …… 207
   (二)法院附设型人民调解为什么兴起 …… 210
   (三)法院附设型人民调解机制的效果评估 …… 213
   (四)法院附设型人民调解实践存在的不足 …… 216
   (五)法院附设型人民调解机制的完善 …… 218
 三、非讼调解协议司法确认程序 …… 220
   (一)对非讼调解协议相关司法解释的评价 …… 221
   (二)司法确认程序性质的认识 …… 223

（三）司法确认裁定的既判力问题 …………………………………… 225
（四）关于司法确认的救济问题 ……………………………………… 227
（五）司法确认程序与调解协议争议诉讼程序之关系……………… 229
（六）完善调解协议司法确认程序的建议 …………………………… 230

后　记 ……………………………………………………………………… 232

绪 论

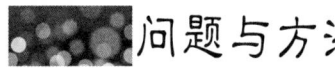 问题与方法

一、问题缘起

诉讼调解又称法院调解,是我国民事审判中最具有特色的一项制度。我国现代意义上的调解制度直接渊源于抗日战争时期中央苏区和陕甘宁边区及各解放区人民政权的司法制度,尤其是以马锡五审判方式为基础的诉讼调解制度,"在新中国成立后的一段时间内,充当着我国主要的社会纠纷解决方式"。① 新中国成立后,1950 年 7 月 26 日,最高人民法院在全国司法工作会议中明确指出:"人民法院必须始终重视调解工作,诉讼中的调解是我国审判制度的一个必要组成部分。"此后,诉讼调解制度在司法政策层面备受青睐。1958 年毛泽东提出了"调查研究、调解为主、就地解决"的"十二字基本方针",后发展为"依靠群众、调查研究、调解为主、就地解决"的"十六字方针",改革开放后发展为"着重调解",以及"自愿合法调解"。这些诉讼调解的司法政策对法院调解工作产生极为重要的影

---

① 李荣棣、唐德华:《试论我国民事诉讼中的调解》,载《法学研究》1981 年第 5 期。

响。近些年来,全国民事一审调解结案率基本上保持在50%左右。由于调解的作用被任意放大,以至于民事诉讼立法和实务操作表现为"调解型"的程序结构,在本应表现为当事人主张、证明,法院居中裁判的程序结构,"蜕化"为法官形成"正确"的解决方案说服当事人接受该方案的所谓"合意"的程序结构,在这里,当事人接受法官提出的解决方案的"合意"构成了程序展开的主要目标。这种在裁判程序中所实施的带有一定"强制性"的诉讼调解,不免会产生消极后果:当事人任意反悔、拒不履行已生效调解书所约定的义务,以及为了避免法官违法调解而不得不在制度上提供再审救济等,这些都使得调解所具有的灵活、经济、迅速和更符合实际情况的解决优势在一定程度上被消解,以至于在实践和理论研究上引发了对诉讼调解制度的深刻反省。

对此,学术界对诉讼调解的相关问题进行了深入分析和探讨,提出了一些建设性的改进思路,比如提出了"调审程序分离""取消诉讼调解、完善诉讼和解"等观点;司法实践也进行了有意义的改革尝试,比如法院建立的"调审对接机制""人民调解员进法院""立案调解"等。从既往学术研究和司法实践改革的总体情况来看,其主要是注重对调解与判决法理的研究,特别是侧重在审判程序中诉讼调解对法院判决正当性影响的分析和调审分离的制度论证;法院近期的改革也多是基于形势上的需要而并非是对调审关系的科学构建。这些研究和改革无疑是重要且具有积极意义的。然而,既往的研究和实践改革忽略了这样一个事实:审判程序中设置调解制度是我国基本国情所决定的,这不能从调解法理与判决法理存在冲突而不适宜合一程序这种简单的逻辑判断来否认诉讼调解的正当性。因此,也就没有注意深入研究在审判程序中如何引导当事人达成合意的制度设计,特别是缺乏研究在以判决为中心的诉讼程序中如何为形成调解合意而建立有效的诱导机制。实质上,高的调解结案率是司法政策对法院审判权运行方式的引导以及科层管理的内部治理机制的双重作用下的产物。尽管通过与法院内部的秩序结构对接,司法政策可以体制化地对法院审判权产生激励效应,但是这种激励效应却具有单一性,对在调解中起"决定"作用的当事人则几乎不产生作用,这就出现了尽管法院明显地重视调解,却无法大幅提升调解结案率的情况[①],这种局面的形成只能归咎于诉讼调解中对当事人行为选择"合意诱导"规则的建设不完善。一言以蔽之,我国现有的诉讼调解制度呈现出"政策激励单一,合意诱导缺乏"的格局特点。本书正是从这一诉讼调解的核心问题出发,探讨和论证审判程序中调解合意形成的诱导机制,使调解在具有浓厚"和合文化"底蕴的我国发挥其应有的作用。

二、选题价值

诉讼中的调解制度是继承和发扬了我国的法律传统,更是儒家文化的产物,调解在中国就体现了传统儒家文化的追求自然秩序和谐的理想;同时,我国传统上的重实体、轻程序;实体公正优于程序公正的正义观念,也将深刻地影响着我国诉讼制度的设计。以正当程序理念为基础、寻求法律上纠纷正确解决的判决程序固然重要,但是,以追求纠纷实体上更符合实际情况的解决效果和符合中国传统正义观念的调解,却是中国转型时期诉讼制度不可或缺的基本内容。诉讼调解所具有的丰富含义和比较容易与时代精神相结合的灵活性,注定了其较长一个时期在我国民事诉讼制度中存在的价值。对这一主题的研究,第一,有助于我们对调解法理与判决法理有更为深入和精细的把握,理解两者在程序与实体以及纠纷解决正当性方面的不同要求和存在的可融合性契机,以便更加合理地进

---

① 从之前媒体对各法院的高调解率报道来看,当下诉讼调解率应当在60%以上甚至更高。然而,全国法院民事一审案件的调解率直到2010年才超过40%,且近十年的调解率上升较为平缓,并没有媒体报道宣传的一路攀升的效果。此外,法院科层制管理带来的"一级压一级"的绩效考评指标犹如"达摩克利斯之剑",各级法院系统在司法统计调解率时或多或少都存在数据"失真"的情况,使得最终得到的调解率数据偏高。在调研过程中,通过采访高级人民法院、中级人民法院和部分基层人民法院的部分法官来进行调研,得出的结论是:在上级绩效考评的压力下,很多法院统计的调解率数据都或多或少有虚假成分。

行制度性安排;第二,通过本课题的研究,能够更好地探究在以判决为中心的诉讼程序中调解合意的形成机制,在重视纠纷有效解决的背景下,能够使制度设计有利于当事人对调解的利用和审判程序中调解合意形成机制的建立;第三,本课题的研究,还有利于合理安排法官在调解中的位置,消除法官因目前的"调审合一"程序所带来的角色混同所产生的负面影响,弱化调解合意的"强制性",为调解合意的形成提供正当性基础。本课题研究的另一个层面的重要意义还在于,调解是如何实现其除解决纠纷功能之外的更具现实意义的功能的。

三、研究进路

本书围绕着诉讼调解"合意诱导"规则展开研究,在坚持应用理性思辨、历史分析等常规研究方法的同时,重点运用实证研究、系统论等理论资源进行研究,以"问题"为导向,以"诉讼调解制度变迁与实践→影响诉讼调解制度实效性关键在于当事人缺乏→合意诉讼调解合意生成的法理基础→合意生成的前提为调审程序分立→审判程序、费用及时间成本对调解合意生成的引导→法院附设调解机制"为基本思路,倡导立足本土经验、面对中国问题的学术方向,就诉讼调解合意诱导机制展开研究。本书除绪论外,共分为六个部分。

第一章为诉讼调解政策的历史变迁与实践。现行的民事诉讼调解制度产生于抗日战争时期,其从萌芽发展至今,可以划分为"调解初创"期(1931—1949年)、"调解为主"期(1949—1982年)、"着重调解"期(1982—1991年)、"自愿、合法调解"期(1991—2003年)、"调解复苏"期(2003—2012年)、"调解重构"期(2012年至今)。2012年修订的《民事诉讼法》创设了"立案调解"和"庭前调解",加上原有的"庭审调解",已经形成一个以"调解为中心"的程序。实践中法院调解已经出现扩大化适用的趋势,其产生的影响不可小视。但考察当下高的诉讼调解结案率的原因,主要是司法政策对法院审判权运行方式的引导以及科层管理的内部治理机制的

绪　论：问题与方法

双重作用下的产物,而在调解中起"决定"作用的当事人则几乎不发生作用,这根本上制约了诉讼调解制度的适用。这只能归咎于诉讼调解中对当事人行为选择"合意诱导"规则的建设不完善。

第二章为诉讼调解合意生成的法理基础。首先,协商性司法是一种新的程序主义,它强调通过对话、协商、妥协实现纠纷的有效解决。其是以当事人意思自治为基本指导原则,强调理性对话来实现纠纷解决中公权力与私权利的合作。其次,从制度结构意义上看,纠纷解决方式在强调当事人责任并通过严格遵守程序规则的决定型程序结构中,也潜藏着促成合意形成的机会,关键是合理构建程序制度,形成和谐的程序结构体系。最后,诉讼调解应当建立起以当事人"处分权"为中心的诉讼调解规则体系。在以当事人处分权为基础的诉讼调解,应当构建起尊重当事人处分权的规则体系,在调解协议的形成方面,坚持"自愿原则"的基本调解法理和法则。我国诉讼调解合意生成的程序构建上,应当遵循调解保密原则、调解豁免原则和意思自治原则。

第三章为调审程序分立及其程序结构。诉讼调解是我国民事诉讼的重要组成部分,应当实施调解程序与审判程序"有限分离",即仅仅是程序上的分离,调解程序与审判程序不再合一程序设置,而是分别设置。当事人起诉到法院的案件在解决纠纷程序方面就有两种选择,一是由调解员主持调解,二是由审判员主持审理并作出判决。主持审理的法官不主持调解,主持调解的法官不主持审理。调解程序的设置和审判程序设置应当符合各自不同法理和规则要求。

第四章为审判程序对调解合意生成的引导。审判程序具有预测功能,当事人或其诉讼代理人能够对审判结果作出一个大致的预判。在我国,还存在着调审合一程序结构模糊了审判规则、起诉受理程序阶段"诉讼化"、审前准备程序虚无化和无法"集中"开庭审理等影响审判程序预测功能的因素,因而应当消除上述不利影响因素。同时,进一步发展完善案例指导制度,发布通过公正的审判积淀高质量的司法判例,提升对诉讼调解合意生成的引导,弥补我国诉讼程序对裁判结果可预测性的缺失。

第五章为费用及时间成本对调解合意生成的引导作用。审判程序较高的时间成本和费用成本,是当事人能够达成合意的最重要的激励因素。

诉讼费用正向激励机制可以采取将诉讼程序区分类别依程序的繁简度标准来加以征收和分段计收的政策,以促进当事人理性选择程序,能够诱导当事人积极选择合意方式并在诉讼的早期阶段达成协议,解决纠纷。诉讼费用的制裁机制,则对当事人予以规则上的警示,也可反向激励当事人减少程序耗费并向合意方向努力。在时间成本促进调解合意生成上,应当改变我国现有审限制度,通过促使法院和当事人诉讼促进义务的履行来防止诉讼拖延。如此可以增强当事人选择非讼的解决方式,即选择和解的意识。

第六章为法院附设调解机制。法院附设调解增加了审判荫影下诉讼外调解达成的可能性,为进入法院的案件提供了多样化的纠纷解决机制,为诉讼与非讼一体化搭建了平台,对当事人将产生极大的吸引力。法院主导型诉前调解模式应当成为我国诉前调解制度化构建的基本走向,在此基础上实行调审分离。法院附设型人民调解模式,也是当前诉调对接的一种重要模式,为法院审判、诉讼调解、人民调解机制的衔接和多元化纠纷解决机制构建提供很好的示范性作用,也为人民调解制度的发展路径提供新的选择。司法确认程序为诉讼外调解合意达成提供后防保障。

四、研究方法

为配合上述研究路径,本书主要采取以下研究方法:

1. 实证分析法。对民事诉讼调解的研究,离不开中国的实践。如果单纯地从逻辑以及理论出发,则会使得制度构建变得僵化和脱离现实。诉讼调解制度作为民事审理程序的重要组成部分,其实效性考察尤为重要。本书重点收集全国每年的法院系统诉讼调解结案数据。本书作者还于2014年7月至8月到重庆市、广东省部分法院就诉讼调解制度实施状况进行专项调研;2015年5月至8月,又以地理区域为划分,选取东、中、西部部分法院,如广东省惠州市中级人民法院、增城区人民法院、萝岗区人民法院、惠东区人民法院;河南省信阳市中级人民法院、平桥区人民法院、光山县人民法院;重庆市第一中级人民法院、江北区人民法院;贵州省平坝区人民法院等进行调研。调研方法上,通过采取座谈、问卷调查、案例分析等,对设定的调研主题和内容进行定性和定量分析,来保证评估的客观性和公正性,保证结论的合理性和可靠性,保证各项改善建议的针对性和可实施性。

2. 比较分析法。诉讼调解制度是一项世界性的司法制度,因而,域外经验和资料的分析必不可少。本书借鉴了美国、日本、德国等国家和地区的制度,在诉讼费用、ADR、强制律师代理等方面都进行了比较法考察,以期形成可供我国借鉴的比较法经验。

3. 历史分析法。运用文献分析和历史分析梳理诉讼调解政策的源流及发展脉络,提炼出诉讼调解变革的基本规律及存在的缺陷,揭示我国诉讼调解当前社会背景和改革的现实紧迫性。也可以探寻到变化背后的社会因素,从而发现历史变迁的规律,以此使得制度构建能够满足当下社会需求及具有一定前瞻性。

第一章
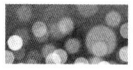我国诉讼调解的历史变迁与实践考察

一切制度都是历史的产物。实践证明,对任何一项制度的研究不应脱离历史,"历史往往是从事任何可理解性研究的起点,并以能够从历史里走出来为条件",①"应当在历史过程中把握现实社会问题的根源和实质,因为现实是历史的继续,历史则是现实的过去"②。民事诉讼调解制度作为重要的纠纷解决方式,被誉为"东方经验",其性质界定并非仅限于化解纠纷的某种方式或者技术,其亦是社会治理中的体制性或者制度性存在。如此,作为一种社会现象、社会事实,调解制度研究不应局限于程序层面,而应立足于社会治理过程并结合社会转型的背景而展开。

诉讼调解,又称为法院调解,长期在我国国家治理体系和纠纷解决机制中占据着显要位置,尤其通常被当作贯彻党的政策、实现社会管理和争取政治合法性的有效手段,其兴衰甚至可以看作政治因素强弱的风向标。③ 它不仅是我国自新民主主义革命时期以来中国共产党领导下所创制的司法传统和经验,更是当前司法实践中备受重视的纠纷解决机制。现行立法将诉讼调解定位于与审判并行的审判权运行方式,并作为民事诉讼法的基本原则加以规定;司法解释还对诉讼调解建构了具体的操作

---

① [瑞士]皮亚杰著,倪连生、王琳译:《结构主义》,商务印书馆1984年版,第92页。
② [法]皮埃尔·布迪厄、[美]华康德著,李康、李猛译:《实践与反思——反思社会学导论》,中央编译出版社1998年版,第126页。
③ 吴英姿:《"调解优先":改革范式与法律解读》,载《中外法学》2013年第3期。

第一章 我国诉讼调解的历史变迁与实践考察

规则,而对诉讼调解进行总体规划和理念指导的司法政策更是始终贯穿和践行于诉讼调解实践之中。

现行的民事诉讼调解制度,并非新中国成立后所生成,其系历经长期的革命战争、伴随革命政权的建立而产生,且此种意义上的调解并非传统意义上的概念、内涵与性质的厘定。依照制度产生的背景、功能界定及发展趋向,当代中国的调解制度可以划分为以下六个阶段。

一、调解制度的历史变迁

(一)"调解初创"期:1931—1949 年

我国自古以来就有调解的传统。调解又称调处,是指具有中立性的第三方通过当事人之间的意见交换或者提供正确的消息,从而帮助当事人达成合意,解决纠纷的活动。① 调解的历史可谓久远,"早在西周的铜器铭文中,已有调处的记载。秦汉以来,司法官多奉行调处息诉的原则。至两宋,随着民事纠纷的增多,调处呈现制度化的趋势。明清时期,调处已臻于完善阶段"。② 民国时期,调解制度取得新进展,虽然由于时局混乱而未形成全国统一立法,但诸如北京政府颁布的《民事诉讼条例》、广州军政府出台的《民事诉讼律》及其后出台的《民事调解法》均对民事调解制度的发展具有重要意义,可以说,民国时期的民事调解制度在中国民事调解制度史上具有承上启下的重要作用。然则,现代意义上的调解制度却直接渊源于抗日战争时期中央苏区和陕甘宁边区及各解放区人民政权的司法制度,尤其是"马锡五审判方式"的创制与发展更是为调解制度的变

---

① [日]棚濑孝雄著,王亚新译:《纠纷的解决与审判制度》,中国政法大学出版社 1994 年版,第 13 页。
② 张晋藩:《中国法律的传统与现代转型》,法律出版社 1997 年版,第 283 页。

革完善,提供了可复制经验或者参考样本。

1. 苏维埃政权时期:以政府调解为表现形式的人民调解

1931年11月,中华苏维埃共和国中央执行委员会第一次全体会议通过的《苏维埃地方政府暂行组织条例》第17条规定:"乡苏维埃有权解决为涉犯罪行为的各种争执问题。"据此,以川陕省为代表的苏区积极响应,1933年2月,川陕省苏维埃政府颁布《川陕省苏维埃组织法》①明确规定:作为政权基本单位的村苏维埃负责解决群众的纠纷,如借贷关系、各种争执等;乡和区苏维埃设有裁判委员,其职责为解决群众一切纠纷问题,乡和区两级苏维埃遇有不能解决的纠纷,可移交区苏维埃调解;村、乡、区均具有就重大问题向县革命法庭提出控告的权利等。

苏维埃政权时期的调解,"严格意义上讲,是一种由政府进行的调解,它区别于法院调解,由于其具有广泛的群众基础,实际上它也具有人民调解的性质"②:首先,调解的内容以不涉及犯罪的民间纠纷为限;其次,政府调解是调解的主要形式,由基层苏维埃政府或其专设人员负责;再次,实行逐级调解制度;最后,在调解中遇有重大问题,基层苏维埃有权向司法机关提出控告。

苏维埃政权时期的调解工作虽未形成固定、完备的实施原则和规范程序,同时亦未在全部红色区域范围内推广适用,但其为后来的诉讼调解制度的形成与发展打下了基础。

2. 抗日战争时期:以马锡五审判方式为主要形式的诉讼调解

伴随《晋察冀边区行政村调解工作条例》(1942年)、《晋西北农村调解暂行办法》(1942年)、《陕甘宁边区民刑事件调解条例》③(1943年)、

---

① 根据《川陕省苏维埃组织法》中对调解制度的规定,当时的调解形式表现为政府主持的调解,而且在村、乡、区三级政权都设有调解机构或人员,并有调解不成向上级报告或转而进入司法程序的制度规定。

② 江伟、杨荣新:《人民调解学概念》,法律出版社1990年版,第29页。

③ 《陕甘宁边区民刑事件调解条例》规定:"除了一切民事纠纷均应实行调解外,一些重大刑事罪以外的一般刑事罪亦在调解之列。"

第一章 我国诉讼调解的历史变迁与实践考察

《山东省政府关于开展调解工作的指示》①(1945年)等系列调解条例、命令和指示的颁行②,传统调解制度在抗日战争时期被赋予崭新的内容和功能,尤其是陕甘宁边区时期马锡五审判方式的确立及推广,不论是调解组织形式抑或调解内容和程序均有了进一步的充实和完善,一方面调解制度实现由传统向现代转型,另一方面其制度化和法律化程度亦渐趋强化。

(1)马锡五审判方式的生成背景

"政权问题是革命的根本问题,而法律则是政权的重要工具之一。"③马锡五审判方式作为抗战时期的直接产物,其呈现出极强的政治性:其一,法院职能的政治性。陕甘宁边区的法院当时并未从政府职能中分离出来,依然作为政府的重要组成部门,如此,法院的职能实现便不可避免地过多深入政府的方针安排与政策需求。其二,履职目的的政治性。在当时的特殊环境下,"国共两党在陕甘宁边区围绕征兵、征粮展开明争暗斗,民主政府和群众为了各自生存的矛盾日益尖锐,土匪与地方武装趁机兴起等"④,必须以满足群众的司法需求为最高目标,同时"边区各级法院还负有通过审判工作,进行法纪宣传,教育人民爱护边区人民政权,遵守革命秩序,积极参加抗日救国事业,借以减少和预防犯罪的任务"⑤,否则,群众便会转向国民政府寻求救济,继而对国民政府予以民心支持。其

---

① 《山东省政府关于开展调解工作的指示》对调解原则、调解种类、调解方式及调解书的制作要求作出规制,其中调解原则包括调解必须双方自愿;调解必须以法律为准绳,照顾善良风俗;调解不是诉讼必经秩序。调解种类包括民间调解、群众团体调解、政府调解、司法调解。调解方式则一般包括赔礼、道歉、认错、赔偿损失或抚慰金以及其他依善良习惯得以平息争执的方式。

② 从抗日战争到解放战争时期,在各项民事诉讼法的规范中已经对调解作了明确的规定。据不完全统计,这一时期实行的民事诉讼法律、法令、条例、指示即达三十多种,在这些法律规范中明确规定:民事案件应尽量采用调解方式,这种方式是解决纠纷、减少诉讼、改进司法工作的最好方式。参见王生长:《调解与仲裁相结合的理论与实务》,法律出版社2001年版,第50页。

③ 马锡五:《新民主主义革命阶段中陕甘宁边区的人民司法工作》,载《政法研究》1955年第1期。

④ 葛天博:《重读"马锡五审判方式"》,载《西南政法大学学报》2009年第4期。

⑤ 葛天博:《重读"马锡五审判方式"》,载《西南政法大学学报》2009年第4期。

三,方式选择的政治性。陕甘宁边区当时并未有可供作出判决的法律规范,同时选择调解结案亦更加具备优越性——"调解结案不会向诉讼那样总有一方胜诉,一方败诉,这样就能够同时争取两方面的民心"①。

(2)马锡五审判方式的精髓内涵

马锡五审判方式不仅呈现陕甘宁边区政权时期的政策要求,更是马锡五个人审判方式的总结与提炼。马锡五在担任陕甘宁边区高等法院院长时,"对司法工作非常重视,亲自参加审判实践。他经常有计划地下乡,深入调查研究,进行巡回审判,及时纠正一些错案,解决了一些缠讼多年的疑难案件,使违法者受到制裁,无辜者获得释放,人民的合法权益受到保障,因而受到群众欢迎"②。此种贯彻群众路线,将审判与调解相结合的办案方法,即是"马锡五审判方式"。

马锡五审判方式之所以受到群众的欢迎与支持,主要由于其所潜存的精髓特质。对此,当时相关的报道和工作会议即给予综合评论或者个别阐释,诸如《解放日报》(1994年3月13日)将马锡五审判方式的精髓归纳为三点,即"深入调查;在坚决执行政策法令和维护群众基本利益的前提下,进行合理调解;诉讼手续简便"。《解放日报》发表的"新民主主义的司法工作"(1945年1月13日)则将马锡五审判方式的精髓分列为八点,即"走出窑洞,至出事地点解决纠纷;深入群众,多方调查研究;坚持原则,掌握政策法令;请有威信的群众做说服解释工作;分析当事人的心理,征询其意见;邀集有关的人到场评理,共同断案;审案不拘时间地点,不影响群众生产;态度恳切,使双方乐于接受判决"。陕甘宁边区司法工作会议总结报告(1945年12月)将马锡五审判方式归结为三项原则,即"深入农村,调查研究;就地审判,不拘形式;经过群众解决问题"。而马锡五个人的解答(1949年5月)则是凝练为"就地审判,不拘形式,深入调查研究,联系群众,解决问题"的"二十二字方针"。然则,无论上述总结或者评论的数量多少,马锡五审判方式的精髓呈现即是:"群众路线是核心,调解方式是关键。"

---

① 刘金燕、赵艳芳:《马锡五审判方式的精髓借鉴》,载《人民论坛》2012年第6期。
② 张希坡:《马锡五审判方式》,法律出版社1983年版,第24页。

第一章 我国诉讼调解的历史变迁与实践考察

(3)马锡五审判方式的适用限度

马锡五审判方式的精髓虽然呈现出"群众路线是核心,调解方式是关键"的特点,但是马锡五对上述精髓同时进行了限度把握。

一方面是群众路线的限度,群众参与判案并非群众判案。司法实践中,我们"要尊重群众的意见,对于民事案件,必须征求当地群众的意见。刑事案件也要重视群众的意见,甚至在群众帮助下发现最重要的物证"①,然则,我们也应当清醒地认识到"群众不是法律专家,不熟练于侦查技术,他们的意见可能一时为犯罪者造成的假象所迷惑。所以不是无条件的采用,必须以政策法令作根据,看其是否与之相合。必须以科学的检查技术加以审查验证,看其是否合乎客观真实的证据"②。

另一方面是调解方式的限度,调解必须实事求是、坚持原则。调解方式作为陕甘宁边区法院解决纠纷的一种方式,具有举足轻重的地位,但是调解并非万能药,其"只限于一般民事纠纷和轻微刑事案件,而对社会危害性较大的刑事案件,是不能调解的"③。同时,调解必须讲道理、坚持原则,"谁个劣,谁个不劣,谁个最甚,谁个稍次,谁个承办要严,谁个处罚要轻,农民都有明白的计算"④。调解必须坚持双方自愿,不能有任何强迫,试图贯彻"民事均得调解;调解为主,审判为辅;调解是诉讼必经程序"⑤等违反意思自治原则的均系权力强势主义的体现。调解必须遵守政府政策法令,照顾进步风俗习惯,任何突破政策法令或者严重违背进步风俗习惯的调解均应界定为无效调解。

---

① 马锡五:《新民主主义革命阶段中陕甘宁边区的人民司法工作》,载《政法研究》1955年第1期。
② 马锡五:《新民主主义革命阶段中陕甘宁边区的人民司法工作》,载《政法研究》1955年第1期。
③ 马锡五:《新民主主义革命阶段中陕甘宁边区的人民司法工作》,载《政法研究》1955年第1期。
④ 《陕甘宁边区教育资料》(在职干部教育部分),教育科学出版社1981年版,第156页。
⑤ 赵坤坡、俞建平:《中国革命根据地案例选》,山西人民出版社1984年版,第30~32页。

(二)"调解为主"期:1949—1982 年

"边区的诉讼调解以至新中国初期的诉讼调解,实际不过是传统法律观念与共产主义理想——准确地说是毛泽东思想,共同作用的结果而已。虽然摈弃了一些过时的封建伦理而以共产主义伦理道德取而代之,但儒家思想的基本精神——崇尚和谐,希望从根本上消灭冲突的理念却是从来不曾放弃的。"① 新民主主义革命时期,革命根据地在处理诉讼案件时奉行的是"调解为主、审判为辅"的司法政策,这种"马锡五审判方式"将审判与调解结合,契合了当时特殊历史时期的需要。② 而 1949 年 2 月中共中央发布的《关于废除国民党的六法全书与确定解放区的司法原则》更是明确了政策作为法律裁判依据的地位与作用。③ 而后作为法律裁判依据的政策逐渐被界定为司法政策。在我国,广义的司法政策是指中央政法委、最高人民法院、最高人民检察院等国家政法机关在一定时期内为实现特定目标所制定、实施并执行的工作方针和行为准则;而狭义的司法政策是"最高人民法院根据国家的政策,结合法院工作实际制定的工作方针、工作重点以及一个时期的审判工作方向,是国家政策在司法领域中的具体体现"。④ 为解决在司法领域中存在的与国家统治、社会治理相关的纠纷解决和法律适用等司法问题,司法政策作为"上层建筑"的产物,其代表了一定时期内"上层"对"下层"的理念宣传和具体指导。新中国成立后,立法规则的缺位和审判理念的缺乏使得"马锡五审判方式"继续影响着当时的审判权运行方式。以马锡五审判方式为基础的诉讼调解制度"在新

---

① 章武生、吴泽勇:《论我国法院调解制度的改革》,载陈光中、江伟主编:《诉讼法论丛》第 5 卷,法律出版社 2000 年版。
② 张希坡:《马锡五审判方式》,法律出版社 1983 年版,第 38~41 页。
③ 中国社会科学院法学研究所民法研究室民诉组、北京政法学院诉讼法教研室民诉组编:《民事诉讼法参考资料》(第一辑),法律出版社 1981 年版,第 37 页。
④ 杨咏梅:《最高人民法院对下级法院:个案审判之外的影响》,左卫民等:《最高人民法院研究》,法律出版社 2004 年版,第 375 页。

中国成立后的一段时间内,充当着我国主要的社会纠纷解决方式"①,虽然受到当时特定政治条件掣肘,诉讼调解作为一项诉讼制度发展较为缓慢,但是在司法政策层面,诉讼调解制度依然被提升到重要位置。

在不断总结"马锡五审判方式"和将调解作为人民司法建设重要内容的基础上,1950年7月至8月召开的第一次全国司法会议明确提出,"人民法院必须始终重视调解工作,诉讼中的调解是我国审判制度的一个必要组成部分",②由此正式奠定了我国诉讼调解的特殊地位。1950年12月,中国人民政府法制委员会草拟了《中华人民共和国诉讼程序通则(草案)》,在程序和实体方面分别提出了民事司法原则,使法院以调解为主解决民事纠纷成为必然选择:一是明确规定实行便利人民的、简易迅速的、实事求是的诉讼程序。坚持各根据地人民司法的优良传统。二是规定了人民法院审判案件如何适用实体法原则,提出人民司法机关处理案件要按照《共同纲领》、人民政府与人民解放军所发布的各种纲领、法律、法令、条例、决议办理。无规定的,按党的政策办。无政策的,根据社会主义法律意识处理。③该通则第十二部分共三条规定了法院调解的内容:"第三十条民事或轻微刑事案件的当事人得向人民法院声请调解。起诉的民事或轻微的刑事案件,法院亦应视具体情况,先行调解。调解如不成立,应即进行审判。但调解非诉讼必经程序。法院进行调解,必须分清是非,不违反政策法令,且不得强使当事人接受。第三十一条人民法院进行调解,不论在声请时、审理时或执行时,院内或院外,均得为之。同类案件较多者,如法院认为适当时,亦得进行集体调解。第三十二条法院进行调解,应将双方争执要点、调解结果及其内容记明笔录。调解合法成立者,应填制调解书(载明调解内容),或调解证(仅载明调解成立),发给双方。但显无必要者,得不发给。"④

1956年10月,最高人民法院在《关于各级人民法院审判程序的总

---

① 李荣棣、唐德华:《试论我国民事诉讼中的调解》,载《法学研究》1981年第5期。
② 李荣棣、唐德华:《试论我国民事诉讼中的调解》,载《法学研究》1981年第5期。
③ 华东政法学院民事诉讼法教研室编:《民事诉讼法讲义》1985年版,第27页。
④ 杨荣新、叶志宏:《民事诉讼法参考资料》,中央广播电视大学出版社1986年版,第201页。

结》(实际起到民事诉讼法的作用)中提出了"调查研究,就地解决,调解为主"的民事审判方针;在第二部分"审理案件前的准备工作"第四项规定了"试行调解","即对那些案情已经明确而又有调解可能的案件(不是所有的案件),为增进人民内部团结以利发展生产,受理这种案件的审判人员可以试行调解,当事人也可以随时请求调解。但是,除婚姻案件外,调解不是诉讼必经程序,不是不经调解就不能审判。调解可以在人民法院内进行,也可以在人民法院外进行。调解必须出于双方当事人的自愿,必须遵守政策、法律、法令。调解时,一般先由审判人员讲解政策、法律、法令和进行团结教育,然后由双方当事人考虑和协商。如果调解成立,就由双方当事人在调解笔录上签名或者盖章,主持调解的审判人员和书记员也应当签名,然后制发调解书。如果调解不成,即决定开庭审理。由人民法院主持成立的调解,与判决有同等效力。如果当事人一方事后翻悔,经审查原调解确有错误的,可以参照人民法院组织法第十二条第一款规定的审判监督程序处理。首先可以由合议庭传唤双方当事人再进行调解,如果调解不成,即进行审判。如经审查原调解并无错误,应不准翻悔,债务人翻悔无正当理由,而债权人申请执行时,可以强制执行。已经在法院起诉而当事人双方在外成立和解的,应当由双方当事人具状撤回案件。经当事人和解撤回的案件,除有正当理由外,不得就同一标的再行起诉";第三部分"审理"中亦对调解作出了强调,"在查清事实的基础上,法庭根据实际情况,对那些可以用调解方式解决的案件,可以随时向双方当事人讲解政策、法律、法令,进行团结教育,在双方当事人自愿的原则下,当庭试行调解,也可以宣布临时休庭,让双方当事人自行协议。如果调解成立,即当庭制作调解书。如果调解不成,即继续进行审判"。

1958年毛泽东提出了"调查研究、调解为主、就地解决"的"十二字基本方针"。1963年7月,最高人民法院召开第一次全国民事审判工作会议,并发布了《关于民事审判工作若干问题的意见》,再次确定了这项工作方针。1964年12月,最高人民法院在第三届全国人民代表大会中将"调查研究、调解为主、就地解决"的"十二字方针"进一步发展成为"依靠群众、调查研究、调解为主、就地解决"的"十六字方针"。

1979年2月,最高人民法院制定的《人民法院审判民事案件程序制

第一章　我国诉讼调解的历史变迁与实践考察

度的规定（试行）》再次明确规定，"处理民事案件应坚持调解为主。凡可以调解解决的，就不要用判决，需要判决的，一般要先经过调解"，并在第四项对调解进行了专项规定："处理民事案件应坚持调解为主。凡可以调解解决的，就不要用判决，需要判决的，一般也要先经过调解。处理离婚案件，必须经过调解。调解要尽量就地进行。调解要坚持自愿的原则，对当事人只能说服教育，以理服人，不得强迫。调解必须按政策、法律办事，遵循'团结—批评—团结'的公式，充分依靠基层组织和群众，对当事人进行政治思想教育、政策法律教育，分清是非，深入细致地做好当事人的思想工作，在提高觉悟的基础上，互相协商，解决问题。调解笔录、达成的协议应由当事人和参加调解的人员签名或盖章。人民法院调解解决的民事案件，应制作调解书，发给当事人。调解书应写明当事人的基本情况、案件事实、争执焦点和调解结果，写明'本调解书与判决书有同等法律效力'。调解书由审判人员或合议庭人员署名，人民法院盖章。经调解和好的离婚案件，可不制作调解书，但要写明情况，记录存卷。如果当事人对调解达成的协议事后翻悔，应审查原因，由审判人员或合议庭再行调解，调解不成，即可判决。"相比较1956年最高人民法院颁行的《关于各级人民法院民事案件审判程序总结》，此次对调解制度的规定更为细致具体。

改革开放初期，尽管民事案件的法律规范仍不健全，审判工作中仍存在以政策为依据的情况①，然则，诉讼调解"已成为中国共产党重新安排我国社会秩序并动员群众支持其政策的工具，处理着我国主要的民事诉讼活动"②。受"调解为主"思想的强烈影响，"当时人民法院调解率非常高，约占80%"③。在"无法可依"的时代背景下，"调解为主"司法政策发挥了积极的纠纷解决功能，获得了很高的赞誉，取得了较好的政治效果与社会效果。然而，尽管体现了当时的政府政党意志，"调解为主"司法政策却不具有法律作为国家意志体现的严格、规范与正当的程序，仅仅是一种

---

① 马建华：《论我国司法调解制度的完善》，载《当代法学》2010年第5期。
② 强世功主编：《调解、法制与现代性：中国调解制度研究》，中国法制出版社2001年版，第120～121页。
③ 王怀安主编：《中国民事诉讼法教程》，人民法院出版社1992年版，第177页。

非正式的国家意志。① 此外,司法政策依然保留了其在革命根据地时期所具有的特殊性和随意性的痕迹和烙印,这也在一定程度上限制了其积极功能的全面发挥。从长远的法制建设来看,"调解为主"司法政策也留下了诸如审判队伍专业化不强、重实体轻程序等消极影响。但这一切都没来得及总结,就被随之而来的法制停滞冲毁得灰飞烟灭。

(三)"着重调解"期:1982—1991年

20世纪80年代初,国家从"文革"的浩劫中逐渐苏醒,其意识到只有依靠健全完善的社会主义民主和法制才能实现国家长治久安。易言之,"调解为主"的政策界定囿于其"片面性"——部分法院机械理解"调教为主"政策而片面追求调解率,并以此作为法官办案质量高低的考核标准,如此,便催生诸多强制性调解案件,或者久调不决甚或欺骗调解,已然与时下的司法规律和司法需求相背离。如此,"为了提高民事诉讼活动中司法审判的地位,避免造成司法审判与司法调解的对立"②,亟须对现有的司法调解政策作出适当调整。

1982年3月8日,我国第一部《中华人民共和国民事诉讼法(试行)》[以下简称1982年《民事诉讼法(试行)》]经第五届全国人民代表大会常务委员会第二十二次会议审议颁行,这标志着我国民事审判活动进入了"有法可依"的时代。1982年《民事诉讼法(试行)》不仅在体例安排上作出较大调整,即调解除了在第十章"第一审程序"第四节中作了比较详细的制度性规制,更是将调解作为一项基本原则纳入第一章"任务和基本原则"的规制范畴,据此便对"调解作为开庭前的必经程序"的认知误区予以厘清,且对调解的适用范畴予以明确,即包括一审、二审和再审的全过程,同时调解的规制内容亦有较大程度变动,即在第6条中对"着重调解"的调解政策予以明确,即"人民法院审理民事案件,应着重进行调解,调解无

---

① 齐恩平:《民事政策的困境与反思》,载《中国法学》2009年第2期。
② 章武生等:《司法现代化与民事诉讼制度的建构》,法律出版社2000年版,第30页。

第一章 我国诉讼调解的历史变迁与实践考察

效的应当及时判决",在实施意见中对"自愿与合法原则"予以重申,即"调解达成协议,必须双方自愿,不得强迫。……调解未达成协议或者调解书送达前一方翻悔的,人民法院应当进行审判,不应久调不决",同时第99条为调解的社会化提供了法律渊源,即"人民法院进行调解,根据案件需要,可以邀请有关单位和群众协助。被邀请的单位和个人,应当协助人民法院进行调解"。由此观之,具有稳定性的法律取代了司法政策,承担起了指导与规范民事审判活动的作用与功能。因此,诉讼调解的规范依据应当以制定程序严格、效力等级更高的法律规定为准,在应然机理上以"着重调解"原则为指导方针。

1982年民事诉讼法(试行)及其实施意见对诉讼调解制度的规制较之以前更为完善,更具系统性,亦因此"我国民事审判工作便进入了有法可依的严格按照程序办案的新阶段"①,然则,由于必要的法律程序保障的缺失,且"着重调解"的尺度并未有统一或者具体的可操作标准,使得调解制度运行实践依然保持着"调解为主""调解优先"的倾向性,"着重调解"原则的行为指引作用并未得到真正彰显,"重调解轻判决"的问题并未得以实质解决,违法调解、强迫调解、虚假调解等片面追求调解结案率的现象依然存在。究其原因,"调解为主"司法政策的长期奉行固化了司法实践中法院审判权运行"调解化"的趋向,进而影响到了1979年起草的《民事诉讼法(试行)》关于诉讼调解的规定。从条文内容来看,尽管"调解无效,应当及时判决"的立法规定使得其在对调解的重视程度上比"调解为主"有所减轻,这表明立法者力图调整判决与调解的关系,然而"人民法院审理民事案件,应着重进行调解"的规定依然强调了民事案件审理中调解的主导和优先地位。正如有学者解读:"人民法院受理民事、经济纠纷案件后,应当立足于调解解决,能够用调解方式结案的就不采用判决形式结案。"②立法者试图对"调解为主"改良成"着重调解"的本意在司法实践中也并不理想,原因在于"着重"一词本身不具有科学性和确定性,在司法

---

① 牛博文:《中国司法调解的历史叙事及成因分析》,载《甘肃行政学院学报》2014年第2期。

② 柴发邦:《民事诉讼法学》,法律出版社1987年版,第67页。

实践中仍难以取得一致认识。有的认为民事案件60%调解结案即为贯彻了"着重调解"原则,有的则认为达不到80%以上的调解结案率就不能算真正贯彻了"着重调解"原则。"着重"一词难以准确理解和把握,但"着轻"审判却明白无误。立法者想改良诉讼调解原则的本意就在对"着重"原则的无法准确把握中,伴随着"调解为主"的惯性而消失了。

尽管"着重调解"只是"调解为主"的承继和发展,但这种"从司法政策到立法规定"的变化却具有极其重要的制度意义。从20世纪50年代的"以调解为主"的提法规定为"着重调解",应该说这样的提法是把法院调解的重要位置稍稍降格,并且在实施意见中明确提出了"自愿与合法的原则",并一再重申不能久调不决,调解不成应当及时判决。这显然是提高了民事诉讼中审判的地位,防止审判与调解相对立。"自愿与合法原则"的提法也为1991年《民事诉讼法》关于法院调解制度原则的修正作了很好的铺垫。同时为尊重当事人,也允许调解协议达成后享有翻悔的权利。出现这样的变化也是必然的:当时的社会主义民主和法制的意识是整个社会的政治主题,所以在民事诉讼中再一味强调人民内部矛盾、一味强调调解就显得不合时宜;该时期也是我国经济开始发展的时期,开始进行对外交流,随着经济发展与开放,各种各样新型的案件开始出现,一味适用调解也显得滞后;此外,当时的立法活动也加快进程,表现在民事法规方面,最具有代表性的是1980年重新颁布了《婚姻法》、1981年颁布了《经济合同法》和1986年颁布了《民法通则》,结合1982年《民事诉讼法》,使得民事审判的实体和程序都有了基本的规定,不至于像新中国成立初期那样由于实体法和程序法的双重缺位而无可奈何地"以调解为主"。总而言之,通过规范有效的立法活动,司法政策的实践价值以法律的形式衍生为"着重调解"法律原则,司法政策的法典化诠释了一个从"实质合理性"到"形式合理性"的过程,表明了我国民事诉讼法律的发展与进步。

(四)"自愿合法调解"期:1991—2003年

1991年4月9日,《中华人民共和国民事诉讼法》(以下简称1991年《民事诉讼法》)经第七届全国人民代表大会第四次会议审议通过,并于公布之日起施行,其对 1982 年《民事诉讼法(试行)》进行了全面而深入的修订。1991 年《民事诉讼法》是在总结 1982 年《民事诉讼法(试行)》近十年的诉讼实践,结合我国新的实际情况、借鉴国外诉讼制度而形成的民事诉讼法。其中有关法院调解制度也有了明显的改变。

此次民事诉讼法的出台彻底改变了"着重调解"的原则,其在"总则"第 9 条确立了"自愿合法调解"的原则,即"人民法院审理民事案件,应当根据自愿和合法的原则进行调解;调解不成的,应当及时判决"。1991 年《民事诉讼法》第八章对诉讼调解的具体操作程序进行了专门的规定,不再像 1982 年《民事诉讼法(试行)》那样在第一审普通程序中加以规定,而是单独列为一章,从而使得法院调解单独成章,增强了其适用性,不仅仅适用于第一审普通程序,也同样适用于简易程序、第二审程序、审判监督程序。同时对调解相关内容予以细化,突出强调了调解的自愿性和合法性,并赋予调解与判决同等的法律效力,诸如"调解应当坚持当事人自愿原则,以事实清楚、分清是非为基础""调解可由审判员一人主持,亦可由合议庭主持""调解可以简便方式通知当事人、证人到庭""调解达成协议的应当制作调解书,但'调解和好的离婚案件、调解维持收养关系的案件、能够及时履行的案件、其他不需要制作调解书的案件'可以不予制作调解书"等。此外,1991 年《民事诉讼法》还对调解结案而申请再审的情形予以明示,即第 180 条规定:"当事人对已经发生法律效力的调解书,提出证据证明调解违反自愿原则或者调解协议的内容违反法律的,可以申请再审。经人民法院审查属实的,应当再审。"

这一时期,最高人民法院先后发布了六件涉及调解内容的司法解释,其中最为重要的是 1992 年发布的《最高人民法院关于适用〈中华人民共和国民事诉讼法〉若干问题的意见》,其对 1991 年《民事诉讼法》涉及调解的内容作了细化,即"法院经审查认为法律关系明确、事实清楚,在征得双方当事人同意后,即可径直调解""调解时当事人不能出庭的,经其特别授权,可由其委托代理人参加,达成调解协议的,可由委托代理人签名,离婚案件的当事人确因特殊情况无法出庭参加调解的,除本人不能表达意志的以外,应当出具书面意见""无民事行为能力人的离婚案件,由其法定代理人进行诉讼,法定代理人与对方达成调解协议要求发给判决书的,可以根据协议内容制作判决书""当事人一方拒收调解书,该调解书不具法律效力""调解书生效日期应以后收到调解书的当事人的签收日期为准""调解时需要确定无独立请求权的第三人承担义务的,应经第三人同意并同时送达调解书,第三人在调解书送达前反悔的应当及时判决"等。

诉讼调解原则的根本转变,缘起于1982年《民事诉讼法(试行)》确立的"着重调解"原则并没有解决当时实践中"重调解轻判决"的问题,其弊端不断显现,进而引发了法院系统深刻的反思。1987年的《最高人民法院工作报告》首次提及"对有些纠纷的调解工作指导不力……案件违背了合法、自愿原则"。[①] 1988年的《最高人民法院工作报告》指出:"从法院来说,我们强调……及时教育疏导调解,该判决的就及时判决。"[②]1988年7月召开的第十四次全国法院工作会议正式启动了民事审判方式改革,提出了强调当事人举证责任、突出当事人主体地位以及调整判决与调解的相互关系。[③] 基于此,1991年《民事诉讼法》将诉讼调解原则修改为"自愿合法调解"。"自愿合法调解"原则的确立从根本上改变了"着重调解"原则的规定,并逐渐祛除了"调解为主"司法政策的影响,调整了判决与调解的定位。此外,最高人民法院于2001年公布的《关于民事诉讼证据的若干规定》(以下简称证据规定)第67条规定了"调解自认豁免规则",[④]从证据调查程序封闭性的角度再次厘清了判决与调解的关系。进一步看,诉讼调解法律原则的转变并非一时兴起、一蹴而就,其变化和修改的过程潜隐了司法政策对法律修订的引导和影响。司法实践中因"着重调解"盛行而出现"以调压判"等违反当事人自愿的"强迫调解"问题,甚至出现了"久调不决"等迟延纠纷解决的现象,从而引起法院系统的意识和重视。因为具有对社会活动的高度敏感性,且决策过程也比立法程序更为灵活便利,司法政策首先发生转变以稀释和减弱"着重调解"的影响。调整后

---

① 《最高人民法院工作报告》(1987年4月6日)。
② 《最高人民法院工作报告》(1988年4月1日)。
③ 张卫平:《诉讼调解:时下势态的分析与思考》,载《法学》2007年第5期。
④ 最高人民法院《关于民事诉讼证据的若干规定》第67条:"在诉讼中,当事人为达成调解协议或者和解的目的作出妥协所涉及的对案件事实的认可,不得在其后的诉讼中作为对其不利的证据。"

第一章 我国诉讼调解的历史变迁与实践考察

的司法政策再历经不断论证和反复实践,通过决策层的首肯和推动后,进而肇致法律的修订和调整,最终确立了"自愿合法调解"原则。

调解新原则否定了"着重调解",突出"自愿合法调解",使得调解原则更加贴近诉讼调解制度的本质,如此,司法实践中,法院调解结案率亦呈现大幅回落趋向。然而据统计,这一时期调解结案所占的比例依然占据较大比例。易言之,"法院调解结案率的回落并非意味着司法调解的真正衰落,在特定的时期和特定的条件下司法调解的价值和功能依然占据重要地位"①。"着重调解"更多的是关于在解决民事纠纷中"调解"与"审判"的使用率之比、地位之比,是优先适用"调解"的手段还是优先适用"审判"的手段。但"自愿合法原则"则是换了一个角度去规范,强调在适用调解解决纠纷时注重当事人的自愿性,注重调解本身的合法性(包括程序合法与实体合法)为第一要素。只有建立在这一前提下,调解才能成立。在自愿与合法调解原则的前提下,调解结案也可能是法院解决民事案件的主要途径,事实证明调解结案率在当时的很多基层法院远远超过审判结案率。因此,这一原则的规定应该归因于,诉讼调解制度较以前更注重当事人的主体性与尊重当事人的处分权。

(五)"调解复苏"期:2003—2012 年

"进入 21 世纪以后,由于社会纠纷日益增多、社会矛盾凸显,司法体制改革遭遇阻力;加之政治权力推行和谐社会的理念,司法调解恰与之契合,终使得司法调解于 2003 年之后又重新回到司法体制的关注之中。"②这一时期的诉讼调解除受到民事诉讼法立法规定的指导外,更多地受到了当时诉讼调解司法政策的影响。基于司法政策变迁过程,该时期的诉讼调解可以划分为"调判结合"阶段与"优先调解"阶段。

---

① 范愉:《纠纷解决的理论与实践》,清华大学出版社 2007 年版,第 417 页。
② 范愉:《调解的重构(上)——以法院调解的改革为重点》,载《法制与社会发展》2004 年版。

1."调判结合"阶段

2003年2月实施的最高人民法院《关于审理证券市场因虚假陈述引发的民事赔偿案件的若干规定》第4条规定:"人民法院审理虚假陈述证券民事赔偿案件,应当着重调解,鼓励当事人和解。"对此,有学者指出,"这是法院多年来再次明确重申'着重调解',说明法院已经清醒地认识到司法在处理此类纠纷中的能力限度"。①

2003年7月,最高人民法院通过《关于适用简易程序审理民事案件的若干规定》对人民法院在开庭审理时应当先行调解的六类纠纷予以明确,即"婚姻家庭和继承纠纷、劳务合同纠纷、交通事故和工伤事故引起的权利义务关系较为明确的损害赔偿纠纷、宅基地和相邻关系纠纷、合伙协议纠纷、诉讼标的额较小的纠纷"。

2003年12月的全国高级法院院长会议上,最高人民法院将"加强诉讼调解工作,提高诉讼调解结案率"作为落实司法为民的重要措施进行布置。② 对"判决是解决纠纷的唯一手段"的反思与迫于"案结事不了"的压力,重视与强调调解成了法院处理特定民事纠纷的实践经验,并进而作为妥善解决民事纠纷的直接示范逐渐扩展开来。

2004年8月,最高人民法院发布《关于人民法院民事调解工作若干问题的规定》。该规定确定了"能调则调,当判则判,调判结合,案结事了"的工作方针,提出进一步改革和完善诉讼调解工作的方案:第一,明确了调解所应当遵循的四项基本原则,即调解自愿原则(第1条、第2条、第3条、第5条、第8条、第9条、第10条、第11条)、调解合法原则(第12条)、调解保密原则(第7条第1款)、调解灵活原则(第7条第2款、第9条、第10条、第17条)。第二,明确调解适用的诉讼程序,即不管是一审、二审还是审判监督程序审理民事案件,原则上都适用调解。第三,明确调解民事案件的范围,即对于有可能通过调解解决的民事案件,人民法院应当调解,但适用特别程序、督促程序、公示催告程序、破产还债程序的案

---

① 范愉:《纠纷解决的理论与实践》,清华大学出版社2007年版,第417页。
② 刘峥:《树立司法为民思想,践行公正与效率主题——记全国高级法院院长座谈会》,载《人民司法》2003第9期。

件,婚姻关系、身份关系确认案件以及其他依案件性质不能进行调解的民事案件,人民法院不予调解。第四,明确调解程序的启动和期限,即调解可依照当事人申请而进入调解程序,亦可由法院征得当事人的同意而进行调解;同时"规定"以促成调解且保证案件不超过法定期限为基点规定两种不计入审限的期间,即"双方当事人申请庭外和解的期间"和"在答辩期满前调解不成,各方当事人同意继续调解而延长的期间"。第五,明确主持调解的主体。"规定"对主持调解的主体给予扩大,即除审判员或者合议庭主持调解外,经当事人同意,人民法院可以委托协助法院调解案件的单位和个人对案件进行调解,达成调解协议后,由人民法院对调解协议的效力作出确认。第六,明确规定关于超出诉讼请求(第9条)和附条件的调解(第10条、第11条),即只要不违反法律、行政法规的禁止性规定,不侵害国家、社会公共利益或者他人合法权益,即便调解协议内容超出诉讼请求的,人民法院亦是可以允许;附条件的调解规定,主要包括承担民事责任的"附条件"和履行担保义务的"附条件",此种规定把衡量违约成本的主动权交由当事人自己,能够更好地督促当事人主动及时履行义务,降低执行案件的数量比例。同时"规定"亦对不得附判决条件的调解作出规制(第18条),即"当事人自行和解或者经调解达成协议后,请求人民法院按照和解协议或者调解协议的内容制作判决书的,人民法院不予支持"。第七,明确先行调解的新内容(第17条),"当事人部分诉讼请求达成调解协议的,人民法院可以就此先行确认并制作调解书",同时基于调解自愿原则的规制,"规定"对法院处理意见的渗入作出严格限制,即须同时满足三个条件:其一,当事人对主要诉讼请求或争议事项已经达成调解协议;其二,当事人共同向人民法院提出请求;其三,人民法院作出的处理意见须当事人共同接受。第八,明确调解的执行规定,主要包括附条件调解的迟延履行责任和担保物上的权力负担,其中前者(第19条)即是指"调解书确定的担保条款条件或者承担民事责任的条件成就时,当事人申请执行的,人民法院应当依法执行",后者(第20条)则规定:"调解书约定给付特定标的物的,调解协议达成前该物上已经存在的第三人的物权和优先权不受影响。第三人在执行过程中对执行标的物提出异议的,应当按照民事诉讼法第208条规定处理。"

2005年4月,最高人民法院提出了要坚持"能调则调、当判则判、判调结合、案结事了"的工作方针。① 2005年5月,最高人民法院发布了《关于加强再审调解工作的通知》,借以时任中央政法委书记罗干和时任最高人民法院院长肖扬的指示精神,对调解的重要功能价值作了强调和重申,即"调解是符合我国国情的审判方式;注重调解是人民司法工作的优良传统;调解集法理情于一体,能较好地平衡当事人之间的利益,有效节省司法资源,是解决基层人民内部矛盾纠纷的最佳方式,对维护社会的稳定具有重大意义"。该通知立足再审调解之于民事审判的重要意义,针对再审调解过程中的突出问题提出系列要求,诸如"高度重视再审调解工作,充分认识做好再审调解工作的重要意义""转变再审难调的理念,纠正就案办案、轻调重判等错误认识,强化再审调解意识""把握再审案件特点,研究再审调解规律,讲究调解方法,注重调解效果""推动再审调解工作的制度化、规范化建设""充分调动审监法官再审调解的积极性,对成绩突出的集体和个人给予表扬和适当的物质奖励"等。

2006年国务院通过的《诉讼费用交纳办法》第15条确立了"调解案件费用减半"的规定,"以调解方式结案或者当事人申请撤诉的,减半交纳案件受理费",这是从费用成本与经济刺激的角度引导当事人各方达成调解。

2007年3月7日,最高人民法院发布《关于进一步发挥诉讼调解在构建社会主义和谐社会中积极作用的若干意见》,提出四个方面共计26项要求:首先,统一思想,增强意识,深刻认识诉讼调解在构建和谐社会中的重大意义。诉讼调解作为我国诉讼制度的重要组成部分,是人民法院行使审判权的重要方式,是和谐司法的重要内容,它是根植于我国历史文化传统并经过长期司法实践证明有效的纠纷解决方式,不仅符合当前社会大众的价值观念和诉讼意识,也体现了中华民族追求自然秩序、社会秩序和谐的理想。因此,各级法院应当根据法律法规及司法解释的诸项要求,按照"公正司法,一心为民"的要求,立足本地实际,积极探索诉讼调解

---

① 《关于增强司法能力、提高司法水平的若干意见》(法发[2005]4号,2005年4月1日)。

第一章 我国诉讼调解的历史变迁与实践考察

机制创新,完善诉讼调解制度,创新调解方法,提高调解艺术,全面推动调解工作发展。其次,强化调解,尊重规律,努力实现"案结事了"的目标。各级法院应当正确处理调解和判决的关系,加强诉讼调解的力度,增加调解结案的数量,提高调解结案的比例;重点做好"六类案件"①的调解工作;加大对刑事附带民事案件的调解力度,尝试推动行政诉讼案件、刑事自诉案件及其他轻微刑事案件的当事人和解;充分保障当事人意思自治,注重调解程序的正当性、简易性和可操作性,避免调解的随意性;认真履行对调解协议、和解协议的审查确认职责,确保无违反法律法规强制性规定,违背善良风俗和社会公共道德情形。再次,创新机制,完善制度,充分发挥诉讼调解化解矛盾、平息纠纷的作用,诸如进一步完善立案阶段的调解制度,立案后经当事人同意,人民法院可以坚持"效率、快捷"原则对案件进行调解;建立和完善引入社会力量进行调解的工作机制,具体包括人民调解组织、基层群众自治组织、工会、妇联等组织和人大代表、政协委员、律师等个人;健全调解规范,完善调解程序,注重增强调解工作的亲和力、透明度、效率,方便当事人参与调解;统一诉讼调解法律文书格式,制作当事人答辩期满前调解同意书、继续调解申请书、委托调解书、诉讼费用决定书、调解书等诉讼调解文书模板;建立科学合理的调解激励机制,将调解工作成绩纳入个人考评范围;突出基层调解重点,关键靠基层调解发挥构建和谐社会中的积极作用;探索建立诉讼程序与诉外纠纷解决机制的对接机制,积极推动社会多元化纠纷解决机制的建立和完善等。最后,加强培训,促进交流,大力提高法官的诉讼调解能力,即重视法官诉讼调解能力建设,加大对法官诉讼调解能力的培训力度,建立法官轮训制度;完善调解艺术,创新调解方法,提高法官调解案件的能力,加强对诉讼调解经验的总结和交流等。

---

① "六类案件"主要包括涉及群体利益,需要政府和相关部门配合的案件;人数众多的共同诉讼、集团诉讼案件;案情复杂,当事人之间情绪严重对立,且双方都难以形成证据优势的案件;相关法律法规没有规定或者规定不明确,在适用法律方面有一定困难的案件;敏感性强、社会关注程度大的案件;申诉复查案件和再审案件。

2."优先调解"阶段

2008年,为响应决策层构建和谐社会的政治倡导和指导法院的审判活动,中央政法委明确提出了"优先调解,调判结合"的司法政策,并在司法实践中由上至下得到迅速贯彻。

2009年2月,最高人民法院发布的《关于进一步加强司法便民工作的若干意见》第4条指出:"基层人民法院应当建立健全案件繁简分流和速裁工作机制,着重以调解方式解决纠纷,快速化解矛盾,提高诉讼效率。"2009年的《最高人民法院工作报告》进一步重申了"优先调解,调判结合"的原则方针。[①] 2010年最高人民法院《关于进一步贯彻"调解优先,调判结合"工作原则的若干意见》再次明确了"调解优先,调判结合"的司法政策。各地方法院根据上述司法政策开展了所谓"大调解"的调解实践活动,尽管各地法院的做法有所差异,但就总体而言,诉讼调解开始引入民间力量的参与,逐渐出现"社会化"和"大调解"的倾向和趋势。

2009年3月,最高人民法院发布《人民法院第三个五年改革纲要(2009—2013)》,提出对刑事附带民事审判工作要"强化纠纷调解"的方针,同时要求加强诉前调解与诉讼调解之间的有效衔接,健全诉讼与非诉讼相衔接的矛盾纠纷调处机制等。

2010年6月7日,最高人民法院印发《关于进一步贯彻"调解优先、调判结合"工作原则的若干意见》的通知,要求各级法院要紧紧围绕"案结事了"目标,牢固树立"调解优先、调解首选"理念,准确把握"调解优先、调判结合"的工作原则,将调解贯穿于立案、审判、执行的全过程;完善调解制度,抓好重点环节,全面推进调解工作,诸如立案调解制度、刑事案件和解制度、行政案件协调制度、执行和解制度、庭前调解制度、委托调解和协助调解制度、再审案件调解制度、调解回访制度、律师和法律援助机构参与调解制度等;规范调解活动,创新调解工作机制,诸如切实贯彻自愿调解、合法调解原则,科学把握当判则判时机,强化调解监督管理,规范调解协议督促条款、担保履行条款的适用,建立健全调解工作激励保障机制、能力培养长效机制、类型化调解机制等;推定"大调解"工作体系建设,完

---

① 《最高人民法院工作报告》(2009年3月17日)。

善中国特色纠纷解决机制。

综上分析,这一时期内的调解不断升温,呈现出复苏的态势,尤其与判决相比较,占据较为优势的地位。究其原因,除了政府大力倡导和谐社会从而使得司法机关在司法领域予以回应的顶层设计外,伴随经济社会发展的转型和矛盾的凸显,法院案件数量呈现"爆炸式"的剧增,在"案多人少"的办案压力下,法院或者法官多选择具备"程序简便、方式灵活、自觉履行率高"等优点的调解方式结案,而放弃或者缩减久拖不决、耗时费力的判决方式。在此时期,尽管民事诉讼立法上的"自愿合法调解"原则发挥着诉讼调解的应然依据作用,然而具体影响着司法实践中诉讼调解活动的却是一系列的司法政策。从虚假陈述证券案件的"着重调解",到简易程序特定案件的"先行调解",再到"判调结合"审判方针,直至"调判结合"司法政策,最后演进到"调解优先"的司法政策。司法政策的变迁逐渐复苏了诉讼调解,进而重塑了诉讼调解制度的微观基础,尤其是《调解规定》和《诉讼费用交纳办法》确立的引导当事人达成调解合意的规则,标志着重视诉讼调解的司法政策不再只是纯粹的理念宣扬,而开始寻求规则层面的尝试。经过一段时间的探索性实践,"优先调解"司法政策开始对法律修订产生影响。2012年8月修正后的《民事诉讼法》在保留原有"自愿合法调解"原则和调解的专章规定之外,增加了两条关于诉讼调解的规定,分别为第122条规定的"先行调解"和第133条"程序分流"规定中的"庭前调解"。由此可见,"优先调解"司法政策通过立法活动上升为法律规定,其实践价值以法典化的形式得以确立。

(六)"调解重构"期:2012年至今

2012年以后,诉讼调解的制度与实践再次发生变化,而这次的变化却呈现出多元化的特点。一是"调解复苏"期的司法政策在新一轮民事诉讼法修改中得到了吸纳,从而与"自愿合法调解"期的立法规定并存于法典化之中;二是最高人民法院领导层的更替使得诉讼调解司法政策再次发生变化,肇致诉讼调解司法实践出现了新的局面;三是民事诉讼法司法解释的制定与实施带来了诉讼调解规则的新变化,使得司法实践也随之变化。

1. 法律规定中的诉讼调解

2012年8月31日,第十一届全国人民代表大会常务委员会通过《关于修改〈中华人民共和国民事诉讼法〉的决定》(以下简称2012年《民事诉讼法》),该次修订对调解制度作出适当调整和重置。

(1)确立先行调解制度

2012年《民事诉讼法》第122条规定:"当事人起诉到人民法院的民事纠纷,适宜调解的,先行调解,但当事人拒绝调解的除外",首次以立法形式将先行调解制度予以固定,其与立案调解、庭前调解、庭中调解和庭后裁判前调解共同构成了我国法院的诉讼调解体系。

第一,先行调解的程序启动。依据新修订的《民事诉讼法》的规定,先行调解的启动应当系人民法院依照职权而主动发起,当事人则处于被动、消极地位,但是当事人享有终止先行调解程序的权利,一旦当事人拒绝适用先行调解则该程序即宣告终结。

第二,先行调解的主体。先行调解作为诉讼内的调解制度,其性质应界定为司法调解,因此,先行调解的主体仅限于人民法院,但是法院调解的形式可以呈现多元化,诸如借助其他社会组织和个人参与涉诉纠纷的调解,即协助调解、委托调解或者邀请调解等。

第三,先行调解的适用范围。虽然先行调解的规定中并未对适用范围予以明确,而仅以"适宜调解"作为限定,但是依据调解适用的基本条件规定可予以界定,即先行调解的案件须满足"法律关系明确,事实清楚"的条件界定,同时先行调解应当突出"实效性",即诸如"情况紧急的维权纠纷案件、已采取诉权保全纠纷案件、案件当事人同时到法院要求解决纠纷案件等",此外,诸如"争议标的较小、群体性纠纷或者弱势群体权益保护纠纷案件等"亦可纳入先行调解的适用范围。

第四,先行调解的时限控制。基于调解的实效性考量,先行调解的时限应当严格控制,以10~15日为宜,当事人双方同意延长的,法院可予以适当延长,但总期限不能超过20日。

(2)进一步强化对诉讼的检察监督

2012年《民事诉讼法》第14条规定:"人民检察院有权对民事诉讼实

行法律监督",此规定将检察机关的监督范围扩大到民事诉讼,民事诉讼调解制度当然应纳入检察监督范围。第208条第2款在抗诉的基础上增加了检察建议监督方式,即"地方各级人民检察院对同级人民法院已经发生法律效力的判决、裁定,发现有本法第200条规定情形之一的,或者发现调解书损害国家利益、社会公共利益的,可以向同级人民法院提出检察建议,并报上级人民检察院备案"。第210条则通过规定"人民检察院因履行法律监督职责提出检察建议或者抗诉的需要,可以向当事人或者案外人调查核实有关情况",对"检察机关对提出检察建议和抗诉的民事诉讼案件调查取证的权力和证据的合法性"予以明确,进一步强化检察机关法律监督的手段。

(3)拓宽对诉讼调解的审判监督程序

2012年《民事诉讼法》通过拓宽诉讼调解的审判监督程序,加强对当事人调解中合法权利的保护力度,其中第198条规定:"各级人民法院院长对本院已经发生法律效力的……调解书,发现确有错误,认为需要再审的,应当提交审判委员会讨论决定。最高人民法院对地方各级人民法院已经发生法律效力的……调解书,上级人民法院对下级人民法院已经发生法律效力的……调解书,发现确有错误的,有权提审或者指令下级人民法院再审",第208条同时规定:"最高人民检察院对各级人民法院……或者发现调解书损害国家利益、社会公共利益的,应当提出抗诉。地方各级人民检察院对同级人民法院……或者发现调解书损害国家利益、社会公共利益的……也可以提请上级人民检察院向同级人民法院提出抗诉。"如此调解书即被纳入法院和检察院依职权分别提起再审和抗诉的范围。

(4)增设调解协议司法确认特别程序

2012年《民事诉讼法》第194条规定:"申请司法确认调解协议,由双方当事人依照人民调解法等法律,自调解协议生效之日起三十日内,共同向调解组织所在地基层人民法院提出。"易言之,当事人可以就调解协议向人民法院申请司法确认,经过司法确认的调解协议,一方拒不履行,另一方可申请执行。此处需要注意对申请司法确认调解协议的诸项程序规定:第一,调解协议必须是经人民调解委员会调解的案件;第二,司法确认调解协议的申请须由双方当事人共同提出;第三,必须在调解协议生效之日起三十日内提出司法确认调解协议申请;第四,必须向调解委员会所在地基层人民法院提出司法确认申请。此外,第195条对人民法院受理司法确认调解协议后的两种处置结果作出规制,即"人民法院受理申请后,经审查,符合法律规定的,裁定调解协议有效,一方当事人拒绝履行或者未全部履行的,对方当事人可以向人民法院申请执行;不符合法律规定的,裁定驳回申请,当事人可以通过调解方式变更原调解协议或者达成新的调解协议,也可以向人民法院提起诉讼。"修法后未经过司法确认的调解协议,如果一方未能按照调解协议履行义务,另一方不能依据调解协议申请执行,只能对此提请诉讼。

2. 司法政策中的诉讼调解

2013年6月,新任最高人民法院院长周强在江苏调研时发表重要讲话:"为建设平安中国提供司法保障,要求人民法院必须有维护社会公平正义的能力,有健全完善的工作体制机制,有政治业务素质都过硬的法院队伍。人民法院必须找准结合点和着力点,努力提高推进平安建设的能力和水平。一是要始终坚持司法为民,创新便民利民的审判方式和工作方法,努力提高人民群众的满意度。二是要坚持公正司法,把公正司法作为人民法院工作的生命线,坚持依法独立公正行使审判权,严格依法公正办案。三是要大力推进司法改革,按照中央统一部署,积极稳妥地推进各项改革,不断提高公正司法水平。四是要继续狠抓队伍建设,以建设正规化、专业化、职业化法官队伍为目标,以人民群众司法需求为导向,着力提升广大干警做好审判工作、为群众解决实际问题的能力。五是要加强内部管理,建立健全有权必有责、用权受监督、失职要问责、违法必追究的管理体系。六是要夯实基层基础,牢固树立重视基层、加强基层的工作导向,优化和整合各方面资源,多为基层办实事、解难题。"自此,法官的正规化、专业化、职业化要求成为法院系统队伍建设的指导目标,同时也对审判业务造成了相当的影响,诉讼调解政策概莫能外。

2014年,最高人民法院院长周强在《最高人民法院工作报告》中明确表示:"妥善化解社会矛盾。坚持合法自愿原则,规范司法调解,各级法院通过调解和撤诉方式处理案件479.8万件。依法支持仲裁机构发挥作用,执结仲裁裁决13.3万件。加强刑事附带民事诉讼调解工作,完善刑事被害人救助制度,保障被害人合法权益。积极参与社会治理,健全诉讼与非诉讼相衔接的矛盾纠纷解决机制,加大诉前调解力度,坚持和发展'枫桥经验',指导、支持人民调解,将大量矛盾纠纷化解在基层和诉前,促进社会和谐。"由此,最高人民法院提出了"坚持合法自愿原则,规范司法调解"的司法政策。① 这表明诉讼调解司法政策的方向再次发生改变,我国进入了"规范调解"时期,更加强调了诉讼调解的规范化与程序化。

3.司法解释中的诉讼调解

根据2012年《民事诉讼法》的规定,2014年12月18日,最高人民法院发布《最高人民法院关于适用〈中华人民共和国民事诉讼法〉的解释》(以下简称新《民事诉讼法》司法解释),其中第六章(第142条至第151条)对民事诉讼调解制度进行了更为细致和系统的规定。

(1)进一步强调了"自愿合法调解"原则

新《民事诉讼法》司法解释第142条规定的"人民法院受理案件后,经审查,认为法律关系明确、事实清楚,在征得当事人双方同意后,可以径行调解",突出了当事人双方同意的调解程序启动权;第145条规定,"人民法院审理民事案件,应当根据自愿、合法的原则进行调解。当事人一方或者双方坚持不愿调解的,应当及时裁判。人民法院审理离婚案件,应当进行调解,但不应久调不决";第150条规定:"人民法院调解民事案件,需由无独立请求权的第三人承担责任的,应当经其同意。该第三人在调解书送达前反悔的,人民法院应当及时裁判。"以上不仅重申了自愿、合法调解原则,同时对自愿的具体情形与特殊案件的自愿性做了进一步的强调。

(2)明确了调解不予适用的范围

新《民事诉讼法》司法解释反向确认了不予以调解的案件范围与情形,第143条规定"适用特别程序、督促程序、公示催告程序的案件,婚姻等身份关系确认案件以及其他根据案件性质不能进行调解的案件,不得调解";第144条规定了"人民法院审理民事案件,发现当事人之间恶意串通,企图通过和解、调解方式侵害他人合法权益的,应当依照民事诉讼法第一百一十二条的规定处理"。

---

① 《最高人民法院工作报告》(2014年3月10日)。

(3)规定了调解不予公开的情形

司法公开是人民法院改革的重要举措,而裁判文书的公开是其中的重点。新《民事诉讼法》司法解释明确规定了调解不予公开的情形,第146条规定:"人民法院审理民事案件,调解过程不公开,但当事人同意公开的除外。调解协议内容不公开,但为保护国家利益、社会公共利益、他人合法权益,人民法院认为确有必要公开的除外。主持调解以及参与调解的人员,对调解过程以及调解过程中获悉的国家秘密、商业秘密、个人隐私和其他不宜公开的信息,应当保守秘密,但为保护国家利益、社会公共利益、他人合法权益的除外。"

(4)规范了调解的运行程序

新《民事诉讼法》司法解释进一步规范了调解的运行程序,包括了第147条:"人民法院调解案件时,当事人不能出庭的,经其特别授权,可由其委托代理人参加调解,达成的调解协议,可由委托代理人签名。离婚案件当事人确因特殊情况无法出庭参加调解的,除本人不能表达意志的以外,应当出具书面意见。"第148条:"当事人自行和解或者调解达成协议后,请求人民法院按照和解协议或者调解协议的内容制作判决书的,人民法院不予准许。无民事行为能力人的离婚案件,由其法定代理人进行诉讼。法定代理人与对方达成协议要求发给判决书的,可根据协议内容制作判决书。"第149条:"调解书需经当事人签收后才发生法律效力的,应当以最后收到调解书的当事人签收的日期为调解书生效日期。"第151条:"根据民事诉讼法第九十八条第一款第四项规定,当事人各方同意在调解协议上签名或者盖章后即发生法律效力的,经人民法院审查确认后,应当记入笔录或者将调解协议附卷,并由当事人、审判人员、书记员签名或者盖章后即具有法律效力。前款规定情形,当事人请求制作调解书的,人民法院审查确认后可以制作调解书送交当事人。当事人拒收调解书的,不影响调解协议的效力。"

由此可见,受"优先调解"司法政策的影响,2012年《民事诉讼法》的修改继续推进了调解的扩大化,到了2014年司法政策转变为"规范调解"后,新《民事诉讼法》司法解释则对调解制定了更多的规范化与程序化的规则。因此,诉讼调解又进入了新的"调解重构"期。

纵观我国民事诉讼调解制度历经的 85 个春秋,六个历史发展阶段,呈现出波折的发展趋向,即以 2003 年为分水岭呈现两条轴线:一则,1931—2002 年,诉讼调解由兴盛转向衰落;二则,2003 年至今,诉讼调解走向复兴并经由新修订的《民事诉讼法》的重构而迈向规范化、制度化和程序化的运行轨道。历史证明,虽然民事诉讼调解制度历经波折的跌宕轨迹,但其演变过程中的每一个节点均系时下政治场域、司法场域和社会场域的合力交织的最直接结果呈现。从历史维度来考察变迁过程,我国的诉讼调解遵循了"司法政策出台—立法制定—司法政策改变—法律修订"的脉络。司法政策,因其灵活便利的特点而总是先于立法对法院审判工作进行指导,而其变动不居的特质和功利性的效用又往往会导致法律的进一步修订。由此可见,在我国的国家治理、社会治理和法律实施格局中,诉讼调解司法政策发挥了"转轴"的作用,其对立法制定和法律修订或多或少会产生影响。

二、诉讼调解的实践考察

从新中国成立至今,我国在民事诉讼立法和司法政策两个层面上对诉讼调解进行了制度建构和理念指导,其大致经历了"调解为主""着重调解""自愿合法调解""调解复苏"和"调解重构"五个阶段不同调解政策的嬗变历程。新中国成立以后相当长一段时期内,受到法律虚无主义的影响,处于无法可依的境地。司法政策,长期以法律化"身份"起着司法裁判依据的作用。随着法治建设的发展,尤其是相关法律的制定与完善,司法政策的裁判依据作用逐渐为法律法规所取代。然而,法律与司法政策的关系犹如法律与政治的一个面相,深刻地折射出一个国家在不同时期的法治水平与政治生态,法律的稳定性、规范性、公正性与司法政策的变动性、价值性、功利性在当前我国法律现实和政治生态之间存在共存且互补的空间。① 在诉讼调解的问题上,调解的规范化研究已经硕果累累,②调解数据的量化分析研究也方兴未艾。③ 然而二者似乎"虽鸡犬之声相闻,却老死不相往来":基于问题意识的局限,调解的规范化研究一般不会过多纠缠调解数据的量化分析;同理,囿于自身的目标定位,调解数据的量化分析研究也不会过多考虑司法政策的影响效果。因此,对司法政策影响诉讼调解的影响展开量化分析,深入评估诉讼调解运行的具体情况,有利于正确认识诉讼调解与法院审判的关系,正确认识法院裁判的制度价值,合理安排诉讼调解与法院审判的程序结构。

(一)诉讼调解制度的实施状况

1. 诉讼调解实践的宏观检视

如上所述,司法政策能够在一定程度上影响诉讼调解的立法活动;而司法政策对诉讼调解实践的影响效果则需要通过定量研究的路径来予以考察,即以司法政策与诉讼调解率之量变关系的分析来印证和检视。

为检验司法政策对诉讼调解司法实践的影响效果,首先要在准确把握诉讼调解率的指标意义基础上,对新中国成立以来的诉讼调解率进行

---

① 陈兴良:《刑法的刑事政策化及其限度》,载《华东政法大学学报》2013年第4期。
② 参见李浩:《论法院调解中程序法与实体法约束的双重软化——兼析民事诉讼中偏重调解与严肃执法的矛盾》,载《法学评论》1996年第4期;张晋红:《法院调解的立法价值探究——兼评法院调解的两种改良观点》,载《法学研究》1998年第5期;范愉:《调解的重构——以法院调解的改革为重点》,载《法制与社会发展》2004年第2、3期;张卫平:《诉讼调解:时下势态的分析与思考》,载《法学》2007年第5期;范愉:《诉讼调解:审判经验与法学原理》,载《中国法学》2009年第6期;潘剑锋,刘哲玮:《论法院调解与纠纷解决之关系——从构建和谐社会的角度展开》,载《比较法研究》2010年第4期;章武生,肖国玉:《法院调解与判决的关系》,载《政法论坛》2012年第6期;李浩:《调解归调解,审判归审判:民事审判中的调审分离》,载《中国法学》2013年第3期。
③ 参见胡昌明:《民事案件调解率的实证分析及其规律适用》,载徐昕主编:《司法程序的实证研究》,中国法制出版社2007年版;李杰:《调解率说明什么?——对"调解率与和谐正相关"命题的分析》,载《法律适用》2008年第10期;张嘉军:《民事调解结案率实证研究》,载《法学研究》2012年第1期;刘敏:《当代中国民事诉讼调解率变迁研究》,中国政法大学出版社2013年版。

第一章 我国诉讼调解的历史变迁与实践考察

科学分析。民事诉讼调解率是民事案件中以调解方式结案的比率,而相对应的数值则是统计时间段内调解结案数与相对应的总结案数的比例。① 就考察对象而言,囿于二审和再审程序中以调解方式结案的案件数量相对较少,且相关的统计数据缺失过多不具有连续性和完整性,无法以 60 多年的时间跨度来进行考察。故本书的研究主要基于全国法院民事一审案件为样本。

表 1.1　全国民事一审案件调解数据

年份	相关结案数	调解结案数	调解率	年份	相关结案数	调解结案数	调解率
1950	616649	缺失	缺失	1983	766408	568767	74.21%
1951	843459	缺失	缺失	1984	904714	677874	74.93%
1952	1356912	缺失	缺失	1985	1031374	794965	77.08%
1953	1755122	缺失	缺失	1986	1256367	961699	76.55%
1954	1265090	缺失	缺失	1987	1531921	1140512	74.45%
1955	297356	缺失	缺失	1988	1877342	1406561	74.92%
1956	710244	290316	40.88%	1989	2451370	1770585	72.23%
1957	778329	307854	39.55%	1990	2422341	1611338	66.52%
1958	482759	225733	46.76%	1991	2467030	1489227	60.37%
1959	431039	280809	65.15%	1992	2560276	1534967	59.95%
1960	275374	194958	70.80%	1993	2934897	1779933	60.65%
1961	514624	347325	67.49%	1994	3384567	2017600	59.61%

---

① 受司法体制改革和司法统计变化的影响,我国的民事一审案件调解率统计需要作以下说明:其一,我国的经济审判庭从 1983 年设立,于 2000 年撤销,期间所审理的经济纠纷案件按照经济纠纷进行了统计。按照目前民事案件的界定标准,这部分应当纳入民事一审案件的范围;其二,我国的司法统计从 1988 年起单独设立交通运输经济纠纷一审案件,对海事、海商、铁路运输、航空运输和公路运输纠纷案件进行单独统计,但 1992 年后,司法统计又将上述单独统计表中的铁路、航空和公路纠纷案件纳入经济纠纷案件进行统计,本表将交通运输经济纠纷纳入经济纠纷的统计范围;其三,特别程序案件和驳回起诉、移送管辖等案件属于纯粹的程序性案件,不具有调解或判决的可能性,在计算相关结案数时作了剔除处理。本书所有数据均来源于《全国人民法院司法统计历史资料汇编:1949—1998》、《全国法院司法统计公报》、《中国法律统计年鉴》和《中国统计年鉴》。

续表

年份	相关结案数	调解结案数	调解率	年份	相关结案数	调解结案数	调解率
1962	766413	454856	59.35%	1995	3939431	2274186	57.73%
1963	725654	475790	65.57%	1996	4533401	2478179	54.66%
1964	604828	426039	70.44%	1997	4662013	2385565	51.17%
1965	539260	391604	72.62%	1998	4747917	2168223	45.67%
1966	336804	257039	76.32%	1999	5018022	2132188	42.49%
1967	218173	缺失	缺失	2000	4681309	1785560	38.14%
1968	100411	缺失	缺失	2001	4560747	1622332	35.57%
1969	55193	缺失	缺失	2002	4102980	1331512	32.45%
1970	78426	57993	73.95%	2003	4112608	1320385	32.11%
1971	134217	104832	78.11%	2004	4022005	1332142	33.12%
1972	68455	47955	70.05%	2005	4099898	1394372	34.01%
1973	218746	152142	69.55%	2006	4153266	1422345	34.25%
1974	270320	193374	71.54%	2007	4443285	1559718	35.10%
1975	251301	181647	72.28%	2008	5135441	1891630	36.83%
1976	218954	158214	72.26%	2009	5560136	2097599	37.73%
1977	231200	173567	75.07%	2010	5890150	2370535	40.25%
1978	268835	205710	76.52%	2011	6299592	2650715	42.08%
1979	347775	258605	74.36%	2012	6896106	2997593	43.47%
1980	523389	383653	73.30%	2013	7025633	2847990	40.54%
1981	629122	456753	72.60%	2014	7848982	2672956	34.05%
1982	743594	530543	71.35%				

从表1.1的数据来看,60多年来全国民事诉讼调解率发生了剧烈变化和显著波动。期间,最高值达到1971年的78.11%,最低值为2003年的32.11%。从图1.1调解率的变迁趋势来看,2003年是一个重要的转折点。在此之前的调解率呈现出一种先升后降的趋势,之后的调解率则呈现一种缓慢上升的趋势。根据统计数据并具体结合诉讼调解的历史流变过程,我们可以对调解率变迁趋势图的现象作出以下解析:

第一章 我国诉讼调解的历史变迁与实践考察

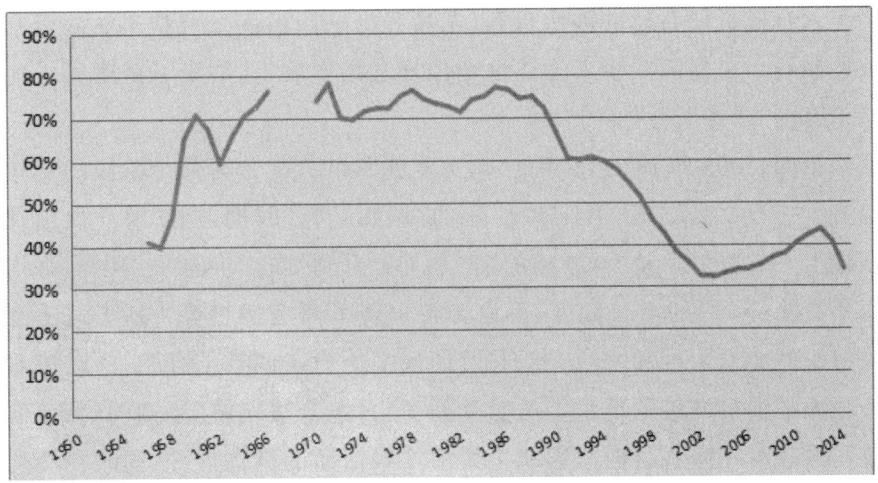

图 1.1 民事一审案件诉讼调解率变迁趋势图

第一,1949 年到 1982 年的"调解为主"时期的调解率,除了 1956 年、1957 年和 1962 年以外,其余年份的调解率均在 60% 以上;从 1970 年开始,调解率一直盘踞高位、波动不大,几乎保持在 70% 以上的高位水平。这反映了调解是此阶段法院结案的主要方式,"调解为主"的司法政策对法院审判权运行方式产生了呈"正态"的积极影响。

第二,1982 年到 1991 年的"着重调解"时期,调解率呈现宽辐波动的特点。从 1983 年到 1986 年,调解率一直处于高位态势;从 1988 年到 1991 年,调解率则出现了显著的下降。究其原因,一方面,这一阶段前期法院审判工作很大程度上受到前一时期"调解为主"司法政策的延续影响,加之"着重调解"原则依然强调调解的优先地位,使得调解率继续维持高位运行;另一方面,20 世纪 80 年代末的民事审判方式改革已然启动,程序保障的理念不断得到强调,相关司法政策开始对"着重调解"进行反思,从而对司法实践中的诉讼调解活动造成了一定程度的影响,以致这一阶段后期的调解率开始下降。

第三,1991 年到 2003 年的"自愿合法调解"时期,调解率呈现大幅直线下降的现象。这一时期,调解率从 1991 年的 60.37% 骤降为 2002 年的 32.45%,下降了近一半。"自愿合法调解"原则的确立从根本上改变了诉讼调解原则,法律规定的转向极大地影响了审判权的运行方式;同时强调当事人自愿行使自己的诉讼权利,尤其突出了当事人处分权对法院审判权的制约。在保障当事人主体性地位理念的影响下,诉讼调解遭遇了前所未有的"寒冬"。

第四,2003年到2012年的"调解复苏"时期,则分为两个阶段的变化趋势。一方面是2003年到2007年的"调判结合"时期,调解率开始出现缓慢上升的态势。从2003年的32.11%上升到2007年的35.10%,平均每年有接近1%的增长幅度,诉讼调解出现了回暖的趋势。基于司法解决纠纷的能力限度和"案结事不了"的现实压力,"调判结合"司法政策重新强调了诉讼调解的地位。虽然受到了"自愿合法调解"原则的约束,但是司法政策在微观层面上影响了司法实践活动的具体展开,同时在法院内部绩效考核的助推下,诉讼调解出现了复兴的迹象。另一方面是2008年到2012年的"优先调解"司法政策阶段,调解率呈现出逐步上升的趋势。调解率从2008年的36.83%以每年超过1.5%的幅度逐步上升到2012年的43.47%,增长的趋势越发明显。从中央政法委确立的"优先调解"司法政策开始,为贯彻决策层意志和实施社会治理,法院制定实施的一系列司法政策不断提高诉讼调解的地位。这一时期的调解率增长幅度大于2003年到2007年的"调判结合"时期,诉讼调解开始加速升温。

第五,2012年至今的"规范调解"司法政策时期,调解率呈现出迅速下降的趋势。调解率从2012年的43.47%下降到2013年的40.54%,进而在2014年下降到34.05%,下降幅度极大。最高人民法院在2013年强调法官的正规化、职业化、专业化,对诉讼业务也带来了正规化、职业化、专业化的影响,进而影响到诉讼调解。规范诉讼调解的司法政策强调了调解的自愿合法,使得刚兴起的诉讼调解又迅速降温。

考察我国60多年的调解率变迁,从宏观表象上看,以调解率上升和下降为标准,司法政策的嬗变与调解率的变化大体而言是一致和同步的。因此,司法政策对诉讼调解实践具有较大的趋导作用。进一步分析,诉讼调解是法院运用审判权和当事人行使处分权协力解决纷争之结果,然而司法政策对审判权和处分权的趋导性影响却存在着失衡现象。无论是重视调解还是尊重当事人主体地位,司法政策都是通过影响法院的审判权运行方式来达到其预期目标的,并没有对当事人诉讼权利的行使产生太

第一章 我国诉讼调解的历史变迁与实践考察

多影响。

一方面,在"调解为主""着重调解"和"调解复苏"时期,重视调解的司法政策强化了法院审判权的职权作用,引导法院审判权运行的"调解化"趋势,从而使调解率保持高位水平或上升态势;在"自愿合法调解"和"规范调解"时期,民事审判方式改革突出了当事人的主体性地位,强调当事人的处分权和程序保障,使得法院的审判权逐渐消极和中立,司法政策稀释和弱化了审判权运行的"调解化"倾向,从而使得调解率迅速下降。

另一方面,在"调解复苏"时期,"调解自认豁免"、①"调解范围扩宽"和"调解案件费用减半"尽管在应然机理上可以引导当事人各方达成调解合意,然而在实然效果上却差强人意。具体而言:其一,"调解自认豁免"是由《民事证据规定》第 67 条予以确立的,而《民事证据规定》出台的 2001 年尚未进入重视调解的时期,其主要目的在于完善和规范我国的证据制度,并无对当事人产生调解"合意诱导"的预设目标;其二,"调解范围扩宽"尽管体现了调解的彻底性和灵活性,但因为能够超出诉讼请求进行调解的案件范围有限,从而限制了其作用的发挥;其三,"调解案件费用减半"在实践中几乎难以发挥作用,由于我国民事诉讼程序的启动成本相对而言较低,案件的廉价化使得当事人的调解成本和诉讼成本并无显著的差别,以致费用减半收取对当事人"合意诱导"的效果并不明显。

由此可见,诉讼调解制度的利用,并不主要取决于当事人对程序的选择,其关键点在于司法政策对审判权运行方式的影响:在重视调解的时期,调解率维持上升趋向;在强调尊重当事人诉讼权利的时期,调解率则维持下降态势。尽管我国"调审合一"的程序结构强调和突出了调解的地位,但却并没有带来当事人对调解的"热情"和"向往",相反,调解率的高低与否,很大程度上取决于司法政策引导下的审判权运行方式。

2.诉讼调解实践的局部扫描

在从宏观视角检视完全国 60 多年调解率变化的趋势后,我们对重庆、贵州、河南、广东等地的中级人民法院、基层人民法院 2010 年至 2014

---

① 尽管《民事证据规定》是在 2001 年 12 月出台、2002 年 4 月实施的,但其主要发挥作用的期间实际上是 2002 年以后的"调判结合"和"优先调解"时期。

年期间的调解情况进行了调研,通过调解数据的采集以及与法官座谈的方式对 2012 年《民事诉讼法》通过前后的诉讼调解的现状展开局部扫描与实地考察,力图更加深入地对诉讼调解的微观情况展开分析。

a. 重庆市第一中级人民法院

对重庆市第一中级人民法院调解情况的调研主要以该院民事一审案件为对象(见图 1.2)。

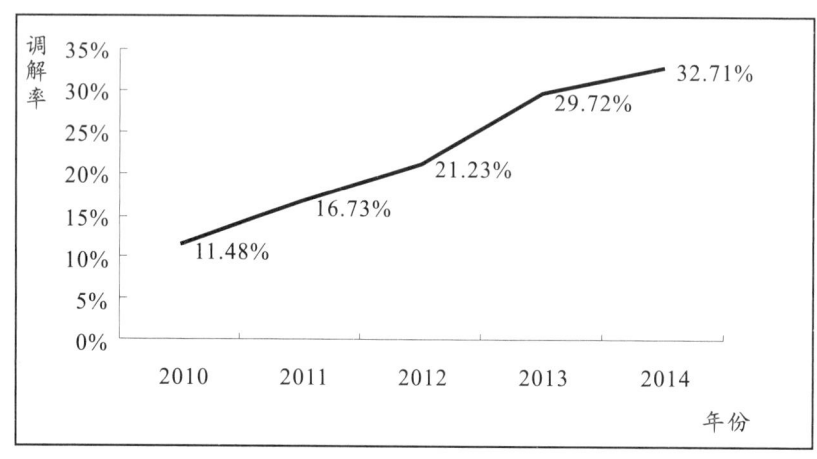

图 1.2　重庆市第一中级人民法院民事一审案件调解率趋势图

在 2008 年"调解优先"司法政策确立后,重庆市第一中级人民法院主要通过司法绩效考核的硬性手段和评选"调解能手"等柔性荣誉的方式"鼓励"法官多调解、勤调解,这在一定程度上使得该院的调解率得到了大幅提升,而 2012 年《民事诉讼法修正案》通过后,相关促进法官调解的措施全面开展,使得调解率继续攀升。这表明司法政策与立法规定的确立对中级人民法院影响颇大,能够在相当程度上影响到中级人民法院审判权的运行情况,在相当程度上提高了调解率的数值。然而,对比全国调解率的数据来看,重庆市第一中级人民法院的调解率依然居于低位水平。这说明中级人民法院调解率尽管得到了一定程度的提高,也并未达到全国调解率的平均数值,无法成为调解率提升的"主力军"。究其原因,一方面在于我国四级法院的级别功能定位的差异:相比较于基层人民法院的功能更多地被定位于解决纠纷,中级人民法院的功能则更侧重于规则之治,亦即负责辖区内类似案件的审理规则与裁判方法,这势必使得中级人民法院审理案件更侧重于通过裁判的形式来确立规则,从而指导司法实践。另一方面是由于中级人民法院管辖的案件通过调解解决的可能性较小,无论是基层人民法院上诉的案件,还是中级人民法院管辖的一审案件,均存在案情较为疑难复杂、涉案标的额较大以及当事人之间的矛盾较为激烈的特点,增加了通过调解解决纠纷的难度与可能性。

b. 贵州省安顺市平坝县人民法院

对贵州省安顺市平坝县人民法院调解情况的调研主要以该院民事一审案件为主要对象,同时参考了该院民事案件调解率较高的高峰法庭的情况。(见图1.3)

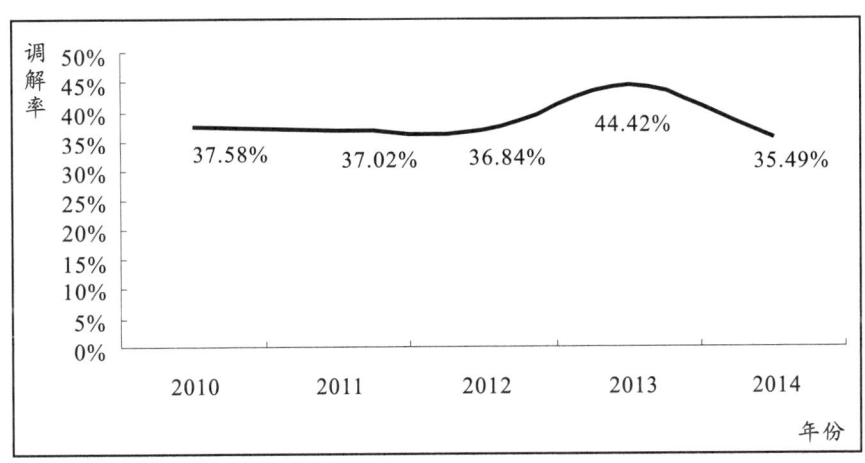

图1.3 贵州省安顺市平坝县人民法院民事一审案件调解率趋势图

贵州省安顺市平坝县人民法院的调解率始终保持在较为平缓的范围内。在2012年《民事诉讼法》实施后的第一年,该院调解率出现了较大幅度的增长,表明立法规定的修改对该院审判权运行方式产生了相当的影响。但随后的2014年,该院调解率又恢复了前几年的数值。

2014年以前,该法院往往以"调解率"作为考核法官工作的一项硬性指标,并以考核结果作为对法官进行奖惩的依据。在这种背景下,很多法官基于趋利避害的本能,对于所承办的案件总免不了进行一番调解,如此,调解结案率理所当然要有所增高。但是,值得注意的一个问题是,法官一旦以追求调解率作为办案目标,往往会以判决结果对当事人造成压力来促使当事人接受调解,当事人不理解或不接受的,其也要尽可能以拖促调,这样有损司法公正。而2014年以后,"调解率"的考核仅仅作为一项参考的弹性指标,没有了绩效考核的压力,调解率就出现了一定程度的下降。

而就平坝县人民法院高峰法庭的情况来看,调解成了人民法庭审判权运行的主要方式。该法庭普通民事诉讼案件调解率在75%~80%之间,其中婚姻家庭继承纠纷调解率长年保持在80%以上,合同纠纷调解率在40%左右。由于人民法庭的案件一般事实清楚、法律关系明确、案情较为简单,诉讼调解有助于化解矛盾、实现社会的和平稳定,有助于案件的快速审理、节约诉讼资源,有助于案件的有效审理、减少上诉或改判的风险,因此,人民法庭法官的调解热情较为高涨,使得法庭的调解率一直居于高位水平。

此外,2008年12月16日至2015年06月20日,该院调解结案总数为1945件,其中,立案调解结案144件,调解进入执行292件。一方面,立案调解尽管可以在一定程度上对解决纠纷起到一定的作用,但在调解结案案件中又呈现出较小的比例,仅仅为7.4%,没有彰显立案先行调解的立法初衷;另一方面,超过15%的调解案件进入了强制执行程序,表明调解协议的履行并没有完全产生预期的自愿履行效果。

c. 广东省广州市增城区人民法院

对广东省广州市增城区人民法院调解情况的调研以该院民一庭民事案件为主要对象。(见图1.4)

广东省广州市增城区人民法院民一庭的调解率自2008年"调解优先"司法政策实施以来,出现了先增后降的变化趋势。在2012年《民事诉讼法》实施以后,该法院调解率出现了显著下滑的趋势,尤其2014年的调解率更是下降了一半左右。该院由于地处珠三角经济发达地区,案多人少现象较为突出。尽管存在司法绩效考核的要求,但法官对案件进行调解远远超过了作出判决的时间。加之该地区的当事人法治理念与规则意识较强,且调解的结果往往是伴随享有权利一方当事人的"利益丧失"而达成,以致调解在该院民一庭并非主要的结案方式。

就调解难以成功的具体案件类型而言,侵权纠纷中的交通损害赔偿案件占据绝大多数,这是因为保险公司往往未授予代理人调解权限,以致

第一章 我国诉讼调解的历史变迁与实践考察

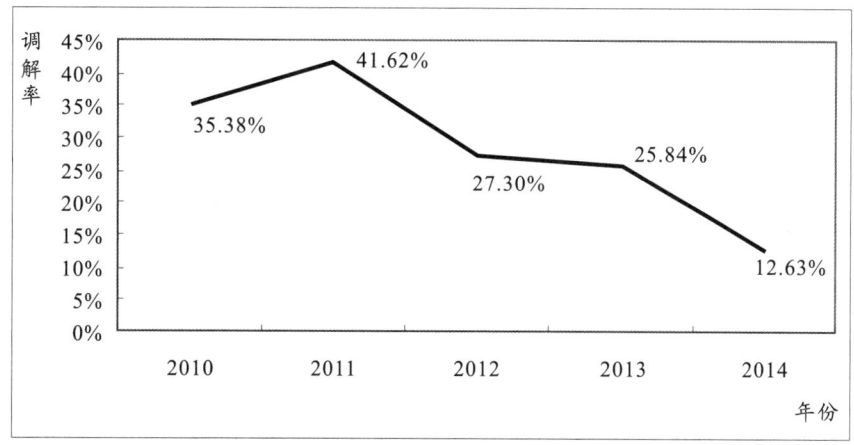

图1.4 广东省广州市增城区人民法院民一庭调解率趋势图

该类案件调解成功率极低；在劳动侵权纠纷案件中，劳动者由于遭受侵害，往往调解的意愿也并不积极；合同纠纷类案件的调解率原本就较低，又由于受到经济大环境的影响，大部分案件难以得到执行从而使得调解达成协议的可能性也微乎其微；至于商事纠纷，被告在调解过程中往往会拖延诉讼，且由于诉讼成本过低，缺乏不利后果承担机制，使得调解程序时常成为"额外负担"。此外，大部分由律师代理的案件中，由于律师费用的收取往往以案件结果数额来计算，使得律师对调解并不热衷、甚至拒绝进行调解。

调解案件进入执行的情况在该法院较为突出，2010年的调解案件均未进入执行程序，2011年有168件案件进入执行程序，2012年没有进入执行程序的调解案件，2013年有176件案件进入执行程序，2014年则有高达224件案件申请强制执行。由此可见，近年来该院民一庭以调解方式结案的案件，在相当程度上并没有产生当事人自愿履行调解协议的效果，使得调解的自动履行的效果越发减损，无法解决纠纷从而实现案结事了。更进一步地看，大部分调解案件的达成都是法院审判权运行的单方结果，缺乏对当事人诉权的保障与当事人合意的诱导。

d. 广东省广州市萝岗区人民法院

对广东省广州市萝岗区法院调解情况的调研是以该院民事案件为考察对象(见图1.5)。

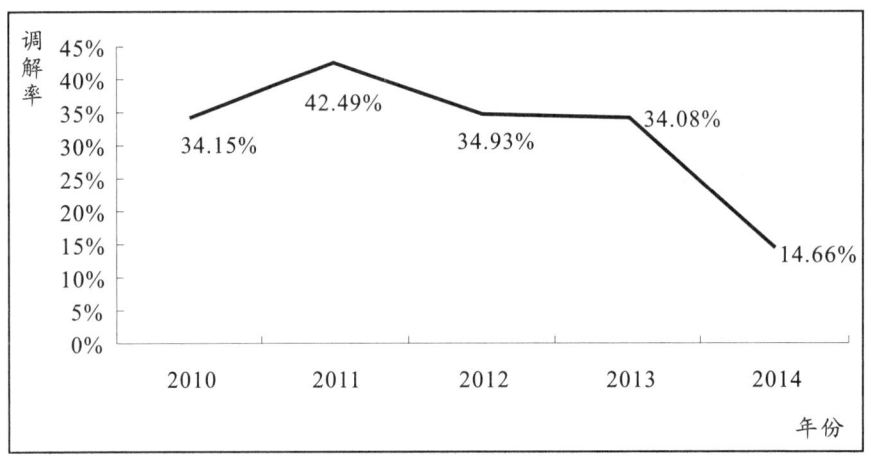

图1.5 广东省广州市萝岗区人民法院民事案件调解率趋势图

广东省广州市萝岗区人民法院的调解率也呈现出先升后降的变化趋势。"调解优先"政策实施后的调解率呈现急速上升的变化,这是由于广州地区实施了法院系统的"排头兵"绩效考核,以致广州地区法院的调解率被要求达到40%以上。因此,该院通过司法绩效考核影响了审判权运行的方式,使得调解率出现了一定程度的上升。然而,2012年《民事诉讼法》实施后的调解率却呈现出下降的态势,尤其2014年的调解率更是下降了一半以上。一方面由于调解耗费的时间比起判决更多,法官基于案件积累的压力而逐渐"弱化"调解;另一方面,自2014年起,广州地区法院系统对调解率的考核逐渐淡化,统计调解率仅仅作为参考指标,不再成为定量考核的因素。因此,缺乏绩效考核压力的审判权又逐渐出现了"去调解化"的趋势。

e. 广东省惠州市惠城区人民法院

对广东省惠州市惠城区人民法院调解情况的调研,是以该院民事案件为主要考察对象的,且以婚姻家庭继承类纠纷、合同纠纷、权属侵权及其他纠纷为具体案件类型来具体考察。(见图1.6)

广东省惠州市惠东县人民法院民事案件的调解率也基本呈现出"先升后降"的变化趋势。以案件类型划分来考察,除了合同纠纷案件调解率一直呈现微幅上升外,婚姻家庭继承纠纷与权属侵权及其他纠纷案件均有明显的"先升后降"趋势,且三种类型案件的调解率在2012年《民事诉

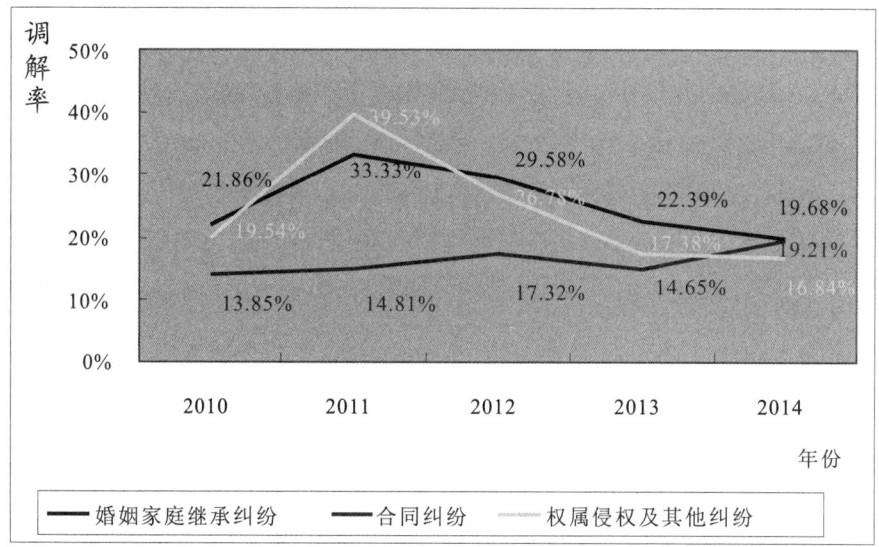

图 1.6 广东省惠州市惠东县人民法院民事案件调解率趋势图

讼法》实施后更是都位于 20% 以下的低位水平。

尽管广东省高级人民法院对惠州地区调解率的要求为 60% 以上,但该院几乎从未完成这种定量指标的要求。该院民事案件之所以调解率低下,主要有三方面原因:一是案件过多且耗费时间极长,法官对案件处理存在快速结案的压力,缺乏实施花费时间更长的调解的内在动力;二是调解结案大多存在权利方的利益减损,使得当事人失去对司法公正的信任,以致事后会寻求非正常的权利救济途径,又基于信访的压力,法官对调解的实施往往慎之又慎;三是调解过程中当事人往往缺乏积极性,尤其突出表现在劳动争议纠纷等争议较大的案件。

(二)诉讼调解制度的评估分析

从图 1.1 全国法院民事一审案件调解率变化趋势图显示的数据进一步看,诉讼调解率的变化曲线呈现出"无序—规律"的渐变特征,而从图 1.2 重庆市第一中级人民法院民事一审案件调解率趋势图、图 1.3 贵州省安顺市平坝县人民法院民事一审案件调解率趋势图、图 1.4 广东省广州市增城区人民法院民一庭调解率趋势图、图 1.5 广东省广州市萝岗区人民法院民事案件调解率趋势图和图 1.6 广东省惠州市惠东县人民法院民事案件调解率趋势图显示的数据变化趋势来看,各地各级法院的调解率变化却不尽相同,这些表象可以从司法政策对审判权的激励效应来进行解读。

从新中国建立以来,在内部治理结构上,我国法院的人事管理比照公务员的管理体制,即"谁主管、谁负责、一级抓一级、层层抓落实",[①]以院长为首的法院考核管理部门负责对法官进行考核,且每一级法院的法官都面临不同形式的司法绩效考核,加之考核结果是法官奖惩、晋升、培训的依据,考核结果必然会对普通法官的审判工作产生重要影响。[②] 因此,司法政策能够对法院审判权的运行方式产生实质影响,其根本原因即在于科层制管理和绩效考评机制所带来的激励效应。

从诉讼调解的历史演进来看,尽管司法政策对审判权具有激励效应,但不同时期司法政策的激励效果却并不相同。这是因为司法政策对法院审判权的激励效应需要与法院内部"命令—服从"的秩序治理结构进行对接才能发挥影响。对我国法院内部秩序现状的描述,还必须进一步回溯到我国法院内部秩序形成的过程,特别是法院在内部治理从弱化到强化所付出的努力。

在"调解为主"时期,法院权力可以完全引导、指挥甚至"强迫"当事人行使诉讼权利的方式。这一阶段的高调解率"神话"只需要司法政策的激励效应影响到法院审判权就可以成就。然而,通过图 1.1 可以发现,尽管各个年份调解率的数值都比较高,但此阶段的调解率变迁曲线呈现出极其无序的特征。究其原因,这一时期处于从革命到建设的治理转型阶段,法院的内部秩序结构尚在形成,法官在司法实践中更多依靠长期的革命"自觉性"来贯彻"调解为主",司法政策并未体制化地发挥作用,难以通过组织管理的形式对审判权产生影响。无论在法院的组织人事任命由司法

---

① 王守安:《司法官职务序列改革的体制突破与司法价值》,载《当代法学》2014 年第 1 期。

② 艾佳慧:《中国法院绩效考评制度研究——"同构性"和"双轨制"的逻辑及其问题》,载《法制与社会发展》2008 年第 5 期。

第一章 我国诉讼调解的历史变迁与实践考察

行政机关管理的 1954 年至 1959 年和 1979 年至 1983 年时期,还是在司法行政事务与审判"合一制"的 1959 年至 1966 年和 1970 年至 1979 年时期①,尽管存在着一定的初始形态,然而当时的法院系统却没有建立起真正意义上的司法绩效考核体系。

进入"着重调解"时期以后,"着重调解"立法原则对"调解为主"司法政策的"萧规曹随"并未给诉讼调解制度带来太多的变化。1983 年修改后的《法院组织法》以删除旧有规定的方式将审判管理的职能重归于法院。② 这一时期关于审判管理的立法规定付之阙如。尽管如此,法院单独设置了人事局以管理法院内部的组织人事任命工作。③ 1983 年 1 月,时任最高人民法院院长的江华向中共中央提出法院法官的职称级别问题。④ 1985 年中共中央办公厅进行了回应,法官的职级分层管理予以确定,⑤并逐步扩展到其他审判业务人员。通过职级层次管理及其相应的工资待遇激励,法院的审判管理工作开始加强。遵循"着重调解"原则,法官在司法实践中多调解和勤调解有了激励的正当性,调解结案率节节攀升。随着发端于 20 世纪 80 年代末的民事审判方式改革开始实施,司法政策强调尊重当事人的处分权,反思"着重调解"原则的弊端,调解率开始出现下降的现象。这一时期调解率"先升后降"的变化曲线,开始走出"无序"的阴影,逐渐初现"规律"的端倪。

迈入"自愿合法调解"阶段后,法院的内部治理机制也在逐步加强。

---

① 陈杭平:《论中国法院的"合一制"——历史、实践和理论》,载《法制与社会发展》2011 年第 6 期。

② 1954 年《人民法院组织法》第 14 条规定:"各级人民法院的司法行政工作由司法行政机关管理",而"管理司法行政工作"被时任司法部长的魏文伯解释为"管理法院的设置和人员编制、干部教育和管理、组织制度的建立"。参见魏文伯:《对于〈中华人民共和国人民法院组织法〉基本问题的认识》,法律出版社 1955 年版,第 14 页。后这一条文被 1983 年《人民法院组织法》删除。

③ 刘忠:《格、职级与竞争上岗——法院内部秩序的深层结构》,载《清华法学》2014 年第 2 期。

④ 《江华传》编审委员会编:《江华传》,中共党史出版社 2007 年版,第 441 页。

⑤ 参见《中共中央办公厅关于加强地方各级法院、检察院干部配备的通知》(1985 年 9 月 1 日,中办发[1985]47 号)。

1995年的全国人大常委会通过了《法官法》,第16条将法官分为四等十二级。尽管此序列因没有得到相关制度的配套而仅仅具有象征意义,然而这却在法院系统内部正式形成了"命令—服从"的等级秩序。同时,《法官法》第19条至第23条对"法官考核"进行了规定,包括考核的组织、考核的形式、考核的内容、考核的结果和考核的效力等方面;第46条、第47条又对"法官考评委员会"进行了规定。至此,我国法院审判管理的司法考核首次以立法形式予以明确规定,这为法院内部秩序结构的完善提供了制度条件。伴随着制约法院权力、强调当事人诉讼权利的程序保障理念不断强化,立法上强调调解的自愿合法原则,审判权运行"调解化"的激励效应失去了正当性和必要性,法官调解的积极性也随之降低,以至诉讼调解率急速下降。

进入21世纪,伴随着诉讼调解逐渐复兴,法院内部秩序结构也在进一步强化。1999年,最高人民法院发布"一五纲要",明确提出"在科学的法官管理制度下,造就一只高素质的法官队伍"①。2002年7月,第十八次全国法院队伍建设工作会议明确提出了"建立能够形成有效激励机制的法官业绩评价标准体系"。2005年,最高人民法院发布的"二五纲要"提出:"建立科学、统一的审判质量和效率评估体系""改革法官考评制度和人民法院其他工作人员的考核制度……科学设计考评项目,完善考评方法,统一法官绩效考核的标准和程序,并对法官考评结果进行合理利用。"②2008年,最高人民法院明确将"调解率"作为审判效果指标之一。③2009年,最高人民法院"三五纲要"进一步提出"建立以法官、法官助理、书记员和其他政治人员的绩效和分类管理为主要内容的岗位目标考核管理体系"④。2011年,最高人民法院提出"要建立审判管理与考核奖惩的对接机制,将审判绩效考核结果作为法官评先评优、晋职晋级的主要依

---

① 《人民法院五年改革纲要》(1999年10月20日)。
② 《人民法院第二个五年改革纲要》(2005年10月26日)。
③ 参见最高人民法院《关于开展案件质量评估工作的指导意见(试行)》(2008年1月11日,法发[2008]6号)。
④ 《人民法院第三个五年改革纲要》(2009年3月25日)。

据,充分发挥以管人促管案、管案与管人相结合的综合效应"。尤其在中央政法委确立"优先调解"这一带有政治目标性质的司法政策后,法院系统通过量化考评建立的"命令—服从"治理机制开始发挥显著作用。在司法政策的激励效应下,调解率越高,法官的审判工作越被肯定,法官的评优评先、职务晋升就越容易。除了较为直接的物质刺激和职位刺激之外,法院系统还往往开展相应的造势活动,通过新闻报纸宣传调解率高的法院和个人,以营造鼓励调解的氛围,从而引导普通法官多调解和勤调解。在此期间,河南省法院系统在建设"调解年"中,提出一审民事案件的调解率必须要达到60%~80%,南阳市中级人民法院甚至开展了一项"零判决"竞赛活动。江苏法院系统则将调解率指标与法院院长、庭长考核绑定在一起,要求法院的调解撤诉率必须达到全省法院相应条件指标的平均数。广西、河北、福建等地也出现了"零判决"法庭建设活动。

进入2013年,最高人民法院确立了法官的正规化、职业化、专业化要求,为更好地尊重司法工作规律、尊重法官主体地位,进一步调动广大法官办案的积极性,尤其在"规范司法调解"的政策导向下,全国各级法院对调解率的考核逐渐出现了弱化趋势。调解率不再作为量化考核的约束性指标,而成为统计分析审判权运行态势的参考性指标。缺乏了上级的绩效考核压力,法官对调解的积极性也随之减弱,使得大多数法院的调解率出现下滑的态势,有的法院甚至出现了剧减的变化。

从以上分析可以看出,在"着重调解"时期以前,高的诉讼调解率主要依靠的是法官对司法政策实施的自觉性以及内部的行政命令;进入"调解复苏"时期直至今日,高的诉讼调解率则是司法政策对法院审判权运行方式的引导以及科层管理的内部治理机制的双重作用下的产物。尽管通过与法院内部的秩序结构对接,司法政策可以体制化地对法院审判权产生激励效应,但是这种激励效应却仅具有单一性,对在调解中起"决定"作用的当事人则几乎不产生作用,这就出现了尽管法院明显地重视调解,却无

---

① 《关于加强人民法院审判管理工作的若干意见》(2011年1月6日,法发[2011]2号)。

法大幅提升调解结案率的情况,^①这种局面的形成只能归咎于诉讼调解中对当事人行为选择"合意诱导"规则的建设不完善。一言以蔽之,我国现有的诉讼调解制度呈现出"政策激励单一,合意诱导缺乏"的格局特点。司法政策的嬗变不应只停留在理念更新上,更为重要的是进行配套规则的制定和完善。在尊重当事人诉讼权利基础上,充分利用"合意诱导"规则,司法政策就可以对当事人的诉讼行为进行理性引导,有效促进调解合意的达成,这样最终必能推进诉讼调解在中国社会的合理普及,在务实的基础上推动中国特色诉讼调解制度的完善。

---

① 从之前媒体对各法院的高调解率报道来看,当下诉讼调解率应当在60%以上甚至更高。然而,全国法院民事一审案件的调解率直到2010年才刚超过40%,且近十年的调解率上升较为平缓,并没有媒体报道宣传的一路攀升的效果。此外,法院科层制管理带来的"一级压一级"的绩效考评指标犹如"达摩克利斯之剑",各级法院系统在司法统计调解率时或多或少都存在数据"失真"的情况,使得最终得到的调解率数据偏高。在调研过程中,通过采访高级人民法院、中级人民法院和部分基层人民法院的部分法官来进行调研,得出的结论是:在上级绩效考评的压力下,很多法院统计的调解率数据都或多或少有虚假成分。

第二章
诉讼调解合意生成的法理基础

一、协商性司法的理论分析

协商性司法是一种新的程序主义,它强调通过对话、协商、妥协实现纠纷的有效解决。在协商性司法中,正义被重新解释,即当事人所追求的是自己需要的正义,称之为"互利正义"或者"协商正义"。这种正义观,正好契合了调解的本质。以协商性司法理论指导诉讼调解活动,能够彰显当事人主导纠纷解决的调解本质。对话与妥协是协商性司法的基本作用机理,而程序保障则是协商性司法的制度框架。

(一)协商性司法理论的兴起

当下中国正处在社会转型时期,构建"和谐社会"已经成为国家建设的基本理念,这一理念对新时期的民事司法审判提出了新的要求。这种新的要求至少涉及三个方面的问题:一是如何在解决纠纷的司法程序中,有效平衡公正与效率的关系;二是如何反思和评价司法程序中重视"国家干预"的价值取向,以及近三十年来我国民事司法领域的改革思路;三是如何合理安排法院与当事人的权限关系,才有助于实现当事人和社会所

需要的公正裁判。本书以法院与当事人诉讼关系为基本切入点,以"对话""沟通"等主体行为为基本结构,探索民事诉讼中协商性司法的基本理论。

协商性司法是一种新的程序主义,它不仅是一种立法技术的改变,更是一种新的观念的变革。这种新的程序主义是以当事人意思自治为基本指导原则,强调理性对话来实现纠纷解决中公权力与私权利的合作。现代意义上的协商性司法可以认为是产生于20世纪70年代的刑事司法实践,起初这种司法模式被称之为恢复性司法。① 恢复性司法是指与特定犯罪有利害关系的各方共同参与犯罪处理活动的司法模式。② 恢复性司法强调的是参与性与协商性,鼓励所有与犯罪有关的利害关系人充分的参与和协商,通过促进被害人与犯罪人的和解寻求修复已经造成的"创伤",全面恢复犯罪人、被害人和社区因犯罪而造成的损失,以试图达到一种"无害的正义"。恢复性司法在西方国家刑事司法领域的兴起有其深刻的社会背景,它是对传统刑事司法所带来的司法危机的反应。传统上,刑事司法所追求的目标是打击和处罚犯罪,这实际上更主要是国家所追求的刑事司法的目标,而对于被害人利益的补救并未引起重视和关注,即使通过刑事司法程序犯罪人受到了应有的惩罚,但最终的结果是犯罪人、被害人和社区都受到了损失。这种正义并非被害人或社会所需要的正义,因而被称之为"有害的正义"。

尽管在西方国家的民事司法领域鲜见对协商性司法的讨论,但理论上与此相关的一个概念——协同主义,早已在民事诉讼理论中出现。德国学者巴沙曼(Rudolf Wassermann)在其所著《社会的民事诉讼——在社会法治国家民事诉讼的理论与实践》一书中,对协同主义这一概念进行了诠释,按照其观点,协同主义是一种与对抗制诉讼完全不同的崭新的司

---

① 有学者认为协商性司法与恢复性司法是两个不同概念,代表了两种不同的司法理念,两者的区别既有理念上的,更有实践范式方面。(参见马明亮:《协商性司法》,法律出版社2007年版,第73页。)笔者认为,协商性司法与恢复性司法并不存在本质的区别,都是以商谈的方式来解决纠纷,其解决纠纷的过程都体现了一种合作关系,都可归为一种对话、协商机制。

② 吴宗宪:《恢复性司法述评》,载王平主编:《恢复性司法论坛》第3期。

第二章　诉讼调解合意生成的法理基础

法模式,它强调法院、当事人三方的协同关系。①在司法实践领域,西方主要国家因诉讼迟延以及高额的诉讼成本而产生的司法危机,促使对传统对抗制的司法体制进行反思和进行改革实践。以英国为代表的西方民事司法改革,一反法官中立、当事人双方对抗的传统观念,强化了法官对诉讼程序的管理职责。20世纪90年代,在我国民事司法改革初期,法律界还在围绕民事诉讼模式的选择展开激烈争论之时,以辩论主义或对抗制为基本程序结构的国家,已经开始对这种过分强调"对抗""当事人主导""法院消极"的诉讼制度进行反思,出现了强调法院的管理职责和当事人协助诉讼义务的诉讼理念,一些国家如英国、日本的立法及审判实践,把法院协助当事人对案件进行和解以及鼓励当事人采取区别裁判的非正式的方式解决纠纷落到了实处。这种以弱化程序的"对抗性",强调程序的"对话性"和"合意性"为基本方针的诉讼制度,既充分反映了现代民事司法的发展趋势,其内容也构成了协商性司法的本质内涵。

在我国,对协商性司法还处在对其一般性外在表征的讨论阶段,尚未深入到问题的核心层面,特别是缺少具体制度构建方面的讨论;而且,这种讨论基本上限于刑事司法领域。在民事司法领域,关于纠纷解决机制和诉讼关系的研究较为深入,甚至也出版了有较高学术水平的研究成果。②但这些研究有的注重宏观上的讨论,缺乏对具体制度设计的论证;有的主题显得分散,论述不够集中、系统,其应有的理论价值和实践意义未能充分展现出来。本书将重点讨论民事诉讼中协商性司法的价值取向和正当依据、协商性司法的基本原理及内容,以及协商性司法所塑造的法院与当事人诉讼关系结构,所要解决的首要问题是:协商性司法是否是独立于原有的"对抗性"司法的一种程序结构?如果协商性司法不仅仅是一种观念,而是表现为具有独特价值取向的程序结构,那么,它对民事诉讼制度的构建以及法院与当事人以及当事人与当事人的相互关系将会产生

---

①　[德]鲁道夫·巴沙曼著:《社会的民事诉讼——在社会法治国家民事诉讼的理论与实践》(日文版),东京成文堂1990年版,第103页。

②　比如张卫平教授的《诉讼构架与程式》和《转换的逻辑——民事诉讼体制转型分析》、王亚新教授的《社会变革中的民事诉讼》、刘荣军教授的《程序保障的理论视角》和王福华教授的《民事诉讼基本结构》等。

怎样的影响？在诉讼的公正与效率之间又能起到怎样的调和作用？它对提升司法裁判的权威性又具有什么样的意义？怎样评估协商性司法与中国传统文化的契合度以及与当下中国转型时期构建"和谐社会"的建国策略是否有着内在的逻辑联系等,就构成了本书研究的重点和难点。

传统的裁判性司法其突出的表现特征是,通过对规则的严格适用实现国家业已建立的法律秩序。但是这种秩序是由国家强制力保证的,与社会缺乏内在的亲和性,往往无法有效调动个体运用他个人的知识采取有效行动,促成人们之间的相互合作、形成、发展,选择更为人们偏好的、有效的秩序,因此这种秩序往往缺乏自我生产、扩展和自我调整的强大动力,也很难对不断变化的社会作出灵活有效的反应。结果是社会显得相当僵化。① 协商性司法不同于传统裁判性司法的显著特征,是其将法官根据事实依规范作出判决的"对抗性"机制,转换为多主体参与的"对话与协商"机制,可以说协商性司法是通过"对话"实现纠纷的解决。从制度构建的层面来看,对话应当是自治的,才能实现对话的理性与正当性,因而,合意应当构成协商性司法的一个核心要素。合意的内容大致表现在三个方面,一是纠纷解决方式的选择上;二是纠纷解决的程序选择上;三是纠纷解决方案的选择上。因此,可以认为协商性司法充分考虑了当事人在诉讼中的自治权利,通过对话与协商形成当事人解决纠纷的合意。在近期的诉讼理论研究中,关于民法中的一些基本理论逐步渗透到诉讼理论中,比较突出的是民法中的诚实信用原则、契约理论在民事诉讼理论中得以确定,并引起了具体诉讼制度的构建明显地向"协商性"规则发展。②

协商性司法的积极意义在于以下两个方面：

1. 实现当事人的正义

由于协商性司法强调当事人为主体的协商、对话机制,从而为当事人"自主"解决纠纷创造了条件,这即日本学者棚濑孝雄所主张的"意思自治

---

① 苏力:《道路通向城市——转型中国的法治》,法律出版社2004年版,第29页。
② 在近几年最高法院出台的相关司法解释中,肯定了当事人对程序的协商选择。如:关于举证时限的确定、是否进行证据交换、关于适用简易程序的选择等,以及在实体早已确立的诉讼和解制度与诉讼调解制度等,都反映协商性司法的基本特征,诉讼的"对抗性"进一步向弱化的趋势发展。

的审判模式"的基本内核,以实现当事人诉讼之目的,这是协商性司法所具有的基本程序功能。"使作为诉讼程序内在功能之一的促进连带与至今为止被看作诉讼唯一功能的保障自由相结合,统一到一个更高层次,就构成了诉讼给当事者自律自治的努力以援助的功能。当事者在不压抑自己意愿的前提下与对方共同形成使双方都能满意的关系的努力,如果通过诉讼能够得到最大限度的发挥,就可以认为诉讼达到了自己的目的。"①其实,虽然双方都有获得胜诉的心理企盼,但息事宁人寻求大家都能接受的结果也是双方努力的方向,这就为对话、协商、共谋和谐关系提供了契机。值得特别强调的是,协商性司法以法院、当事人三方对话为解决纠纷的基本机制,特别是诉讼程序如果按能够有效促进当事人相互作用这一水平方向加以构建,能够更好地实现当事人对纠纷的自主解决。这样看来,协商性司法所追求的正义不仅仅是停留在立法层面上法律应有的正义,而更进一步将这种正义转化为当事人所追求的实实在在为当事人所需要的正义。

2. 消减司法危机的发生

进入 21 世纪以来,成本过高、时间过长和程序烦琐已成为现代司法的三大弊病,已对司法权威构成了严重威胁。现代司法程序的设计是基于"竞争"的理念,"非黑即白"的事实认定结构将当事人双方置于对立的关系之中,为保持双方"竞争"的平等性,法官中立及程序的完整性就显得尤为重要。这样一来,程序优先或者程序中心主义的思想在现代司法体系中蔓延。在裁判性司法中,存在程序的"繁殖"或者附属诉讼的扩张,在整体上为民事司法的管理带来了不利的后果。所以,人们开始认为某些程序权利的保障,即使长期以来在英国被誉为司法公正之基本,也根本没有任何法律意义。②"对抗性"司法所带来的种种弊端,促使人们对程序进行反思。正如澳大利亚 Davies 大法官所指出的:"要改变这些因素,律

---

① [日]棚濑孝雄著,王亚新译:《纠纷的解决与审判制度》,中国政法大学出版社 1994 年版,第 153 页。

② [意]莫诺·卡佩莱蒂等著,徐昕译:《当事人基本程序保障权与未来的民事诉讼》,法律出版社 2000 年版,第 14 页。

师和法官就必须接受一种正当的争议解决的新概念。这一概念包括争议双方之间更加坦诚相对的概念,也就是减少对抗,接受对成本、他人的权利、公共利益等相关考虑。"[1]从这一论断我们可以看出,克服裁判性司法危机应当从缓和程序的对抗性入手,加强法官对诉讼的控制和当事人双方关系的促进。协商性司法正好契合了这一思想,它将事实真相的探知、成本、时间作统合考虑,平衡当事人、法院的诉讼关系,兼顾程序与实体正义的实现,有效化解了传统裁判性司法的危机。特别是在程序方面,协商性司法更多地考虑诉讼解决纠纷与诉讼外解决纠纷的联系,加强法官对司法的管理和当事人诉讼之目的性,避免因过分的程序性而导致诉讼变得毫无意义。因为,作为过于复杂的程序性问题,既成本昂贵也无助于纠纷按照当事人所期望的方向解决。英国法律大臣沃尔夫(Lord Woolf)勋爵在《接近司法:最终报告》中指出:"应当注意当前当事人制造大量中间申请的倾向。这些具有战术性质,即使对于提出申请的那一方当事人也可能是有利的,而且可以不受投入成本所限。"[2]大量中间程序的利用,导致诉讼成本畸高,诉讼也变得毫无效率可言。

(二)互利的正义:协商性司法的正当性基础

协商性司法自产生之初其正义性就受到了种种质疑,称其违反法律的正当程序,是不具有正义性的,这一点在刑事诉讼中遭受的非议尤其突出。[3] 传统裁判性司法所依据的哲学思想是实质正义的哲学观,即强调判决的正确性优先于及时司法和合理的诉讼开支的考虑。新的《英国民事诉讼规则》在正确判决、成本及时间三个维度进行了全新、合理的平衡,

---

[1] [英]阿德里安 A. S. 朱克曼著,傅郁林译:《危机中的民事司法》,中国政法大学出版社 2005 年版,第 17 页。

[2] Access to Justice: *Final Report* (HMSO,1996), ch. 7, para. 23.

[3] 马明亮:《协商性司法》,法律出版社 2007 年版,第 73 页。

矫正了"实质正义优于程序安排"的哲学,代之以分配正义的哲学。① 但这一正义观念的转变仍然适用于裁判性司法的程序结构和逻辑,即在案件事实的基础上正确适用法律作出了符合实质正义的判决,因此,也可以说裁判性司法之分配正义也是法官根据具体案件"裁量的正义"。"分配的正义是仲裁人的正义;也就是确定'什么合乎正义'的行为。无论怎样,如果他在履行他的职责,便可以说是把每一个人的应得分配给每一个人;这是真正的正义分配,可以被称为分配的正义。"②裁判性司法所追求的"分配正义"这一价值目标,可以说是立法者的价值目标,并没有考虑纠纷当事人所需要的正义,即作为诉讼参与的主体能为自己创设与他人未来关系的活动中,追寻自己所需要的"法的秩序"。我国台湾学者邱联恭在讨论当事人程序主体性时指出:"基于国民的法主体性、程序主体性原则及程序主体权等原理,纠纷当事人即程序主体,也应当是参与形成、发现及适用'法'的主体,以便其实体利益和程序利益不致受程序制度的运作、使用或未能予以使用而遭受减损、消耗。因此,对于程序关系人,立法者及法官均应就涉及其利益、地位、责任或权利义务的程序利用及程序进行,赋予一定的程序参与权及程序选择,借以实现、保障程序关系人的实体利益和程序利益。"③协商性司法充分重视当事人对正义的要求,从分配正义向互利正义或协商正义转变。作为互利正义的设想是,公正的结果应该体现双方的所得是他们在持续斗争中应该得到的。互利正义的哲

---

① 分配正义的哲学由许多元素构成:(1)接受民事司法管理的资源是一定的,就像所有其他公共服务的资源一样,因此,这些资源必须在所有那些谋求或需求司法/正义的人们之间公正地分配;(2)对这些资源的公正分配必须考虑个案的特点,使个案获得不多于应当获得的法院时间和精力的合理份额,法院资源的分配以及时间和金钱上的投资都必须与该案的难度、复杂程度、价值、重要性大致相当;(3)时间和成本与资源分配的考虑有关,司法/正义可能带来太高的代价,而对正义的迟延即为对正义的拒绝;(4)司法的责任,主要是法院的责任,法院的责任范围超出了在个案中实现正义,法院对于民事司法管理在整体上,在制度的资源以及资源的公平和正当分配方面,也负有责任。参见阿德里安 A.S. 朱克曼著,傅郁林译:《危机中的民事司法》,中国政法大学出版社2005年版,第16页。

② [英]布莱恩·巴里著,孙晓春、曹海军译:《正义诸理论》,吉林人民出版社2004年版,第12页。

③ 邱联恭:《程序选择权论》,台北三民书局1994年版,第33页。

学观比较好地契合了协商性司法对当事人需要的考量,因此,互利正义是建立在纠纷当事人平等协商基础上通过相互妥协实现的正义,从本质上讲它是双方当事人的"合意正义"。

近年来,法律界对我国民事司法改革进行了深刻反思,对于过于强化法院"消极性"裁判和当事人责任的改革思路提出了质疑。和谐社会理念的提出,标志着我国社会转型道路的进一步明确化,也为司法改革指明了具体方向,协商性司法便是能够契合这一理念的程序结构。协商性司法以纠纷解决中主体间的理性对话为基本要素,以主体交涉过程中的相互沟通和协调为基本机制,最终达到各主体间能够共同接受的共同目标。在达成这一目标的过程中,各主体间以对话的方式进行交涉和协商,通过主张、反驳、质疑、论证、修正等行为,反复提炼论证主题及其合理性,并最终达成共识——"合意"。这一合意目标的达成,不但标志着纠纷的有效解决,同时,由于协商性司法以交涉、沟通为基本机制,有效地缓解了"裁判性司法"所可能带来的当事人对裁判结果的不满情绪,由此而获得的"公正性"是当事人所需要的公正。协商性司法的兴起,是对裁判性司法传统反思的成果,其以"对话"取代了"对抗",以理性的"沟通""协商"取代了诉讼技巧,以主体间的"合意"取代了裁判者的"决定",并最终以妥协的正义或称之为协商的正义、互利的正义取代分配的正义。

在构建纠纷解决制度时,人们通常将正义设定为所倾力追求的终极目标。但是,作为纠纷解决必须依赖的程序制度,因其制度设计上的差异,也会导致对正义的实现程度有所不同。"不同的程序制度如何追求正义目标的实现,以及在进行这种努力时作出过何种妥协和牺牲。后者可能是制度比较的最有意义的方面,因为它把注意力放在隐含实现正义的不同方法背后的事实上。正是给予这一点以优先地位,或者说正是司法/正义的目标,塑造了位于终端的那些程序。"立法者们在设计程序制度之时,就将实现正义放在首位。在一般的裁判性纠纷解决制度中,正义的实现,就意味着法院的判决是在案件的真实已被查明,且据此正确地适用了法律。就法律适用层面而言,我们完全可以期待并且有理由相信,作为法律精英的法官们是能够胜任的。然而,就案件事实的确定这一层面,却存在诸多不确定因素;这不但是因为案件事实已是事过境迁,难以完全恢复

"原状";同时,也因为事实认定是人的主观认识活动,案件真实的把握不仅取决于基础材料的完整程度,更要依靠法官个人的司法经验。所以,"尽管判决的正确性亦即真实性是民事程序的目标,但众所周知我们的程序并非完美无瑕的。程序在实现判决的正确性目标时总是存在一些局限性而力不从心。一个程序制度能够努力决定过去发生过什么并且能够确切地适用法律,却不能保证从不发生错误。法律的程序标记是,当正义的准则成为程序的外在表现时,程序本身却不能总是在个体判决和这一准则之间实现完美和谐。因此,即使通过这一程序而形成的个体判决有一些是错误的,这一程序仍可能是正当的。"而这种正当性,只能从程序意义上来说是妥当的,但对当事人双方来讲,这样的判决未必是他们想通过诉讼程序获得的东西。为避免某一项判决陷入符合了程序的正义性但却与实体正义相悖的窘境,通过当事人协商、妥协所获得的纠纷解决,无疑符合正当性的要求。

传统意义上的对抗式审理程序,以立法者预先设定的正义展开程序。然而,深受自由主义理念影响的立法背景,程序中严格恪守裁判中立,当事人双方通过对抗式辩论来发现案件真实的制度逻辑,与"确定真实的事实并正确适用法律"即是实现了程序设定的正义目标产生了逻辑上的悖论。在无法达到每一个案件都能查清事实的情况下,传统司法的"合法性"就存在问题。特别是在严格的证据裁判主义的要求下,有时不得不考虑诉讼的时间耗费和诉讼成本问题,而舍弃对个案事实的追求。在这种情况下,正义的追求受到抑制,裁判的合法性受到怀疑。比如,在民事诉讼中关于证明责任的问题,当案件事实处于无法查清(真伪不明)的状态下,通常情况下主张权利的一方当事人的诉讼请求将被驳回,很显然,要求权利的一方当事人比对方承担更高的诉讼风险。① 裁判性司法所带来的"正义性危机",使裁判的正当性受到怀疑。什么样的正义是我们需要的,通过程序实现的正义是法律形式上的正义,还是当事人所追求的实质的正义,协商性司法正好为这一问题提供了解决的通道,我们可以称其为当事人"协商的正义"。日本学者棚濑孝雄指出:"就是在维持由大文字的国民所制订的大文字的法同时(这一功能在诉讼法学中称为'维持法秩序'的作用),还要进一步支援小文字的国民在彼此的相互作用过程中形成小文字的法,并以此为基础创造自己与他人生活的共同空间这一微观的法实现行动。"

裁判的正义性在制度的维度中受多方面因素的影响与制约,主要包括:案件真实因素、时间因素、成本因素以及当事人对结果的接纳度。统合这些因素,所谓的正义并不是可以以某一标准加以厘定,也不是一成不变,正义具有相对性。司法制度作为一项为民事主体的权利救济提供服务的制度,制度设计除满足案件真实、时间及成本对正义性的要求之外,当事人认可的正义应当是一个重要的考量指标。因为,"衡量程序在实现正义方面是否成功需要复杂的判断",这一点日益清晰了。仅仅问一个制度是否产生正确的判决是不够的,我们还必须问这一判决以怎样及时的程度而获得,因为一个判决如果太迟,可能构成对正义的拒绝,即使它正确地将法律适用于真实的事实。因此,无论诉讼程序设计得多么精密,从案件真实的事实、时间、成本等多个维度去实现完美的正义,而影响正义

---

① 正如日本学者对裁判性司法所存在的问题所作的分析,认为其存在六个方面的问题:(1)由于强调以一般规范为根据的强制性判决,很难在一般性规范命题中表现出来的利益或并不适于通过强制来实现的利益往往受到忽视;(2)由于法的规范和法的专门技术不能迅速地适应社会变化发展,在现实生活中已经或正在得到承认的某些新的利益往往不能在诉讼审判中也得到反映或实现;(3)由于程序的进行需要高度的法律专门技术,诉讼中的纠纷处理过程很难得到一般人的理解和亲近,并往往使当事者不能真正地参加到程序中来;(4)过于花钱费时;(5)由于抑制国家权力或法官权限的必要而强调程序的形式性和法官的中立性,往往给力量并不对等的当事者之间带来实质上的不平等;(6)由于审判的公开性以及所谓"非黑即白"式的判决方式,使得一部分具有微妙性质的纠纷往往很难得到恰当的解决,或者处理的结果不能使当事者感到满意。([日]棚濑孝雄著,王亚新译:《纠纷的解决与审判制度》,中国政法大学出版社1994年版,第153页。)

第二章 诉讼调解合意生成的法理基础

的因素本身即存在内在的矛盾,制度的设计都是应当考虑各种需要来达成妥协,以求得整个司法体系的平衡,严格意义上讲,司法所追求的正义应当是妥协的正义而非完美的正义。与此相适应,协商性司法的制度目标,不在于追求立法者所认识的写在法律上的正义,而是通过纠纷当事者的协商性实现当事者自己的正义,即所谓的互利正义或协商正义。从民事纠纷主要属于私法领域这一性质看,由当事人通过协商寻求的正义是具有正当性的,这种正义具有互利性,它在实现正义各种维度的要求中寻找到一个平衡点,即当事人的合意便是正当的。

构建协商性司法的程序正义标准应当从以下几个方面来评价:一是程序是否保障了理性、正当的对话;二是是否保障了当事人的知情权与自治性。从第一个标准来看,协商性司法主体之间的对话、协商寻求纠纷的解决,包括均认可的事实以及最终的实体结果,对话必须是理性和正当的标准,是出于对人的尊严的一种尊重,只有在此基础上构建的协商规则才可能是平等的;第二个标准,可以理解为第一个标准的扩展。在民事司法中构建协商机制,是私法的契约精神在诉讼中的延伸,因为它需要多个主体诚信协商、达成合意。这就必须能够保障主体的意志自由与信息的对称,即能够充分了解协商的基础。为实现或满足协商性司法正义性的上述标准,必须确立当事人的主体性原则,程序的构造以当事人为中心展开,以确保当事人之间的对话、沟通、交涉畅通进行。

确立当事人主体性原则是保障纠纷利害关系参与协商的前提和基础,是其意志自由与对话理性的保障。日本学者棚濑孝雄指出:"参加模式由于把诉讼当事者的程序主体性提到一个明确的高度,从而能够充分体现在原有的模式中很难找到自己位置的民主主义理念。要求法官的判断作用对当事者的辩论做出回答和呼应的参加模式,不仅仅把当事者的程序主体性作用限定在为了帮助法官做出正确判断而提供足够的资料这一狭窄的范围内,而是容许当事者以双方的辩论内容来拘束法官判断的同时,把法官这个第三者的存在和决定权能纳入自己努力解决自己的问题这样一种主体相互作用的过程。承认当事者具有这种更高层次的主体性,才有可能从根本上支持现代型司法所需要的灵活性,获得根据具体情况调整程序来追求更合乎实际的解决时必要的正当性。"当事人程序主体性原则所衍生出来的附带原则是参与原则,即案件的利害关系人(原告/被告/第三人)都能被保证对程序的参与,包括参与机会的保障,也包括能够对纠纷解决结果具有实质性且不受任何压制意思表达保障。只有这样,协商性司法才能具有实质意义,才是真正通过协商实现的当事人自己需要的正义。

(三)对话与妥协:协商性司法的基本运作机理

德国哲学大师哈贝马斯对主体间的交往理论有一段精辟的论述:对话是人与人之间以理解为导向的交往行为,其核心在于让行为主体之间进行没有任何强制性和压制性的交往,形成共识,提高交往构造的合理化程度。对话允许角色差异,允许灵活地使用虽完全内在化但却可以反思的规范,即对话要具有论证的形式,提出要求的人必须用恰如其分的论证来说服别人,在他说服了别人的时候,他的有根有据的论证力量就会对别人的行为发生作用。在论证中,对话双方的利益都可以得到考虑,双方提出的各种要求都能够成为讨论的对象,没有任何强迫,除了平等地探讨真理之外,一切其他思想动机都将受到排斥,每个人试图获得的东西都可以在解释中得到重新认识,从而使形成共识成为可能。[①]哈贝马斯倡导的沟通行为理论或商谈理论影响巨大,是协商性司法的重要理论内核。根据诉讼理论及实践,基于民事纠纷的私法性质,法律为民事纠纷的解决提供了多种解决途径,[②]但归结起来无外乎两种解决形式,即根据当事人合

[①] 转引自陈学明:《哈贝马斯的"晚期资本主义"论述评》,重庆出版社1993年版,第393~416页。

[②] 作为当事人享有处分权的民事纠纷,法律为其解决提供了多种选择,包括诉讼外和解、诉讼外调解、仲裁以及诉讼。

第二章 诉讼调解合意生成的法理基础

意解决纠纷和根据第三者的决定解决纠纷。① 作为现代纠纷解决机制的诉讼制度,其以高度的制度化程序设计,保证通过程序对正义的实现。但是,即使在这种带有一定强制性色彩的诉讼制度框架下,也并不排斥民事纠纷解决的多样性,即现代司法程序的设计也充分考虑了对当事人选择权的尊重。

协商性司法首先表现出"对话性"的本质特征。对话是人与人之间以理解为导向的交往行为,其核心在于让行为主体之间进行没有任何强制性和压制性的交往,形成共识,提高交往构造的合理化程度。对话作为信息传递和意思沟通的一种形式,在以解决纠纷为基本内容的司法程序中具有重要的价值。在司法审判中,对话应当具有论证性和反思性,提出要求的人必须用恰当的论证来说服对方;通过对方的辩驳与质疑,为主张者提供反思的基础,并通过这种反思对其初始主张进行适当的修正。同时,对话作为诉讼主体实施诉讼行为的一种外在表现形式,能够彼此传达思想,在这一过程中,每个参与对话的主体除了表达自身的利益追求,也会在一定的框架下考虑对方的观点。"没有人能有希望从自身出发找到实践真理,而只能在论证过程的交锋中,迫使每个人设身处地考虑到所有其他人的观点,进而能够产生出一种让绝对命令真正有效的实施。"②

日本学者兼子一教授指出:"诉讼一经成立,就产生了作为诉讼主体的法院及双方当事人之间进行交涉的领域,在此基础上所为的种种诉讼行为作为诉讼程序向前展开。"③这一主体之间交互作用的具体表现形态是:当事人双方通过主张、辩驳、论证等具有论辩色彩的对话,表达和传递

---

① 日本学者棚濑孝雄对纠纷解决过程的类型作了精确的分析,指出纠纷解决过程可以类型化为根据当事者合意的解决和根据第三者决定的解决。根据合意的纠纷解决,指的是由于双方当事者就以何种方式和内容来解决纠纷等主要之点达成了合意而使纠纷得到解决的情况;根据决定的纠纷解决,是指第三者就纠纷应当如何解决做出一定的指示并据此终结纠纷的场面。([日]棚濑孝雄著,王亚新译:《纠纷的解决与审判制度》,中国政法大学出版社1994年版,第7~15页。)

② [德]尤尔根·哈贝马斯著:《对话伦理学与真理的问题》,中国人民大学出版社2005年版,第2页。

③ [日]兼子一、竹下守夫著,白绿铉译:《民事诉讼法》,法律出版社1995年版,第5页。

与案件有关的各种信息,而法官实施妥当的行为对当事人双方的对话实施引导,促进和实现当事人之间的沟通、妥协,从而达到解决纠纷的目的。我国许多学者也纷纷主张诉讼程序是以过程性与对话性为本质特点的动态过程,并指出:"程序是与程序主体的自由、自主的选择联系在一起的,程序的本质特点就是过程性和交涉性。诉讼程序是交涉过程的制度化。这一交涉过程也是程序主体相互交流、作用的过程,它包括权利主体与权力主体之间的纵向沟通过程和权利主体相互之间的横向沟通过程。"[①]现代司法程序更加注重程序公正,充分尊重当事人的程序主体地位,强调当事人法律地位的平等性和对程序充分的参与性,使当事人有机会和条件参与规则的解释活动,并通过自己的努力来构造与对方新的法律关系。协商性司法注意到了审判并不纯粹是由法官对纠纷作出强制性的判定,而是体现出了主体之间的相互作用关系,对审判的研究着眼于主体的侧面,特别是程序参加者的相互作用。协商性司法在创造了诉讼主体之间进行对话机制的同时,也为各主体提供了理性选择的可能,依靠程序创造的一种根据证据资料进行自由对话的条件和氛围,这样可以使各种观点和方案得到充分考虑,实现优化选择。[②]

(四)程序性:协商性司法的制度框架

协商性司法是否是一种独立存在的程序结构,是我们首先应当弄清的前提问题。从民事司法的形态来看,存在两种对立的结构:一种是"职权干预型"的程序结构,强调法院审判权在纠纷解决中的主导地位;另一种是"当事人主导型"的程序结构,强调对当事人诉权的尊重。无论是调和公正与效率间的"冲突",还是协调主体间相互关系,以及司法裁判的正当性方面,两种程序结构都无法消解其自身的结构性缺陷而得到满意的答案。因为在这两种司法程序结构中,对立了法院、当事人的程序关系,主体之间缺少必要的"交涉"与"沟通"。这种以"工具理性"为基础的制度

---

① 章武生:《司法现代化与民事诉讼制度的建构》,法律出版社2000年版,第11页。
② 季卫东:《法治秩序的构建》,中国政法大学出版社1999年版,第18页。

设计,把问题本身的合理性变成了解决问题的程序、方法和手段的合理性,把某一纠纷的解决在内容上是否正确的判断,变成了对一种解决方式是否正确的判断,把许多复杂的现象简化为可以用规则来处理的"典型案件",从而抹杀了个性的自由和个体间的差异。协商性司法是一种独立的程序结构,它强调的并非主体间的对立关系,而是一种合作关系;协商性司法是在程序规则下主体间为寻求解决纠纷合意的对话过程,与裁判性司法不同的是,协商性司法为实现主体间充分的对话,其程序的构筑转而以横向为基轴。这一程序观,不仅是对裁判性司法当事人之间"竞争"关系的缓和,更是重视当事人在纠纷解决中积极作用以及在重构双方关系的努力中所能施加的影响,"尤其是作为诉讼对象的纠纷自身,很多情况下并不像一般所理解的那样,只是一方失去的就是另一方获得的所谓'要么全有、要么全无'的斗争过程,而经常可以理解为当事者对相互间在行为期待上的认识不一致加以调整,以期重新形成使双方都能满意的关系这样一种共同努力的过程"。

　　协商性司法是诉讼程序之一种,程序性应当成为其构建具体制度的基础。过程性、对话与交涉性是协商性司法的本质特征,这一交涉过程也是程序主体间交流、作用的过程,它包括权利主体与权力主体之间的纵向沟通过程和权利主体相互之间的横向沟通过程。"由于现代诉讼制度的理念在于程序公正,充分尊重、维护当事人的诉讼权利,强调当事人法律地位的平等性和充分的参与性,使当事人的规则解释活动以庭审辩论的方式展开,能够与法官共同参与规则的解释,这样,诉讼过程就表现为一个对话性阐释的过程,当事人获得了阐发自己的解释论点的制度性场所。"

　　当事人主张、质疑、论证、协商等行为需要在一定的程序机制下实施才具有意义。协商性司法并不是反程序性的,恰恰相反,以主体间的对话作为运作机制的协商性司法,必须在程序的规制下才能有效进行。在诉讼过程中,以展示案件内容以及形成纠纷解决结果为目的的对话、沟通,具体是从两个方面展开的:一方面是当事人与法院之间,另一方面是当事人双方之间。与裁判性司法将程序规制的重点置于法院与当事人之间的关系不同,协商性司法更着眼于当事人之间的横向关系的构筑。"仔细观察审判过程,就可以发现法官所作出的判决后面,存在着审理过程本身,尤其当事者活跃的辩论活动所产生的重大影响或制约。如果把着眼点移到这个侧面,则可以得到另一种关于审判的印象,即:围绕对立的主张和论点进行争议的当事者中间存在一个具有权威的第三者,通过这样三方相互作用把当事者争论引导或收敛到一个合理解决的社会机制上,这就是审判。"通过程序合理设置对话框架或机制,规范主体的对话行为,是对话得以顺利进行的有效保障。

日本学者棚濑孝雄指出:"审判的本质要素在于,一方面当事者必须有公平的机会举出根据和说明为什么认为自己的主张才是应该得到承认的,另一方面,法官作出的判断必须建立在合理和客观的事实和规范基础上,而这两个方面结合在一起,就意味着当事者从事的辩论活动对于法官判断的形成具有决定意义。"这一论断同样适用于以当事人通过协商达成一致解决纠纷的场景中。协商性司法以当事人的理性商讨为基本程序机制,通过主张、反驳、论证、质疑、修正等对话行为,双方的商讨最终达成一致。协商性司法将程序的构筑更加关注水平方向的关系,将当事人之间所进行的水平方向的信息交换、商讨作为程序结构的重点内容加以强调,充分体现当事人作为程序主体中的主体的原则。因为,只有在这样的理念支配下,当事人才会获得不受"意志强迫"的对话保障,才能够就案件的相关信息进行充分的交换和讨论。"从程序正义的角度看,以纠纷当事人为中心,在双方自由、对等之相互作用的讨论中选择结论,如此构造,这是理论上对诉讼过程所持的普遍价值。"[①]同时,诉讼程序以当事人水平方向为重点加以构造,也是按照当事人的意愿最大程度发现案件真实所必须。"当事者之间的相互作用才是诉讼程序的中心部分这一观念,一般地或者以这样能够最大限度地发现案件真相的理由来说明,或者由当事者接受涉及自己切身利益的处理时必须得到陈述自己意见的机会这种正当程序的原理演绎而出。"日本学者棚濑孝雄把这样的当事人主体性与现实的诉讼程序结合起来,提出了促进对话或辩论,使诉讼程序更符合个人朴素的正义感的建设性设想。就程序参加者的相互关系而言,这种思想将

---

① [日]上田澈一郎:《当事人平等原则的展开》,东京有斐阁1997年版,第2页。

裁判性司法中过度重视当事人与法官之间纵向的相互作用关系,转变为当事人之间的横向沟通、协商的相互作用关系,这正是协商性司法的本质要求。与日常人们之间的对话不同,协商性司法中当事人、法院相互之间以传递案件信息为内容的具有相互作用关系的对话,是以一定的程序机制为保障的。这种程序机制不但保证各主体之间对话的自主性与充分性,同时还形成了一种制约关系,从而保证了对话对于纠纷解决的实效性。作为一种体制内的纠纷解决方式,协商性司法必须在程序创设的制度空间内才能有效运作;协商性司法的程序性所强调的过程的正当性决定了它不仅是一种解决具体纠纷的模式,而且也是一种正义论证和实现的方式,即通过充分的对话、妥协,实现当事人追求的正义。

二、诉讼与调解之法理及程序构造

当今中国,法院调解已不是简单地作为一种解决民事纠纷的方式而存在,而是作为国家诉讼政策的载体,并通过诉讼调解活动加以实现;其不仅仅是一种解决纠纷的技术操作,更是通过调解实现对社会的治理,以适应我国社会、经济发展的需要。

诉讼调解是我国民事审判中最具有特色的一项制度。从历史的角度看,尽管调解不是我国解决民事纠纷的司法传统[①],但自中国共产党建立社会主义中国以后,调解即作为化解民事纠纷的主要手段或方式而被写入正式的法律文本中,成为人民法院审判和解决民事案件的重要方式。

---

① 在我国历史上,调解通常是指民间自发组织的纠纷解决方式,并不构成司法机关解决纠纷的法律传统。我国人民法院的调解制度应当是形成于陕甘宁边区政府时期的法律传统,这一时期所发明的马锡五审判方式是对我国现代民事司法制度最具影响力的主要传统之一(强世功:《调解、法制与现代性——中国调解制度研究》,中国法制出版社2001年版,第204页。)。作为制度化的调解,主要有两种形式:一是在民事诉讼法中明确加以规定作为人民法院审理民事案件的方式而进行的调解;二是在基层组织专门设立的调解机构(人民调解委员会)所进行的调解。本书所要讨论的是法院所进行的调解。

关于对我国诉讼调解制度形成基础的认识,有学者从文化解释论的角度,认为诉讼中的调解制度是继承和发扬了我国的法律传统,更是儒家文化的产物;①而有学者对此却持有不同的见解,从功能论的角度将调解解释为具有创造全新社会秩序的政治功能,将国家政策通过调解这种方式予以实施。② 从我国调解制度的发展过程分析,以上两种观点都不能完全说明我国当下法院调解制度的本质及其产生的基础。就传统而言,我们不能否认调解作为中国历史上传统的纠纷解决方式,它的形成有其深厚的文化底蕴,即儒家文化对其具有深刻的影响,时至当今,调解制度依然是根植于这种文化基础。由于调解给予了当事人拒绝的权利(包括形式的拒绝和内容的拒绝),如果这种说儒家文化对当今纠纷解决方式不再具有影响力的话,则很难解释即使在通过诉讼这种强制性纠纷解决方式时,为何调解的利用也达到了极高的程度;同时,我们也不可忽视的是,源于陕甘宁边区政府时期的我国现代诉讼调解制度,与中国传统的调解相比发生了一些变化,融入了意识形态的因素。③ 创建并形成于这一时期的"马锡五审判方式",可谓是赋予了中国传统意义上平讼解纷的调解制度以新的含义和内容,创设了中国法律的新传统。在某种意义上来说,调解不仅是用来平息纠纷和实现社会正义的手段,更重要的是要在解决问题的过程中贯彻党的路线、方针和政策,实现社会治理的目的。④ 在这样的

---

① 强世功:《调解、法制与现代性——中国调解制度研究》,中国法制出版社2001年版,第2页。

② [美]陆思礼:《毛泽东与调解:共产主义中国的政治和纠纷解决》,载强世功:《调解、法制与现代性——中国调解制度研究》,中国法制出版社2001年版,第121页。

③ 这种更加关注调解的政治功能的观点又被称为"文化断裂论",其将调解制度看作是实现中国共产党政治功能的工具,由此导致更加关注支撑调解过程的社会组织结构以及调解的政治功能。(强世功:《权力的组织网络与法律的治理化》,载《北大法律评论》第三卷第二辑,法律出版社2001年版,第5页。)

④ 强世功:《权力的组织网络与法律的治理化》,载《北大法律评论》第三卷第二辑,法律出版社2001年版,第7页。调解除了在解决纠纷的过程中贯彻党的路线、方针和政策以外,还具有通过审判人员所拥有的话语权,对当事人进行说服教育(或法制教育)的教育功能。甚至有人认为法庭是"教育家的施教之场所"。(强世功:《权力的组织网络与法律的治理化》,载《北大法律评论》第三卷第二辑,法律出版社2001年版,第37页。)

意识支配之下,我国民事审判制度中植入了调解制度,①并作为民事诉讼法的一项基本原则加以规定和重视。

审判与调解这两种原本在原理、技术上完全不同的纠纷解决方式,在我国社会主义法制建设的这种大环境下被置于同一诉讼程序中。由于上述所论及的诉讼调解所负载的政治功能以及由此而形成的新的法律传统,调解的作用被任意放大,以至于民事诉讼立法和实务操作表现为"调解型"的程序结构,②本应是由法院运作的审判程序中而进行的"证明——决定"的程序结构,演化为法官形成"正确"的解决方案并说服当事人接受该方案的所谓"合意"的程序结构。在这里,当事人接受法官提出的解决方案的"合意"构成了程序展开的主要目标。在由裁判与调解两种不同的纠纷解决模式所构成的我国民事诉讼程序,必然会产生冲突与矛盾,以至于在实践和理论上引发了对诉讼调解制度的深刻反省。③ 本书拟就对审判与诉讼调解原理的分析,对我国现行民事诉讼法的裁判与调解的"二元结构"存在的问题,进行深入分析并提出改正设想,以使调解制度能够发挥其应有的作用。

(一)"合意"与"强制":解决纠纷的不同构造

严格遵从法律的审判与侧重化解矛盾的调解,究其本质,两者是一种制度的对立关系?还是制度安排上的互补关系?弄清这一点,对于深入理解和反思我国民事诉讼调审合一的程序结构,并对这一程序结构运行

---

① 在理论界,通常认为调解是当事人处分权与审判结合的产物,而同样是以当事人处分权为基础的诉讼和解却没有得到重视,甚至未将其作为诉讼结案的一种方式。在诉讼中,当事人达成和解以后,只能以撤诉的方式结束诉讼程序。由于这种解决纠纷的方式具有效力的不确定性,极易诱发再诉的可能性。从这一点来看,中国现代民事审判制度更看重的并不是调解解决纠纷的作用,而是重在审判者所掌握的司法话语权能够有效地实现司法的相关政策。

② 王亚新:《社会变革中的民事诉讼》,中国法制出版社2001年版,第10页。

③ 这种冲突的突出表现是:诉讼调解活动隐含了较重的"权力因素","自愿合意"极易演变为"强制合意"。实践中强调提高调解结案率的同时,针对调解书的再审申请和强制执行也不断攀升便是这种冲突所带来的消极后果。

的有效性作出正确的判断,具有十分重要的意义。

就纠纷解决的具体表现形态而言,主要包括当事者双方的交涉与妥协、社会的解决以及法律的解决三种方式。从制度结构意义上看,上述三种解决方式可以归结为根据合意的解决和根据决定(裁判)的解决两种模式;从构成要素的角度看,可以从两个层面加以分析:一是纠纷解决的主体构造。根据合意的纠纷解决结构,是以发生纠纷的当事人为主导,在无外力自主或有外力的协助下形成解决纠纷的一致意见,其典型的形态是当事人的和解和第三人主持下的调解;根据决定解决纠纷,是以与案件无利益关联的第三方根据查明的案件事实作出权威性判断的解决,审判是通过决定解决纠纷的典型形态。二是纠纷解决的依据。通常存在根据规范解决纠纷和根据具体情况(状况)解决纠纷。从极端的角度分析,通过合意解决纠纷一般是根据具体情况,双方达成一致意见的解决;而通过决定解决纠纷则通常是根据规范的解决。

1. 根据"合意"的纠纷解决模式

所谓合意,是指主体间对实施一定行为所要达成之目的的共识。根据合意的纠纷解决,是在对立的纷争当事人之间就纠纷解决的方式和内容达成了一致而使纠纷得以解决的场合。其典型情况是,纠纷当事人在没有任何"外在力量"作用下自主形成解决的结果。这一形式通常都是利害关系人以实现自己利益最大化为目标与对方进行交涉、妥协,从而最终达成一致。根据合意解决纠纷的本质特征是,形成合意的交涉过程的自主性与非规范约束性。"通过这种自由的讨价还价达成的合意通常即所谓妥协的解决。如果当事者和利害关系者从各自所拥有的手段确认某个妥协点是能够得到的最佳结果,这样的解决即可获得。在这里,纠纷解决的内容完全是根据当事者之间的具体状况而定的,基本上不受规范的制约。"[1]因此,在根据"合意"解决纠纷的场合下,"合意"是与"状况性"[2]存

---

① [日]棚濑孝雄著,王亚新译:《纠纷的解决与审判制度》,中国政法大学出版社1994年版,第11页。

② 这里所讲的"状况性",是指在纠纷解决过程中,纠纷的解决是根据双方的具体状况而非规范。

第二章 诉讼调解合意生成的法理基础

在内在联系的。

根据合意解决纠纷主要有两种形态：一是纠纷的当事人通过"讨价还价"自主形成合意；二是在第三人的主持并"诱导"下形成合意。尽管两种形态的本质是一致的，但其却存在着不但表现在过程上的差异，而且在与其他纠纷解决结合起来并用时会出现方向性的背离。

在第一种形态下，合意形成的基本构造是：双方基于纠纷本身，以对话、沟通的方式进行，这是建立在当事人双方"自主合意"[①]基础上的交涉过程。在交涉的初始阶段，双方所抱有的理想结果都可能较最终合意成果要高出许多；随着双方对话、交涉的展开，双方所拥有的信息可能会达成一定的平衡，这种信息的平衡所产生的作用是可以对双方初始"期望值"进行修正，从而使双方心目中的理想结果逐步接近，最终使纠纷得以解决。

合意形成的另一种形态是"调解合意"。在合意形成的过程中，具有中立性的第三方参与当事人达成妥协的全过程，第三方所能发挥的主要作用是：在沟通双方意见方面，第三人在双方当事人中间架起沟通的桥梁，传递双方掌握的案件信息和意见，避免因双方情绪对立而形成沟通上的障碍等方面发挥着作用；在促成合意形成方面，第三方能够站在中立的立场上明确双方的争执点所在，并在此基础上提示相对合理的解决方案，第三方积极的斡旋是双方达成合意的催化剂。"像这种第三者（调解者）始终不过是当事者之间自由形成合意的促进者从而与能够以自己的判断来强制当事者的决定者区别开来的场面，可以视为调解过程的基本形态。"[②]

一般情况下，由于当事者利益上的冲突，双方通过协商形成合意的可能性应当说是比较低的。这就需要通过两个方面的努力来加以改善：一是充分利用调解者的作用，诱导双方形成合意；二是建立相应的制度作为

---

① 所谓"自主合意"，是指纠纷的任何一方都没有强制对方同意的权利，合意的形成来自于双方根据各自的具体状况所能达到的理想结果，即通过双方相互自由妥协而达成。

② 季卫东：《法治秩序的建构》，中国政法大学出版社1999年版，第11页。

合意形成的保障。从第一个方面的改善来看,调解者主要能够从以下几个方面发挥作用,或称其为对当事者形成合意的诱导作用:一是沟通当事者意思的作用。调解者在调解过程所能发挥的首要作用,就是在当事者之间作为信息传递的桥梁,沟通双方的意思,调整双方认识上的分歧,为合意的形成创造条件;二是,从积极、主动的态度出发,调解中第三者的角色并不完全定位于一个消极的信息传递者,而是可以根据双方争议的实质焦点,寻找其认为是恰当的解决方案,并通过对双方各自主张的评价,说服双方当事人接受这一方案。在这种情形下,第三者的正确判断,可以"诱导"当事人向该判断靠拢,形成合意。上述两个方面的改善,是从调解者自身作用所做出的努力,这种改善的效果还与调解者的社会地位和调解的环境存在联系。在我国,诉讼中的调解与诉讼外的调解相比较,调解者所能发挥的促进合意形成的作用就存在很大的不同。由于诉讼中的调解本身已进入可作出决定的程序,所以,调解者对合意点(妥当的解决方案)的判断,通常会对当事人双方形成实质的影响,即存在若无法达成该合意即作出判决的余地,当事人也极有可能基于诉讼中这种"强制性"的效果而按调解者提示的方案达成合意。

调解的目标定位并不在于纠纷在法律上的正确解决,而是寻求符合现实状况的解决。与以法律规范作为正确判决依据的审判不同,调解中解决纠纷的妥当方案(合意)的依据存在多样性。日本学者棚濑孝雄将调解中诱导合意形成的根据归纳为四种:社会常识、法律规范、事实关系和潜在的合意。社会常识即我们所强调的以情理服人。在调解中,以社会常识作为根据比较容易获得当事人双方的认可和接受,从合意达成的基本原理分析,调解协议是双方相互妥协的结果,这种妥协是基于双方对社会常识的理解,从主观上觉得是合情合理的解决方案,更能获得当事人的理解和支持。调解者根据社会常识、常情、常理来判断最为妥当的解决方案,并以此诱导当事人形成合意,可以说是以调解方式处理纠纷的最基本原理。这主要是由于在任何社会中,民事纠纷的处理不论是在何种制度下都赋予了当事人较大的自由。以社会常识来诱导当事人达成合意,可以克服法律上正确解决中的所谓"合法不合理"的现象,也能在纠纷解决中实现当事人对自己未来与他人关系的形成中充分发挥其作用。调解中

第二章 诉讼调解合意生成的法理基础

合意诱导的另外一个重要根据,就是法律规范。根据法律规范对纠纷加以解决,是通过决定方式处理纠纷的一般原理,尽管在调解中这一根据并非是作为判断合意是否正确的依据,但其作为诱导当事人形成合意的根据仍然具有积极的意义。在法制日益完善和审判功能进一步强化的今天,纠纷的解决不可能完全脱离法律规范而随意进行。在调解模式下,当事人双方有意或者无意地会将法律上可能的解决方案作为双方讨价还价的筹码或者底线,并以此作为对可能达成的合意结果是否妥当进行判断的基准。

根据合意解决纠纷,本质上是基于当事人在私法上所具有的支配权利,其合意的形成具有不确定性。这种不确定性表现在是否能够形成合意,以及形成合意的具体内容上的不确定性两个方面。有学者认为,"合意"解决纠纷所表现出来的不确定性特点,导致通过合意解决纠纷具有反规范性。这种反规范的特点在制度化的纠纷解决场合下,形成了对程序规范与实体规范的"双重软化"。在这种情形下我们仍然从制度上承认合意的正当性,其原因是,合意的正当性并不是来自于对规范的严格遵守,因为在形成合意的过程中,控制权是在纠纷当事人之间,即使是在第三者出面主持调解的场合下,其作用也主要是为了促使双方通过对话、协商形成合意加以适当的引导,并不存在类似于通过"决定方式"解决纠纷情形下决定者所拥有的权力,因而无须通过严格、规范的程序使第三者的决定符合规范的所谓正确的解决,从而保证其"决定"满足正当性的要求。从这一角度考虑,根据合意解决纠纷是更加能够体现当事人主体性的纠纷解决方式,也是非严格规范约束性的纠纷解决方法。

与通过"决定方式"解决纠纷不同的是,合意解决纠纷的正当性来自于当事人达成合意的"自主性",其典型形态是通过双方当事人的自主交涉获得合意。在这一形态的合意获取过程中,保证双方意志的自主性是合意符合正当性要求的关键,这就必须从制度上保证当事人有拒绝的权利。交涉形态的合意获得过程并不排斥第三者的介入,恰恰相反,第三者的介入能够促进及保证双方的交涉更加畅通和具有效率。然而,这种不满意即可拒绝的交涉模式也在一定程度上限制了合意的形成,这便在交涉自主性与效率性两者之间产生了矛盾。在我国实践中,诉讼外通过合意解决纠纷即通常容易产生类似的问题。

2. 根据"决定"的解决纠纷模式

根据决定的纠纷解决模式,是指第三方就纠纷应当如何解决作出一定的指示并据此终结纠纷的场面。① 与合意解决纠纷模式不同,根据"决定"解决纠纷可以与具体状况相结合或与规范相结合,构成"状况性决定"或者"规范性决定"。② 根据具体状况作出决定的形态,是典型的任意决定的过程,是纠纷解决的一种极端形态。这种解决纠纷的方式,是以决定者拥有绝对的权力作为前提的。但在现代法制社会中,制度化的纠纷解决已成为主流,完全根据状况作出决定的纠纷解决方式并不现实地存在。依据规范作出决定,要求决定者根据既有的规范作为判断标准,审判是一种典型的根据规范对具体纠纷作出决定的形态。所以,从逻辑上讲,为保证决定的正当性,决定者的权限必须能够得到有效控制。"由于判决系由法官作出强制性的判断,怎样制约法官可能出现的随意性和片面性就成为保证判决正当性的中心内容。"在审判的场合下,这样的权力控制主要从两个方面来实现:一是保证决定内容的正确性,二是保证决定过程的合法性,即决定无论是从实体上还是从程序上均符合法律规范之规定。然而,就决定内容的正确性而言,其完全被限制在规范所规制的范围内,即所谓的法律论证中三段论式的机械推论,会使决定符合形式上的合理性但却缺乏实质合理性的悖论。由于事实认定的非确定性,因而不可避免地存在为决定者保留自由裁量的余地,如何控制决定者的裁量权力,程序规范对此提供了较好的出路。

在第三者以决定的形式解决纠纷的情况下,"看得见的正义"对于决定结果获得正当性具有重要意义,以一定的仪式宣示这种正义就成为必要。根据决定解决纠纷,程序装置是必不可少的,即必须是能够保证纠纷解决过程的正当性,这是决定结果获得正当性的必备条件。作为程序的普遍形态,第三者必须在充分、公平地听取纠纷当事人的陈述与辩论后,

---

① [澳]娜嘉·亚历山大著,王福华译:《全球调解趋势》,中国法制出版社2011年版,第37页。

② 所谓"状况性决定",是指第三人作出决定时是依照具体的情况作出的决定。

第二章 诉讼调解合意生成的法理基础

方可作出决定。在这里,程序一方面限制了第三者的恣意,另一方面,程序又为第三者根据案件实际情况自由裁量提供了保障,并使其决定获得正当性。"程序一方面可以限制行政官吏的裁量权、维持法的稳定性和自我完结性,另一方面却容许选择的自由,使法律系统具有更大的可塑性和适应能力。换言之,程序具有开放的结构和紧缩的过程;随着程序的展开,参加者越来越受到'程序上的过去'的拘束,而制度化的契机也由此形成。程序开始于高度的不确定状态,但其结果却使程序参加者难以抵制,形成一种高度确定化的效应。"由程序创造的纠纷解决机制,是决定型纠纷解决方式的有机载体;同时,程序还是一种角色分担装置,为保证决定者不至滥用裁量权力,保证当事人有充分的主张、辩论的主体地位,以及通过程序形成的决定具有正当性,纠纷当事人与决定者在程序中的地位必须加以界定。

为了正确认定事实和作出决定,在决定型纠纷解决结构中必须建立一套完整、有效的辩、审规则。为保证决定的客观性,决定者必须保持其立场的中立性,这就要求第三者不能积极、主动地介入到纠纷中而保持一种消极的态度;当事者自主提出诉讼请求、主张事实并提供证据加以证明,第三者受当事人主张的约束,并在此基础上作出判断。所以,在这种场合下,由于决定者的裁量权被程序规则所约束,尽管对纠纷的解决最终是由第三者作出决定的,但是纠纷的当事人却对形成正确的决定负有相当的责任,或者这一决定倒不如说是当事人自己作出的。"所谓'判决型'的诉讼结构,其正当化方法的特点就在于在程序的展开过程中把法官的裁量权限缩小到最低程度,同时也把法官的责任限定到最小限度。在这种方法下,无论判决的具体内容是什么,只要法官严格遵照程序要求行动,责任就落到了当事者身上。"可以说,程序装置是依据决定解决纠纷必不可少的要素,而且决定的正当性也来自于对程序的严格遵守。程序不但能够通过其角色分派体系合理分配各个主体的权限,使恣意受到限制;同时,为了使通过程序作出的决定具有稳定性,程序还具有不可逆转性,这是满足纠纷的解决在效率性方面的要求。"随着程序的展开,人们的操作越来越受到限制。具体的言行一旦成为程序上的过去,即使可以重新解释,但却不能推翻撤回。经过程序认定的事实关系和法律关系,都一一被贴上封条,成为无可动摇的真正的过去。"所以,可以认为,决定的正当性来自于作出决定的程序的正当性。

通过以上对"合意"解决纠纷和通过"决定"解决纠纷过程及其正当性的分析,我们可以得出这样的结论:在通过"决定"解决纠纷的场合下,法院获取纠纷处理正当性的资源,是来自对程序规范与实体规范的严格遵守。其中,审判的独立、中立、公开等对保障判决的正当性具有重要价值,也是判决获得正当性的外在评价标准;而以"合意"(包括和解与调解两种形式)解决纠纷的正当性来自于当事人对纠纷解决结果的同意,至于程序的公开性、法官的消极、中立等程序元素已不是强调的重点,甚至恰恰相反。两种解决纠纷的模式,不仅在纠纷处理的程序装置上存在不同,而且在处理结果的形成上也存在明显差异。由此,我们似乎可以得出这样的结论:将两种法理不同的纠纷解决模式进行程序合一设计的思想,至少在法理上是行不通的,在实际运行的效果上也必然会无法实现兼顾两者的目标。然而,这两种模式置于同一纠纷解决程序中,能否通过立法技术弥补,使其产生制度上的互补性?也就是说,在以"决定模式"为中心设计的诉讼制度中,是否就真的不存在合意的契机了呢?相信以下研究的结论,将有助于对我国诉讼调解制度有新的认识和制度完善上的启发。

(二)审判模式中合意生成的契机

基于上文的分析,以"决定方式"解决纠纷与以"合意方式"解决纠纷的两种模式中,其法理存在较大的不同,这对创制"两者兼顾"的程序制度形成了较大的障碍。在现代诉讼制度的设计中,"对审"的诉讼构造以及保障法院中立的裁判地位,是程序的基本原则;当事人承担证据收集的责任和对案件事实的证明责任,是"决定型"解决纠纷模式程序结构的必然要求,其正当性是来自于对程序规则的严格遵守;与此相反,"合意型"纠纷解决模式,其基本的设计思路是要模糊当事人对立的程序角色,其基本的纠纷解决结构是通过协商达成双方都能接受的妥协,并不要求严格遵守程序规范及实体规范,其正当性源泉是来自于当事人对结果的"同意"。在这一过程中,程序并不具有实质的意义,而法官也不能过于消极,其被期望发挥积极的职权探知作用。深入分析我国当下的民事程序制度,我们会发现这样的矛盾:由于我们并没有很好地区别"决定"与"合意"这两种完全不同的纠纷解决类型,并将其置于同一程序的设计中,这不但使程序本身产生内部结构上的冲突,也使得程序主体地位产生不协调,即在对抗的程序结构中很难实现当事人之间的相互合作,在中立的程序结构中很难发挥法官的职权探知作用。然而,在追求最终以"决定的方式"解决纠纷的对抗性程序结构中,也不是完全没有合意的契机。换句话说,在强调当事人责任并通过严格遵守程序规则的决定型程序结构中,也潜藏着促成合意形成的机会,关键是合理构建程序制度,形成和谐的程序结构体系。

1. 诉讼程序依法审判原则为合意生成了"规范契机"

诉讼调解,是通过当事人的"互谅互让"并根据具体情况"合情合理"地解决纠纷。但这并不意味着案件事实与法律规范在调解合意的形成过程中毫无意义,案件的实际情况及法律规范恰好是与对方讨价还价的重要武器。从这个意义来看待诉讼调解活动的话,判决程序中的规范效应恰能够成为诉讼调解合意形成的一个契机。

判决作为解决纠纷的典型形式,也可以理解为规范意义上的强制解决,规范在这里具有重要价值。那么,在以规范为裁判前提的纠纷解决过程中,是否还存在合意的可能？尽管合意解决纠纷模式并不以规范的存在为基本条件,但是规范却对合意的生成发挥着潜在的作用,其表现在程序规范的"激励"和实体规范的"引导"两个方面:程序规范在实现"决定型"纠纷解决的正当性方面发挥重要作用,但程序也会带来不灵活、成本高且不能针对具体情况个别化处理的问题,而这些程序的消极因素则恰恰为当事人选择合意模式解决纠纷提供了契机。为避免严格、僵硬的程序规范所产生的程序上不必要的耗费,激发纠纷当事人选择合意模式的动机,若能再辅以必要的措施或者存在第三方的诱导,合意解决纠纷就变得比较容易实现;同样,实体规范也是促进当事人合意生成的诱因。现代意义上审判的目标定位是寻求纠纷在法律上的正确解决,即按照法定的程序、依立法者制定的裁判标准(实体规范)作出判决。然而,这种严格依照实体规范的解决却未必是当事人所需要的结果。不可否认的是,无论是哪一种纠纷解决方式,其处理结果都是在纠纷当事人之间设定一种新的法律关系,这与实体法上的契约行为并无本质区别,只不过一个是由法官根据实体法规范强制设定,一个是由当事人双方合意设定。既然都是涉及当事人今后的生活和法律关系状态,把通过纠纷解决来设定彼此未来的关系的权利交还予当事人,可能更符合当事人的愿望。况且,在合意形成的过程中,实体法规范始终是被当事人作为解决纠纷时的一种参照或最低保证,实体规范的作用在于对当事人相互妥协具有指导意义。特别是诉讼调解,案件已系属于法院,当事人合意内容受规范指导的倾向就更为强烈。

2. 现代诉讼制度中的当事人主体性原则,为合意生成提供了"参与契机"

现代诉讼制度是以追求最终判决为目标的规范性制度结构,其强调当事人有理由的辩论和证据裁判主义,这种程序结构强化了当事人对诉讼的参与和在今后相互关系的形成中所发挥的主导作用,这就为在"决定型"的诉讼制度中"生产合意"提供了机会。如果把这种程序结构的重心从法院与当事人的关系转到当事人之间的关系方面,促进当事人的交流与沟通,合意的形成就更有保障。另外,判决型纠纷解决存在的程序花费过高以及强制性的决定方式也未必能够使纠纷获得真正意义上的解决,在中国这一问题尤其突出。因此,在决定型程序中充分发挥调解(合意解决)灵活和可以根据实际情况对纠纷有效处理的作用。"如果调解像这样在纠纷解决成本和解决内容两个方面,都能充分发挥通过合意来解决纠纷这一固有功能,则可能期望带来审判所无法达到的良好的社会效果。"

3. 审判程序从开放到收敛的程序结构,增加了程序结果的可预测性,为合意生成提供了纠纷解决"预测契机"

现代诉讼程序遵从公开、透明的立法原则,同时,程序一方面限制了决定者的恣意,另一方面为程序利用者提供了更多的选择自由;然而,从程序本身必须形成一个最终确定的结果来看,这种选择也必须受到限制,这种限制是来自决定程序不可随意回复的"作茧自缚"效应。所以,决定程序是一个从开放到收敛的过程,从结果高度的不确定性到确定性的发展过程。正如季卫东教授所言:"程序具有开放的结构和紧缩的过程;随着程序的展开,参加者越来越受到'程序上的过去'的拘束,而制度化的契机也由此形成。程序开始于高度不确定状态,但其结果却使程序参加者难以抵制,形成一种高度确定化的效应。"正是由于"决定模式"中高度制度化的过程而使得结果所具有的可预测性,为合意的形成创造了条件。尽管这一程序的设计目标在于追求作出决定的程序结果,但也并不能排斥纠纷主体因这种确定性结果的预测而进行有意义的协商并达成妥协。从这个意义上讲,判决程序的可预测性在促使当事人达成合意方面也是具有积极意义的。

4. 审判中合意生成的"强制契机"

判决程序中的调解与诉讼外的调解不同之处,除了效力上的差异之外,在合意生成方面并非是当事人完全自主交涉的结果,在一定程度上带有"强制"的特征。因为,在审判程序中所形成的合意,不再是当事人通过动员自己所拥有的资源和谈判技巧的结果,而是隐含了"审判的荫影"。

(三)我国诉讼调解中合意生成的制度悖论

1. 诉讼调解"合意贫困化"现象

我国诉讼调解存在一个悖论,即合意生成的自主性与审判制度的强制性之间的冲突,可以把在这种场景下形成的"合意"理解为"强制合意"。之所以如此评价我国现行诉讼调解制度,主要基于两点:一是我国审民事诉讼调、审合一的程序结构。主持双方进行调解的法官同时又是有权作出判决的法官,这无疑会对当事人达成合意形成实质性的影响;二是在我国司法实践中,调解结案率、案件的审结率等是对审判人员绩效考评的重要指标,法官对案件的处理结果会影响对其工作评价,这自然就使得本与案件无利害关系的法官间接地与案件处理的评价体系产生了"利益"联系,这也是容易诱发"强制合意"产生的因素。"在调解者对具体纠纷的解决持有自己的利益时,往往可以看到他为了使当事者达成合意而施加种种压力的情况。这种'强制性的合意'之所以成为可能,是因为调解者对当事者常常持有事实上的影响力。"在我国司法实践中也常发生法官为追求调、审结案率,而强制当事人接受调解及接受法官提供的调解方案等现象。

我国调、审合一的诉讼程序中容易出现合意"贫困化"的主要原因是,我国诉讼程序设计上没有照顾"合意"形成的机制。在调审合一的程序结构中,尽管在学界早有人认为这是一种"调解型"的程序结构[①],然而,从程序展开的过程来看,基本上仍然是"决定型"程序结构所要求的规则——当事人承担举证责任、法官居中裁判。这种以作出判决作为程序展开最终目标的程序制度,缺少了形成合意的诱导机制。这一程序结构实际上是一种寻求法律上正确解决的结构,将其与调解程序结合,由于其程序展开是法官寻求正确判断的过程,这必然会对调解过程中合意形成的原有机制形成压制,裁判者会向当事人"推销"自己的解决方案,从而形成"强制合意"。

2. 司法改革的方向加剧了审判与调解的制度冲突

自20世纪80年代末期开始的民事审判方式改革,在强化法庭庭审功能的同时,强调当事人的举证责任,这无疑是将当事人置于推动诉讼程序展开的主导地位,法官的职权作用后退或者说处于更为消极、中立的地位,程序具有更强的对抗色彩,这也使程序朝着更有利于最终作出判决的结构方向发展。王亚新教授认为,"举证责任的导入却意味着这样的重点或法官和当事人在程序中的分工发生了逆转,这里,当事者是推动程序展开的主体,他们展开程序的基本动机则是说服法官作出有利于自己的决定。换言之,举证责任在逻辑上要求判决成为规定程序展开的目标,而这样的目标置换必然引起整个程序构造的深刻变动。"无疑,这种程序结构的变化与原有的调审合一的程序结构和审理方式发生了不可调和的冲突:首先,强调以当事人举证责任为核心的程序结构,强化了当事人的作用而弱化了法院的作用,这与调解要求法院通过"说服"工作促使当事人达成协议或者同意解决方案的程序结构不相协调;其次,强调当事人举证责任,必定会强调法院解决纠纷过程的程序保障问题,严格遵守程序是法院判决获得正当性的基本条件,这与调解本身所具有的"反程序"性相排斥;再次,判决以实体法为根据与调解不严格适用实体法发生冲突。法院

---

① 王亚新:《社会变革中的民事诉讼》,中国法制出版社2001年版,第10页。

第二章 诉讼调解合意生成的法理基础

依审判程序作出的判决,只能依实体法提供的依据作出;而调解更多的是体现当事人对其权利的处置,尽管实体法规定是其谈判时也必须考虑的最低限度,但并不受此拘束。判决的严格适法与调解的弱化规则倾向产生不协调。

3."判决型"程序中法院调解正当性的缺失

我国诉讼调解尽管规定了自愿调解的原则,但是,由于主持调解的法官也是最终有权对案件作出判决的法官,这就使得主持调解的法官不但为使当事人形成合意进行一种所谓的劝解工作,同时还由于程序本身的归责效应使得法官在调解过程中有意识地会利用其可以最终对案件作出判决的权力,"强制性"地使当事人达成"合意",这种"合意"是附加了法院判断(决定)的"强制合意",在我国民事司法实践中大力强调调解结案的背景下,这种"强制合意"表现得尤其突出。依照前文分析,调解的正当性基础来自于纠纷当事人对于"解决方案"的同意,无论这一"解决方案"是当事人协商而成还是主持案件审理的法官提出的建议,当事人无任何"压制"的同意,才是调解获得正当性的基础。在我国当下调审合一的程序结构中,当事人的合意极易被异化为"强制合意",其后果必然会出现两种情况:一是容易诱发当事人对调解协议的反悔,发生不履行甚至调解协议也存在强制执行难的情况;二是为避免调解出现问题,从制度层面必须考虑给予这种来自"审判荫影"下的解决方案提供必要的救济通道,以纠正法官出于某种"利益"考虑而发生的违法现象。

上述"审判荫影"下的"强制合意"所产生的消极后果,也反映出了我国判决程序中合意形成的"贫困化"和调解制度的"异化",即在制度设计上并没有考虑到判决与调解的法理不同和其正当性基础的差异,仍给予调解与判决同等的事后救济程序保障,这在理论上是说不通的。因为,调解方案是当事人"合意"形成的,其有别于法院的判决,调解在程序上因给予了当事人拒绝的权利——无论是程序上的拒绝还是解决方案的拒绝,因而,从理论上讲,在调解中法院出现错误而需要通过再审制度加以救济的可能性极小。

诉讼调解并不是试图寻求法律上的正确解决,调解在法律与实际生活之间起着统合作用,将严格的法律规范,包括程序规范与实体规范与当事人的真实思想相调和,只要制度设计得当,审判程序中调解合意也是有生存余地的。特别是,诉讼程序是以当事人辩论权和处分权保障为基本原则而构建的规则体系,并在相当大的程度上承认诉讼契约的存在,这就为在审判程序中寻找合意提供了制度基础。

(四)我国诉讼调解制度改革的路径选择

关于我国诉讼调解制度的改革,学界是仁者见仁、智者见智,各种观点大相径庭、分歧颇大。有人主张取消诉讼中的法院调解制度;有的主张调审分离,在诉讼程序中另设一套不同于裁判的程序;有的主张建立诉讼和解制度来取代诉讼调解制度。笔者认为,我国传统文化受儒家思想的影响较深,尽管调解并非我国解决纠纷的司法传统,但是,以合意的方式来解决当事人之间所发生的纠纷却存在着相当深厚的文化基础。所以,在我国的诉讼制度中仍有保留调解制度的必要。

1. 调解应当是一项基本原则还是作为一项制度安排?

长期以来,我国民事诉讼法学界一直将法院调解定位为民事诉讼法的基本原则,在出版的法学教科书中,无一例外地将其划入民事诉讼法基本原则的范畴。然而,在近些年的学术研究中,关于法院调解是否应当作为民事诉讼法基本原则的认识,出现了一些分歧。笔者认为,法院调解不应当纳入民事诉讼法基本原则的范畴,理由有四:第一,从基本原则的本质属性来看,调解不具备基本原则所必需的品质。民事诉讼法基本原则应当具备至少两个本质属性,一是其效力的贯彻始终性,即作为民事诉讼立法准则的属性。显然,法院调解不具备这样的品质,其作为法院结案的一种方式只有在取得当事人同意的情况下才具有意义,缺少这一要素调解程序根本无法展开。法律的基本原则具有根本性和强制性,必须通过具体的法律规范加以体现并强制性地实现。然而,法院调解最根本的要素是当事人的同意,这就对这一原则的实现设置了不可逾越的障碍。法院调解若不能强制实现,则其作为基本原则的正当性便会受到合理的质疑。无当事人同意调解即无法适用的特点,使其不具备民事诉讼法基本原则的基本属性。第二,基本原则最为核心的内容,是调整主体之间的相互关系,调解并不对主体在诉讼中的相互关系产生影响,更主要体现为解决纠纷的技术性制度。民事诉讼主体之间围绕解决纠纷的活动,是法院、当事人和其他诉讼参与人之间的一个相互作用过程,民事诉讼法就是这一作用关系的规范,基本原则既是立法准则,其核心内容就必然或者实质就必然涉及主体间关系的调整。比如,平等原则调整的当事人之间的诉讼关系,辩论原则、处分原则和诚实信用原则是调整法院与当事人之间的诉讼关系,而法院调解对主体间的诉讼关系并无实质的调整价值。第三,法院调解作为基本原则,会与判决程序发生冲突。判决程序的结构决定了法官与当事人诉讼权限有比较清晰的划分,为使判决能够获得正当性,通常要求法官处于比较消极的地位,当事人提出诉讼主张、进行论证、承担证明责任,法官严格遵守程序规则对事实加以判断并根据实体法的规定作出判决。而调解则恰恰相反,当事人与法院的诉讼权限界限划分较为模糊,法官恪守中立、消极的态度是不可取的。第四,裁判的庭审设计,没有调解原则存在的余地。判决型程序要求庭审结构是一种"对审结构",当事人双方通过主张、证明、反驳等具有对抗性的辩论行为展开程序,这与调解需要当事人双方"合作"协商模式形成对立。这不仅表现为程序上的不融合,也容易导致当事人情绪上的对立,不利于形成调解合意,甚至走向反面。

基于以上的分析,笔者认为,诉讼调解不能置于民事诉讼法基本原则的地位来指导立法,而应当将其作为在民事诉讼中的一项当事人可以选择利用的诉讼制度来对待。这样不但可以根据判决法理和调解法理来规范程序设计,同时,也可以避免因调审程序混同而导致法官角色不分和产生"强制合意"等消极后果。

2."调审合一"还是"调审分离"？

当下对我国诉讼调解制度改革具有代表性的观点,是倡导"调审分离"的程序设计,强调的不仅是程序的分离,同时调解组织也区别于判决组织,意在避免法官"依仗"其所具有作出最终判决的权力强制性地进行调解。这一代表性的观点表明,学界已清楚地认识到了"调审合一"程序所存在的弊端,以及审判权对当事人处分权的不当"侵蚀",损害了当事人的正当利益。

然而,这样的考虑存在不周延之处:首先,调审程序如何分离,这在程序设计上存在一定的难度。因为,当事人起诉后,法院便围绕查明事实并作出判决的逻辑思路展开审判工作,程序最终能否以合意解决纠纷是无法预测的,而判决是程序展开的主要目标,因此,法院受理案件后的一切行为都应当围绕这一目标展开,尚无法单独分离出调解程序的可能性。其次,调解本身具有反程序性和在事实判断法律适用方面的模糊性,其程序规则如何设定尚存在一定的技术难度。再次,单独设立一套调解程序规则,由于其是判决前的程序,不免会带来过多的程序耗费,也会导致纠纷的迟延解决。因为,在程序展开之前,各方对程序结果都存在追求利益最大化的动机,很难达成合意,在无法形成合意的情况下,又重启判决程序是不二的选择,这是因为调解程序无法替代审判程序的任何一部分。

但这并不意味着完全否定"调审分离"的程序设置观点,只是基于调审原理的差异,以及结合我国诉讼政策,我们主张的是一种"调审分离"的模式,设立独立的诉讼调解程序,诉讼程序的设计以判决的形成为中心。在这一前提下,设置当事人可选择调解解决纠纷方式,且将调解可选择的时间控制在审前程序。这样的制度设计的理由是:第一,审前程序中不存在双方当事人实质上的对抗审理,其程序设计相对于庭审程序更具有灵活性、非正式性和可控性。第二,审前并不对案件事实进行实质审理,仅仅是审前的一系列准备活动,而且在这一阶段由于证据开示程序和争点整理程序的导入,强化了当事人之间促进诉讼的义务,程序规则更趋向于促成双方当事人之间的"合作关系",从这一点来看,其具备了诉讼调解的氛围;再有,因调解不必在证据审查和事实认定上花费太多的时间,这恰与审前程序的功能基本协调。第三,审前程序已具备了调解的基础。按照诉讼程序一般理论及立法规则,开庭审理采取集中审理原则;通常情况下,审前程序必须达到适宜开庭集中审理的程度,否则,审前程序中的举证时效制度、争点整理制度以及答辩失权制度等都会丧失其程序功能,无法实现其程序价值。基于这样的程序结构考虑,审前程序中提供给双方当事人进行协商的案件信息(诉讼资料)已相当充分,若在这一程序中设置一定的合意诱导机制,再辅以法院一定的职权作用,合意的形成将是可以期待的。第四,法院设置独立调解程序,除给予当事人多元化的纠纷解决制度供给外,同时,审判结果的可预测性与强制性都是潜在的促进当事人合意的推动力,这比采取调审彻底分离的态度无论是在纠纷解决的成本上还是调解成功的可行性上,都是占有优势的。

当然,本书所主张的调审分离原则,只是在不改变诉讼程序基本结构的前提下,在审前程序中加入一定的促成合意的要素,但这并不否认在庭审程序开始以后,当事人仍有进行和解的可能。然而,作为裁判法官却不适宜以调解者的身份再行调解之行为,否则又会重蹈"调审合一、重调轻判反而调处率不高"的覆辙,陷入欲调不成欲判不能的尴尬境地。

3.调解程序的启动是否应当遵循自愿原则?

调解应当遵循当事人自愿原则,这不仅体现在双方达成的调解协议是自愿的,作为调解程序适用的前提——调解程序的启动也是自愿的,这被认为是诉讼调解的基石。然而,从国外法院附设 ADR,或者法院在诉讼中所进行的调解,出现了"强制调解"的发展趋势。这种所谓"强制调解模式"是指将调解作为判决适用的前置程序,即法院可以不征得当事人的同意,直接进入调解程序。在实行自愿调解的场合,由于双方当事人都试图在法官面前表现出必胜的态度,作为一种诉讼对策或者技巧,双方都不愿在法庭上示弱,从而在调审合一程序中排斥调解程序不失为获得心理优势的一种必然选择。"现在的问题是,也许是出于诉讼策略的考虑,无论是当事人还是他们的代理人,在激烈的对抗诉讼中都不愿意主动提出调解,甚至还会做出他们将不接受调解的暗示——因为接受调解往往被视为一种示弱的表现。"从"强制调解"的实践看,尽管对调解持排斥心态的当事人,其一旦进入调解程序后,都成了积极参与调解的人,取得了不错的效果,与自愿调解相比,成功的比例并无甚差别。因此,笔者建议我国诉讼调解程序的启动,应当改变目前的依当事人自愿原则的立法思路,法院可综合案件实际情况、当事人的态度、调解的可能性等,依职权启动。

当然,这样规定并非排斥当事人申请的自愿调解。①

我国"调审合一"的程序结构使得在"审判荫影"下的调解具有了"合意诱导"的空间。但如前所述,"调审合一"的程序结构并没有激发当事人的调解热情。相反,为在判决程序中获得更多的利益,当事人往往在调解程序中避免示弱而持强硬立场,导致调解合意难以达成。这就存在制定"强制调解"规则的必要。"强制调解"是程序上的强制启动,调解结果依然需要当事人同意,并不完全违反自愿调解的原则。在不根本违背当事人自愿的限度内,劝说、可容忍程度内的胁迫甚至程序上的强制,可以对当事人调解合意的达成产生"强制诱导"的效果。日本和韩国民事诉讼法上均有"强制调解"的结构性特征,不仅可以优先适用调解程序处理纠纷,而且在诉讼过程中法官可以依职权将案件交付调解,只是在特殊情形下需要征得当事人的同意。② 在实行自愿调解的场合,由于双方当事人都试图在法官面前表现出必胜的态度,作为一种诉讼对策或者技巧,双方都不愿在法庭上示弱,从而在调审合一程序中排斥调解程序不失为获得心理优势的一种必然选择。"现在的问题是,也许是出于诉讼策略的考虑,无论是当事人还是他们的代理人,在激烈的对抗诉讼中都不愿意主动提出调解,甚至还会做出他们将不接受调解的暗示——因为接受调解往往被视为一种示弱的表现。"③ 从强制调解的实践看,尽管对调解持排斥心态的当事人,其一旦进入调解程序后,都成了积极参与调解的人,取得了不错的效果,与自愿调解相比,成功的比例并无甚差别。而我国2012年《民事诉讼法》的"先行调解""庭前调解"和司法解释规定的6种案件"先行调解"只是倡导调解的优先性,并非严格意义上的强制调解。当然,不

---

① 我国审判实践中,依当事人申请进行的法院调解相当罕见,调解程序的启动通常是在法院征得当事人的同意后开始,立法上似乎也并没有给当事人申请调解提供程序上的条件,因为庭审辩论终结后便是法院征求当事人是否同意法院主持调解的程序性安排。从某种角度讲,这种调解程序的启动多少也带有"依职权启动"的色彩。

② [日]中村英郎,陈刚等译:《新民事诉讼法讲义》,法律出版社2001年版,第14页;[韩]孙汉琦,陈刚审译:《韩国民事诉讼法导论》,中国法制出版社2010年版,第25~30页。

③ [澳]娜嘉·亚历山大,王福华译:《全球调解趋势》,中国法制出版社2011年版,第37页。

可否认的是,我国实践中存在因司法政策的激励效应异化而肇致的大量强迫调解现象,严重侵犯了当事人的诉讼权利。鉴于此,在制定强制调解规则的同时,对其适用范围、启动时间等方面进行限定以及赋予相应的异议、救济权利也是很有必要的。因此,我们建议我国诉讼调解程序的启动,应当改变目前的依当事人自愿原则的立法思路,法院可综合案件实际情况当事人的态度调解的可能性等依职权启动,当然,这样规定并非排斥当事人申请的自愿调解。①

4. 建立"调解合意"的诱导机制

从诉讼调解的历史考察和诉讼调解率的样本解析来看,司法政策对诉讼调解的立法制定和法律修订能产生一定的影响,对诉讼调解的司法实践具有趋导作用,但是这种趋导性影响却存在失衡的问题。如上文分析,司法政策的引导作用通过法院内部的科层管理机制对审判权的运行方式产生重要影响,而对当事人的行为选择却难以产生激励效果。党的十八届三中全会确立了"健全司法权力运行机制"的总体改革目标,审判权运行的"去行政化"成了法院系统锐意改革的方向,审判管理的"去行政化"也是改革的应有之义。在此宏观背景下,我国诉讼调解制度应当科学设计司法政策激励效应的"双轨制":一是逐渐去除科层管理的行政化体制进而科学化司法考核体系,二是不能忽视对当事人诉讼行为选择的"合意诱导"。任何司法政策的提出,无论基于什么样的权威,都不可能像制度规则那样产生"令出即从"的效果。政策更多是依据一系列制度体现出来,制度是政策体现和实现的载体。司法政策作为一种价值的宣扬,只有配备相应完善的制度规则,才能够实际成为指导调解实践的理念,从而避免成为一种悬空的政治倡导。如前所述,我国的司法政策中已经存在一些诉讼调解"合意诱导"规则,然而无论是规模还是效果,上述当事人"合意诱导"规则都不尽如人意,尚不能说已达到司法政策激励效应"双轨制"

---

① 我国审判实践中,依当事人申请进行的法院调解相当罕见,调解程序的启动通常是在法院征得当事人的同意后开始,立法上似乎也并没有给当事人申请调解提供程序上的条件,因为庭审辩论终结后便是法院征求当事人是否同意法院主持调解的程序性安排。从某种角度讲,这种调解程序的启动多少也带有依职权启动的色彩。

的目标。现有的"合意诱导"规则呈现出零星和散乱的特点,并未从规则的科学化和体系化的视角去理解司法政策的目的性。所以,完善诉讼调解"合意诱导"规则应着力于以下几个方面:其一,完善费用评价规则。首先,"调解案件费用减半"尚且存在进一步完善的空间。"当事人是通过诉讼还是和解来解决争议取决于诉讼成本和谈判成本的高低。"① 我国现行的廉价诉讼并不是一个良好的制度设计,相反会导致当事人滥用诉权以及导致"调解案件费用减半"诱导当事人达成调解合意的司法政策失灵,因而有必要适度增加当事人的诉讼成本来抑制滥诉和促进调解合意的形成。其次,"调解案件费用减半"是一种费用积极评价的规则,相对应地存在着费用消极制裁的规则。在当事人选择调解程序而未能最终达成合意的情况下,案件将不可避免地进入开庭审理阶段,如若法院最终判决的结果不如调解程序的解决方案,对于造成这一后果的当事人可以给予费用上的消极性制裁,亦即承担因此而产生的程序费用(甚至包括对方不必要的律师费用)。这种诉讼费用承担机制,不再适用败诉方负担的原则,而由造成调解合意未能达成的一方当事人负担。② 从经济刺激的角度来看,这种费用消极制裁规则比积极评价规则的效果和作用更为强烈和有效,更加能够对当事人的行为选择进行引导以促成调解合意的达成。其二,充实审前程序,增强诉讼的可预测性。从比较法的视野来观察,美国联邦法院民事案件真正进入审判程序的比例非常小,③ 而大部分案件都是在审前程序通过和解等 ADR 方式予以解决,诱导当事人选择 ADR 的重要因素之一就是审前程序中的证据开示程序。证据开示"是一种审判前的程序和机制,用于诉讼一方从另一方获得与案件有关的事实情况和

---

① 陈国富:《法经济学》,经济科学出版社 2006 年版,第 242 页。
② 唐力:《在"强制"与"合意"之间:我国诉讼调解制度的困境与出路》,载《现代法学》2012 年第 3 期。
③ 据统计,1997 年在美国联邦法院系统中起诉的案件只有 3% 进入审判程序,2004 年的该比率更是降低到了 1.6%。See Administrative Office of the U. S. Courts, Judicial Business of the United States Courts: 1997 Report of the Director, table C-4; 2004 Report of the Director, table C-4.

其他信息,从而为审判做准备"。^① 其具有三大优点:一是获取证据;二是消除或减少突然袭击;三是促进和解。正是因为通过证据开示,双方当事人都能够知晓对方所掌握的信息,可以预期案件的结果,从而衡量费用和时间上的"投入"与"产出"以评估自己的目标,最终促进调解合意的达成。而我国民事诉讼奉行的是"审判中心主义",在制度设计和资源投入上更加偏重于庭审程序,忽视了审前程序的功能与作用。其一,《民事证据规定》设置了以证据交换为中心环节的审前程序,然而规定内容的简单化使其有"形骸化"之嫌。有学者指出,我国的证据交换程序存在程序发动机制不完备、程序适用范围模糊、交换对象缺乏规定、证据交换方式不明确、程序主持者未特定和违反程序后果缺位六个方面的内在不足。^② 其二,证据交换程序在司法实践中呈现出闲置倾向,当事人大多规避其适用,法官对其的利用也过于随意。即使在《民事证据规定》刚颁布实施之际,证据交换程序在司法实践中的适用率也不尽如人意。^③ 尽管2012年《民事诉讼法》第133条的庭前程序分流对交换证据作出了规定,但其条文内容过于简单,而且其功能定位与证据开示程序出现了方向性背离。^④ 因此,通过借鉴美国的证据开示程序,完善我国的证据交换程序并进而充实审前程序,才能为促进当事人达成调解合意提供程序基础。其三,培养职业调解法官。尽管当事人主体地位的提高和诉讼权利的增强使得法院审判权的职权作用逐渐减弱,然而通过加强法官的调解技巧能力依然可以有

---

① 韩波:《民事证据开示制度研究》,中国人民大学出版社2005年版,第22页。
② 许少波:《民事诉讼证据交换制度的立法探讨》,载《法律科学》2012年第3期。
③ 有关调研报告表明,《民事证据规定》实施之后,厦门市两级法院适用证据交换的案件约占一审民事案件总数的37.6%,其中,由当事人申请证据交换的案件比例为28.9%,有71.1%的案件为法院依职权组织进行,且开展证据交换的法院多为中级人民法院,很多基层法院尚未进行过证据交换。参见厦门市中级人民法院、厦门大学法学院联合课题组:《新民事诉讼证据司法解释的执行与完善——厦门市两级法院执行关于民事诉讼证据的若干规定情况的调研报告》,载《法律适用》2003年第4期。
④ 美国审前程序中的证据开示程序,力图通过给当事人提供充分的案件信息,促进庭前解决纠纷,避免案件进入庭审程序;而我国《民事诉讼法》第133条的程序分流规定为交换证据限定了"需要开庭审理"的前提条件,同时将"庭前调解"作为与"开庭审理"并列的程序类型,这样的程序分流设计无疑表明我国证据交换的目的仅仅是为了开庭审理的需要,并非为了促进调解合意的达成。

效促进当事人双方调解合意的达成。这就需要调解法官的职业化发展。德国学者认为职业的调解人应当具备保持中立和超然的姿态、倾听和传达当事人的利益诉求、引导沟通与磋商并确保当事人遵守规则、能够对突发情形作出专业迅速的反应和提供调解所需的相关知识五种相互联系的能力和技巧。① 这种尤为重视调解人专业素养的培育对我国颇具有启示意义,我国今后需要为调解法官职业能力的训练和提升提供相应的制度安排与保障。

我国当下诉讼调解的主要问题,除了存在上述程序设置上不区分判决与调解的问题外,还有就是在立法上没有确立当事人双方形成合意的"诱导机制"。尽管立法将调解置于较判决更为优越的位置,学界也主张诉讼调解应当是民事诉讼法的基本原则,实践中又非常重视诉讼的调解结案率,但案件调解的实际情况并不能说是令人满意的,"投入"与"产出"产生背离,特别是在中国具有的调解文化基础的背景下,则更是值得反省。

笔者认为,之所以出现这样的情况,主要是诉讼制度的设计上仍然考虑的是作出判决的程序需求,尽管诉讼调解被高度重视,但并没有考虑到诉讼调解合意形成的要求,制度供给缺失。在近几年最高人民法院出台的有关诉讼调解的相关司法解释中,显然是注意到了这一问题,比如《民事诉讼证据规定》中的"调解豁免"之规定、《诉讼收费办法》中的"调解结案减半收取"之规定以及《调解规定》中的"对调解合法性作更为宽泛理解"之规定等。这些规定,对促进调解合意的形成都在一定程度上具有积极的意义。但是这些规定仍显得不充分或不够系统。笔者认为,"调解合意"诱导机制的建立,应当从积极效果评价机制和消极效果评价机制来构建。

积极效果评价机制,是指对当事人双方达成诉讼调解合意给予对其有利程序效果的评价。比如上文中列举的减收诉讼费用甚至免收诉讼费用、对调解过程中的自认、认诺等予以豁免、当事人超出诉讼主张范围的合意赋予其法律效力等。积极效果评价机制,应当是调解合意诱导机制

---

① 雷磊:《德国的调解观念及其启示》,载《法商研究》2014 年第 2 期。

中的主要构成内容,因为这一评价机制的内容对当事人双方具有程序上的利益,且是一种互利的机制,更有利于当事人积极地寻求纠纷解决的合意。

消极效果评价机制,是指对当事人选择调解程序而未能最终达成合意从而导致案件被拖入开庭审理的情况下,对于造成这一后果的一方当事人给予消极的程序评价效果,即承担因此而产生之程序费用,此时的诉讼费用承担机制,不再沿用败诉方负担的原则,而是由导致调解合意未能形成的一方当事人负担。比如,在一起合同纠纷中,原告方起诉要求被告承担 10 万元的违约责任,在双方选择调解程序后,原告方提出了和解方案,要求被告赔偿 6 万元即可,此时若被告坚持不同意这一赔偿方案而导致无法达成合意,最终案件经审理法院判决的是赔偿 8 万元(多于 6 万元)的情况下,则由被告承担开庭审理所产生的程序费用;或者相反,被告同意赔偿 5 万元而原告坚持要求 6 万元,法院最终判决是 4 万元(少于 5 万元)的情况下,则由原告承担此后的一切程序费用。

5. 调解中法官的位置

与当事人和解不同,诉讼调解的过程中调解人的作用具有重要意义,因为调解过程是相互对立的主张或者不同的主张相互靠拢,所以,当事人的"互让"以及调解人为此所作的"说服"是调解不可缺少的要素。作为调解人的法官,可以动员的资源可谓是非常丰富。比如,法官对当事人争执的实质问题的把握和对法律规范的熟悉等,都是其可资利用的"劝和"资源,特别是案件一旦进入庭审程序,其所拥有的事实认定和作出判决的权力,更加强化了这一优势。"在当事人双方彼此对立、互不相让的场合下,为避免交涉的失败,或为作出有效的决定,就要求调解人更加主动驾驭局面,作出判断。因而,通过说服以及规范和程序的运作,调解人有可能摇身一变而成为规范和规则的宣示者。"

当下我国诉讼调解中法官的角色混同,且调解程序设置在庭审辩论之后,这无疑是一种典型的寻求法律上正确解决的调解模式①,特别是在

---

① 日本学者棚濑孝雄教授将调解类型划分为判断型、交涉型、教化型和治疗型四种,按照这一划分标准,我国诉讼调解可以归类为判断型调解模式。

法官向双方当事人提出解决建议的情况下尤其明显。根据本书的分析，调审法理不同，完全融合于同一程序中而不产生内部系统功能的紊乱，基本上是不可能的事情。因此，按照本书的设想，将诉讼调解置于审前程序并由主持该案审理的法官主持进行。尽管这里仍然存在产生"强制合意"的疑虑，然而，由于仅仅是审前的诉讼准备，法官尚未对案件进行实质性的审理与判断，在这种情况下，调解的作用方向就可能在当事人之间这一水平方向展开，调解合意的形成在尽可能的程度上能够表达当事人的意愿。此时，法官的作用不是根据自己对案件什么是法律上正确的解决为判断并说服当事人同意其调解方案，取而代之的是帮助当事人交换意见，消除当事人之间的误解和情绪对立；当然，作为职业家的法官是很容易把握住当事人争议的焦点所在，也可以根据双方的意见提出一个双方均可能接受的折中方案，促成当事人达成妥协。

三、诉讼调解合意诱导机制的理论模型

我国民事诉讼采取调解优于审判的程序设计，"以调解为主""着重调解""先行调解"等调解政策更强化了调解的优越地位。然而，以处分权为本质的诉讼调解，强化调解的相关政策对当事人选择调解解决纠纷并达成调解合意，并不具有意义。调审合一程序不仅无助于促进调解合意的生成，反而会导致调解"诉讼化"的倾向；同时，也弱化了相关调解合意生成机制的作用。基于调解法理与审判法理之差异，调解与审判程序应当适当分立；建立促进当事人调解合意生成的诱导机制，以利益诱导、制度安排和程序保障等促使当事人理性选择调解程序并达成解决纠纷的合意。

当下中国，调解是被广泛运用于社会纠纷解决的一种重要手段，特别是在民事领域，对其重视程度已达到无以复加的地步。2012年修改完成的《民事诉讼法》修正案，更加体现了立法者对于调解的"高度重视"，不仅强化了调解作为优先于审判适用的手段，而且规定了从立案、庭前到庭

审,从一审、二审到再审,诉讼各个程序、各阶段都可适用调解解决纠纷。我国调解制度经历了"以调为主""着重调解""自愿调解""调判结合""先行调解"的几个历史发展阶段,上述调解政策也被适时地反映在民事诉讼立法中,作为指导法院民事审判工作的基本原则。然而,上述调解政策或调解原则的变化,对民事纠纷的解决能产生怎样的影响,却是一个值得深究的问题。

在新民主主义革命那一特殊历史时期,民事纠纷被理解为人民内部矛盾,调解被视为最为有效的矛盾化解方式,形成了"以调为主"的"马锡五审判方式",并对我国解决民事纠纷的政策及诉讼立法产生了深远的影响。"中国共产党的法律传统形成于陕甘宁边区政府时期,那一时期所发明的马锡五审判方式以及由此推动的人民调解成为中国共产党法律制度中影响最为深远的主要传统之一,这一传统直至今天依然影响着中国的司法实践。"①作为对这一法律传统的传承,新中国成立后的民事纠纷解决政策及一些规范性法律文件,均把调解作为处理民事纠纷的重要方式,提出了"依靠群众、调查研究、就地解决、调解为主"的十六字方针。特别是1982年制定的民事诉讼法时,调解作为民事诉讼法的一项基本原则加以确立,并将其作为优于审判的一种制度选择,规定民事纠纷的处理应当"着重调解"。1991年民事诉讼立法将"着重调解"改为"自愿合法"调解原则,这一改变被理解为对调解的"理性回归",认清了调解的本质在于当事人处分权的行使,调解必须以当事人自愿为前提。除立法上强调自愿调解以外,这一时期的司法实践对调解的"热情"有所下降,民事案件调解结案率出现明显的下滑趋势。至2003年最高人民法院提出"加强诉讼调解工作,提高诉讼调解结案率"作为一项司法为民的重要举措,调解率才

---

① 强世功:《权力的组织网络与法律的治理化——马锡五审判方式与中国法律传统》,载《北大法律评论》2000年第3卷第2辑,法律出版社2000年版。

逐步呈缓慢上升趋势。① 此后,司法实践开展了以强化"司法能动"为主题的"调解运动",实施了法院调解多样化的实践探索。② 随着国家对社会治理的需要,以及缓和涉诉信访的压力,最高人民法院提出了"调解优先、调判结合"的民事纠纷处理原则,并被2012年民事诉讼法修正案作为正式的立法规则。③

从上述我国民事调解政策的变化分析,调解作为解决民事纠纷的一种重要方式,是在法院的主导下推进的。在法院重视调解的时期,其解决纠纷的成效明显,反之则不然。从历史发展看,调解政策的变化仅对法院的审判行为具有指导意义,并没有转化为诉讼当事人自觉的制度选择。也就是说,如果没有法院的强力推行,无论调解政策(原则)如何变化,对当事人的诉讼行为并未产生实质性的影响。况且,在我国调审高度合一的诉讼程序中,对权利人来说,选择调解无异于是放弃权利或遭受诉讼的不利益,若没有利益诱导,则很难形成调解合意。从历史发展来看,各个时期调解政策的制定,并没有考虑当事人的制度利益,这也就很难促使当事人自觉自愿地利用调解方式解决其纠纷,更何况在"调审合一"的程序安排中,判决显然更有利于权利的救济和实现司法正义。按照德国学者柯武刚、史温飞的观点,人们实施某项行为的动力无外乎源自"爱、命令和自我利益"④。在这三方面的行为推动力中,适宜诉讼场合的制度安排或政策选择的,当属"自我利益"。因此,我们在考虑调解政策的制定时,不仅从法院一方面的利益来考量,还应当从调解制度的"消费者"当事人的

---

① 新中国成立之后,我国民事纠纷的解决贯彻以调解为主的司法政策,法院年平均调解率近70%;自1991年实行自愿合法的调解原则,诉讼调解率出现了拐点,至2001—2004年达到了近30%的历史低点(根据《全国人民法院司法统计历史资料汇编:1949—1998》《全国法院司法统计公报》《中国法律年鉴》和《中国统计年鉴》的统计数据)。

② 在这一时期,根据最高人民法院的要求,各地法院进行了"立案调解""委托调解""法院调解窗口""诉调对接"等多种形式的调解实践,并取得了一定的成效。

③ 2012年民事诉讼法分别在第122条、第133条、第142条,规定了立案调解(先行调解)、庭前调解、庭审调解,进一步强化了调解在法院解决民事纠纷中的优势地位。

④ [德]柯武刚、史温飞著,韩朝华译:《制度经济学——社会秩序与公共政策》,商务印书馆2008年版,第70页。

角度来衡量,让当事人觉得在"调审合一"的程序设计中,调解是"有利可图"的制度选择,将调解制度真正转化成当事人自觉行动的动力源泉。本书将从当事人的侧面,探讨如何构建调解合意的诱导机制,从制度构建层面使调解成为当事人"自觉行动",而非在法院"审判荫影"下的无奈选择。

(一)调解合意生成的法理

诉讼既是解决纠纷的制度设计,同时也是纠纷当事人博弈之场域。在我国"调审合一"的程序制度设计中,或通过法院审理判决解决纠纷,或通过双方当事人合意解决纠纷,当事人存在利益考量的行为选择。从我国民事纠纷解决的策略来看,在判决与调解两者之间更为推崇调解方式。这就要求在制度安排上既要考虑因利益对立而产生的博弈行为选择,又要考虑有利于当事人选择调解的利益诱导。

1. 调解的制度性框架

当今,随着 ADR 运动的兴起,调解已逐渐成为世界各国处理民事案件、缓和司法信任危机的重要策略。与我国原本就将调解作为解决民事纠纷的主要制度不同,域外调解制度的形成和发展是基于不同的"地方性"原因,形成了不同的调解模式。在英美法国家,以调解为主要内容的 ADR 运动,是为解决昂贵的诉讼费用和旷日持久的诉讼周期。"调解在普通法国家的出现和发展,是政治家和政府迫于压力去回应一个低效、拖延的并且对大多数市民而言昂贵、怨声载道的诉讼程序的结果。"[①]调解制度的发展从开始实验性地主要作为一种非讼手段的社区调解,而后将其置于法院作为一种准司法性的制度安排,或称之为法院附设调解。而在大陆法国家,调解则是由强化诉讼中的和解演绎而来。法院附设调解的运用,主要取决于法官的裁量权,法官可以根据对案件是否适宜调解的评估来作出程序上的安排。从这一点上看,普通法国家的法院附设调解是一种法官依职权而进行的"强制性"的程序选择,对当事人来说是一种

---

① [澳]娜嘉·亚历山大著,王福华等译:《全球调解趋势》,中国法制出版社2011年版,第18页。

"强制调解"(程序意义上的)。

在大陆法国家的民事诉讼法中,普遍规定了法官促成当事人和解的义务,促成和解的行为也是法官在庭审程序中实施的,从这一点上看,大陆法国家诉讼和解制度与调解制度并无本质上的区别。应当特别指出的是,在大陆法国家促进当事人和解的法官与和解失败而后主持进行审判的为同一法官,这对大陆法国家法院调解制度框架(模式)的设计产生了显著的影响。大陆法国家的法院附设调解存在两种制度安排:一是在法院的审判中,法官可以根据当事人的申请主持调解,此时调解法官与调解不成后主持审理的法官并非同一人;二是法官可以将案件交给调解组织进行调解。大陆法国家的这种诉讼中调解是一种所谓的"强制调解"(程序上的),只不过与普通法国家不同的是,除当事人申请调解的外,法律强制性地规定某类型案件调解前置,如家事案件等。

从上述两大法系主要国家司法调解模式的发展及运行实践来看,在司法程序中调解之所以"被动员"的激励因素,主要是对法院诉讼迟延的忧虑,高企的诉讼成本(诉讼费用)、调解中当事人的自主性和调解的灵活性等因素的考虑。在司法调解模式的程序启动方面,更多的是考虑法官的自由裁量权,并未充分考虑调解的"自愿性"原则,其制度设计的正当性依据乃是现代司法中法官对诉讼的"管理理念"。在制度框架的设计上,普通法国家遵循严格的调审分离,调解只能由法官交付给附设于法院的调解组织进行,法官不能既当调解者又当审判者;在诉讼和解基础上发展起来的大陆法国家法院调解,出现了两种司法调解模式:法官的调解和附设法院的调解组织的调解。然而,无论哪种模式,司法中的调解与审判也是遵循适当分离的原则。

有着深厚调解文化基础和丰富调解实践经验的我国,诉讼调解却与上述两大法系主要国家的制度设计有较大的差异。我国民事诉讼程序结构,一直被学者们称为"调解型"程序结构,调解与审判合一程序,审判中隐含了调解、调解中隐含了审判,两者互相渗透难分彼此,程序采取了"模糊性"的结构设计。我国的诉讼调解从制度设计上是一种"自愿性"调解(程序性的),然而在实际运行上集审判权与调解权于一身的法官常常会动员一切可利用之手段,"迫使"当事人达成合意(包括程序上与实体上的

第二章 诉讼调解合意生成的法理基础

强制倾向),特别是当调解者在调解中具有了某种"利益"的场合,实体上的强制难以避免。① 在我国诉讼收费低廉,程序简化、灵活,诉讼周期短的现实情况下,从调审合一的制度框架设计本身来看,并无利益上的"诱惑"促使当事人放弃诉讼而选择调解,这就产生了当事人行为选择上利益机制供给不足的问题。特别是能够激励和动员调解的诸多程序性要素,比如保密、豁免等,都因难以从制度上加以实现而无法成为当事人选择调解的行为导向;而程序上的自愿性和调解协议的反悔机制,更加剧了调解适用的难度。因此,无论我国诉讼调解政策如何改变,若不以当事人的行为诱导为落脚点,其也只能作为法院审判的自律性行为。为改善上述我国诉讼调解制度设计的结构性缺陷,司法实践探索了法院附设调解的"域外模式",也因此引发了调解多元化模式的实践,即所谓的"大调解"运动。理论界也对我国调解与审判合一的程序结构提出了质疑,并提出了调解与审判分离的程序结构的观点。② 不过,近几年由于我国民事执行难问题、申诉和涉诉上访案件的增多,诉讼调解的制度优势又被重新认识,调解与审判程序不但没有分离,而且在制度层面大有强化两者结合的倾向,2012年民事诉讼法修正案增加的立案调解、庭前调解便是很好的例证。从制度设计的客观现实分析,立法者并没有刻意区分调解与审判两种程序,而是抱着一种解决问题的观念将这两种程序交予法官视具体情况灵活掌控。审判与调解"交织在一起",在这种制度框架下,任何激励调解的因素都难以派上用场,"审判的荫影"导致诉讼调解"审判化"。

2. 共同选择(合意)行为理论

博弈论为我们分析调解合意形成提供了理论基础,囚徒困境为我们提供了很好的分析模型。博弈论,也称为智谋学,从先前研究的理性人之间的"非合作"博弈,到后来研究"合作"的博弈。认为"博弈理论包含了'合作博弈'和'非合作博弈'两种形态,这两类博弈相互之间有着密切的

---

① 实践中,我国将调解结案率作为重要的司法考核指标,考核将会对法院、法官产生利益影响。

② 具有代表性的观点见李浩:《论法院调解中程序法与实体法约束的双重软化——兼析民事诉讼中偏重调解与严肃执法的矛盾》,载《法学评论》1996年第4期。

联系,但是又存在着重大的区别而且不能相互替代,在解决世界的矛盾和冲突的过程中,人们追求的目的常常是'合作',达成合作的协议成为解决问题的关键和手段,合作博弈在处理此类事情方面有着独特的作用"①。在利益存在对立的民事诉讼的场合,"合作博弈论"作为分析当事人合意行为选择的理论工具具有积极意义和恰当性。

经济学认为,"每一个个人都是理性的'经济人',个人不仅在个体活动中,而且在集体活动中,其目的都只有一个,那就是不断追求个人利益的最大化"。② 诉讼程序是按照"非黑即白"的原理来设计的,这与实体领域中当事人双方互惠、等价的私人交易完全不同,因实体利益发生纠纷而诉至法院的双方为谋取利己的审判结果,必定会有许多行为选择,这即是诉讼中的博弈情形。在我国调解与审判合一程序的制度设计中,选择审判或者选择调解是当事人博弈的结果。从诉讼程序的一般理论来讲,程序是按照以下的逻辑来展开的:当事人进行对等的主张、证明、辩论,法官居中裁判。这是因为以裁判为中心的程序,其基本的程序功能是在制度设计上能够确保法官发现案件事实,以便正确适用法律作出公正的判决。基于此,维持主张、论证、质疑、辩论的对审程序结构就显得尤为重要。相反,调解程序则不能强化双方的"对审",因为调解程序的功能是促进双方的"合作",寻找双方利益的平衡点,而不在于发现案件真实和正确适用法律,"对审"的程序结构会对双方的"合作"构成障碍。由此,隐含于审判程序中的调解程序,是与审判程序的展开逻辑相冲突,这就必须有外在的"力量"推动调解程序才有可能被启动。根据柯武刚教授所主张的行为动力机制,调解程序的选择可以从两方面的制度性安排来加以解决:一是通过利益诱导机制,促成当事人的行为选择。利益诱导性制度设计,能够激励当事人作自觉性的行为选择,从追求自身利益最大化的立场出发,也是容易达成双方妥协的;二是强制性的调解或调解程序前置。强制性的制度规定并非是出于对当事人选择偏好的考虑,或者是并非从当事人利益

---

① 施锡全编著:《合作博弈引论》,北京大学出版社2012年版,第3页。
② 韦森:《经济理论与市场秩序:探寻良序市场经济运行的道德基础、文化环境与制度条件》,上海人民出版社2008年版,第83页。

第二章 诉讼调解合意生成的法理基础

的方面出发,这是在没有其他的能激发当事人选择调解制度的情况下的一种维持制度运行的策略。"当决策集团的成员无力进行新的制度安排以维持价值最大化(而且是协调过的)结果时,就有必要在其他方面寻求适当的制度交易,这被称为强加制度。"①

从经济学的角度讲,调解被视为是比审判更加有效率的纠纷解决手段。从这一点来看,这是一个诉讼参与者(包括法院和当事人)都理应愿意选择的制度设计。但是,我们还应当看到,在诉讼中所谓的"效率"是一个内涵丰富的概念,其不仅仅是一个时间耗费上的概念,更多的还包括了成本、公正等核心内容。因此,我们必须关注的是我国调解政策发生变化的诱因,以及这种变化对法院、当事人的行为选择和纠纷的解决带来了怎样的实质性影响。从人的行为准则分析,调解与审判作为纠纷解决的主要方法,在一个程序并设或者两者具有可选择性的情况下,要求当事人优先选择调解而非审判,存在两种对策:一是强制性规则,若当事人不选择则会有不利后果甚至处罚性结果;二是设定一定趋利性的诱导制度,选择调解具有比审判更好的结果或优势。在谈到选择的偏好时,经济学家布罗姆利认为:"偏好的连贯性要求当存在两个选择(x 和 y 时),个体或者偏好 x,或者偏好 y,或者对选哪一个无所谓。如果一个人选择了 x 而不是 y,那可以断定他认为 x 至少和 y 一样好。"②我国审判与调解合一的程序,若没有特别的制度安排,选择何种程序并不会产生实质性差异,或者一种选择并不会比另一种选择带给选择者更多的好处,那么当事人选择调解的可能性并不会必然多于判决,特别是调解的自愿性要求当事人双方共同启动调解程序,这无疑是增加了对调解程序选择的难度。

经济学中的"经济人"假设,把人都看成是理性且具有自利倾向的,这就使得在利益争斗的诉讼场合下,合意的形成具有了"天生"的障碍。在类似于我国"调审合一"的纠纷解决程序中,选择调解的可能性自然就较

---

① [美]丹尼尔·W. 布罗姆利著,陈郁、郭宇峰、汪春译:《经济利益与经济制度——公共政策的理论基础》,上海三联书店 2012 年版,第 115 页。

② [美]丹尼尔·W. 布罗姆利著,陈郁、郭宇峰、汪春译:《经济利益与经济制度——公共政策的理论基础》,上海三联书店 2012 年版,第 99 页。

选择判决处于一种劣势地位,若不加以制度性引导,这种调解与审判合一的程序设计若欲追求较高的调解利用率,其本身就是一种不切实际的"幻想"。当然,也正是由于人的"自利倾向",通过制度的调节功能将当事人的纠纷解决方式的选择倾向引导到调解上来,也不是不可能的。根据阿克塞尔罗德的研究,友谊对于合作的产生并不是必要的,在合适的环境下,合作甚至可以在敌对者之间产生。① 这一研究表明,在存在利益争斗的场合,如果策略设计得当,合作也是可以有效实现的。制度性安排的目的,是改善双方当事人合作的条件,创造有利于促进双方合作的机制。

3. "调审合一"程序结构下的行为选择

在我国民事诉讼"调审合一"的程序运作中,调解程序的适用需要有当事人的"同意"。面对审判程序和调解程序可能带来的不同的纠纷解决结果,当事人会趋向于选择何种程序呢?如同本书前述分析,审判程序关注的是双方当事人过去的"关系"是怎样的,而调解程序则更多是关心双方未来"关系"之构建。不过,尽管所关心的主题有所差异,但两种程序无疑都是以解决纠纷为根本目的。对当事人而言,无论是适用审判程序还是调解程序,其可能更为关注的是哪一程序的适用会对自己更为有利。就审判程序而言,其优势在于具有规范性和对裁判结果的可预测性,但其存在程序烦琐、时间成本及费用成本较大,更为严重的是当法院一旦作出判决即意味着双方关系"彻底破裂"的严重后果;而相对于审判而言,调解能够节约时间成本和费用成本,特别是调解着眼于双方未来关系之构建,纠纷解决之时不伤及双方关系,但其存在的主要问题是当事人的诉求会被"打折扣"。基于这种调解与审判不同的制度安排、程序耗费和结果差异,当事人必然面临对纠纷解决程序的选择问题。在这里,审判程序通常是基于法院审判的法理及规律构造程序规则,不存在当事人选择适用的问题。因此,在调解与审判合一的程序结构中,在以两造对审结构作为诉讼证明逻辑起点的程序结构中,如若没有激励的制度安排,当事人对调解程序的选择就会存在问题。

---

① [美]罗伯特·阿克塞尔罗德著,梁捷等译:《合作的复杂性:基于参与者竞争与合作的模型》,上海人民出版社2011年版,前言第12页。

在我国当下的司法实践中,调解程序的适用已不仅仅是当事人的一种程序选择,由于法院内部科层制的管理考核体制,"行走"在审判与调解之间的法官,除调解本身可能会给其带来"工作业绩"上的利益之外,调解还可缓解法官在案件事实认定上的麻烦。从这一点上来看,法官通常不会拒绝适用调解来解决当事人之间的纠纷,甚至可能会基于"自身利益"的需要而偏重适用调解程序。对于当事人而言,调解程序的选择存在诸多不确定因素,时间成本、费用耗费、双方关系、判决的执行成本等,都是当事人双方在选择调解程序还是选择判决程序时考量的因素。我国审判程序还存在诸多不确定性,包括程序缺乏安定性、缺少可预测性等,使得当事人难以对程序选择作出准确的判断,其选择适用调解程序的自觉性缺少制度上的保障。

(二)我国诉讼调解的实践检视

发端于我国新民主主义革命时期的现代司法调解制度,承载了不仅限于化解纠纷而更为广泛的社会功能。从我国诉讼调解政策的变迁,我们可以探究出我国诉讼调解的功能不限于解决纠纷,甚至解决纠纷仅是实现诉讼调解功能的一个工具或者称为"副产品"。有学者认为,从诉讼调解原本的"政治功能"到当下的通过调解"实现社会治理"的功能,诉讼调解的首要任务在于维系人民群众内部的团结与和谐。这种来自通过权力强制的调解,更多的是反映了政治统治或者社会治理层面的需求,并未转化成为诉讼当事人自觉的程序选择。我国的诉讼调解实践,可以说是"权力"主导下的当事人"合意"的生产过程,新民主主义革命以来各个不同历史时期所采取的诉讼调解政策,反映了国家对社会治理的需要在司法领域的具体实践,这些诉讼调解政策是基于对法院审判权运行的规范与指导,而当事人在诉讼中的行为选择所能起到的作用极为有限。

1. 作为国家社会治理方式的诉讼调解

纠纷,是伴随社会发展过程不可避免的"附带产品",其存在不仅仅涉及纠纷主体间利益之纷争,同时还给国家发展及社会稳定构成威胁。诉讼作为国家提供纠纷主体可选择的解决纠纷的制度产品,其权威性和确定性是其他纠纷解决方式所无法比拟的。然而,其要求给予诉讼参与者充分的程序保障,烦琐和苛刻的法定程式,法律的严格适用,导致诉讼极强的专业色彩、高昂的诉讼成本和时间耗费,特别是其难以灵活适用以实现纠纷的解决与社会发展"与时俱进",无法满足国家通过纠纷处理来实现对社会治理的直接性和时效性。诉讼调解制度无疑为实现国家通过解决纠纷来贯彻相关政策达到对社会的适时治理目标提供了制度保障。

新中国成立初期,为巩固刚刚建立的人民民主政权,明确人民法院的任务是"打击敌人,惩罚罪犯,保护人民"。[①] 认为"调解是人民的民主生活之一部分,凡可以调解之事,如调解好了,不只保全和气,不费钱,少误工;而且平心静气地讲理,辨明是非,教育的意义很大;调解中有互让或互助,可以改变人们的狭隘思想"。[②] 民事审判工作,要贯彻增强人民内部团结,发展社会生产的原则。在1950年召开的全国司法会议就明确了调解在法院审判工作的中心地位,要求人民法院必须始终重视调解工作,诉讼中的调解是我国审判制度的一个必要组成部分。[③] 调解所具有的"化干戈为玉帛"之效果,能有效维系纠纷当事人之间和睦关系,调解被作为自新民主主义革命以来我党解决人民之间纠纷的特色司法制度,在法院民事审判中被广泛运用,法院民事审判工作奉行"以调为主"原则。特别是新中国成立后至1982年3月,法院民事审判不但没有正式的程序法可遵循,作为裁判依据的实体法也只能依当时的相关政策为之,诉讼调解在这一时期作为解决民事纠纷的主要方式,特别是推行党的司法政策发挥着不可替代的作用。"从建国之初到改革开放之前,我国社会生活高度政治化,法律控制手段也极为薄弱,'调解为主'的民事审判方式适应了当时的历史条件,取得了很好的社会效果。"[④]在这一时期,与其说诉讼调解在没有完备法律制度的情况下有效地化解了社会矛盾,还不如说诉讼调解在很大程度上通过法院对纠纷解决的同时,贯彻了党和政府在这一特定

---

① 《当代中国的审判工作》编辑部:《当代中国的审判工作》(编写大纲送审稿),内部印刷1985年3月,第10页。
② 《民事诉讼参考资料》(第一辑),法律出版社1981年版,第322页。
③ 李荣棣、唐德华:《试论我国民事诉讼中的调解》,载《法学研究》1981年第5期。
④ 闫庆霞:《法院调解制度研究》,中国人民公安大学出版社2008年版,第20页。

时期的方针政策,实现了国家对社会的有效治理。

随着我国 1978 年实施改革开放国策,作为市场经济正常运行基础的法律制度建设被高度重视,立法机关分别于 1982 年和 1986 年出台了《民事诉讼法(试行)》和《民法通则》,结束了建国后民商事领域"无法可依"的局面。对法治建设的重视,不仅仅在于出台了若干法律制度这种形式上的变化,而更为重要的是,国家对社会的治理也逐渐形成了法治化的理念,其表现在民商事纠纷的解决中,即不再强调法院"以调解为主"或者"着重调解"的原则,而是尊重当事人的处分权采取"自愿、合法调解"原则;不但强调调解的自愿性,而且重视调解的合法性,即通过依法对纠纷的解决而实现国家对社会的"法的治理"。这似乎表明,诉讼调解所负载的政治功能已经消退,法律制度是社会运行的基本制度规范。这从自 1991 年《民事诉讼法》实施以后,诉讼调解率由"以调解为主""着重调解"时期的 70% 下降至 30% 左右,便能足以说明这种变化。然而,事实并非如此简单。在法律制度不断完善的当下中国,法律意识与法治思维并未达到"依法治理"社会的要求,加之社会经济发展所产生的利益多元化需求、地区差异和城乡差异等问题,导致我国社会发展中各种矛盾交织,社会不稳定因素增加,依法治理社会的意愿难以全面落实。在这种背景下,在新民主主义革命时期和新中国成立后一段时间内,调解所能发挥的维系社会关系稳定的积极作用被重新认识和引起决策层的重视。之后,在民商事纠纷解决中提出了"调判结合、案结事了""调解优先""诉调衔接"等司法政策不断出台,开始了伟大的"调解复兴"运动,实务部门甚至将调解率作为考核法院和法官"工作业绩"的重要量化指标。这表面上看是法院解决纠纷方式的变化,其实质是调解政治功能的再度复兴,并由此表达党和政府对社会治理的态度和策略。"法院调解在 21 世纪的复兴,并不仅仅是传统'和'文化的一种历史延续,其中更有意识形态的推波助澜。进入 21 世纪,在中央提出构建和谐社会的政治大气候下,司法领域也积极跟进,将调解作为缓解司法压力、构建和谐社会的有效机制,大力推动其恢复和发展。"[1]

---

[1] 史长青:《裁判、和解与法律文化传统》,载《法律科学》2014 年第 2 期。

综上分析,我国诉讼调解的兴衰与政治上的需求有着密切的关系,或者说诉讼调解正是在政治的需求下发展变化的。"'行政与司法之间的一致性',也要求司法职能必须与行政权力的运作方式保持一致。当国家改变了其治理社会的手段,由暴力强制转为协商对话时,司法领域也要随之发生改变,由原先的命令裁判走向现在的协商和解。"①

2. 作为法院纠纷解决方式的诉讼调解

诉讼调解,是我党在新民事诉讼革命时期就已建立起的一项具有中国特色的司法制度,其作为法院行使审判权的方式之一不但在实践中得以运用,而且在民事诉讼立法中明确规定为与判决并行的一种纠纷解决方式,诉讼调解甚至作为一项民事诉讼法的基本原则加以确立,其地位可见一斑。诉讼调解正式成为诉讼法基本原则,始于1982年《民事诉讼法(试行)》,历经1991年民事诉讼正式立法、2007年民事诉讼法修正案和2012年《民事诉讼法》修正案,诉讼调解不仅是一项基本原则,而且其是比判决优先适用的制度安排。2012年民事诉讼法修正案确立了立案调解和庭前调解两项制度,加之原有的庭审调解,构成了从立案、审前准备至庭审的诉讼全过程调解。

与立法相比,我国司法实践中调解的作用被"过分"放大,决策层通过制定一系列调解政策来"指导"法院的调解工作。诉讼调解透过法律和司法政策的双重引导外,还辅以法院内部行政化的管理体制实施考核,助推诉讼调解的适用。各地法院为实现考核达标,采取各种方式和方法(如法院设立调解室、委托调解等),甚至有的法院提出"零判决"的口号。② 司法实践中无以复加地强力推行诉讼调解,尽管取得了一定的积极效果,但由于这种"运动式"的诉讼调解运作,不可避免地会带来消极的影响。比如违法调解、以判压调等,特别是经调解后达成协议而终结诉讼的案件,据统计大约40%的案件又进入了执行程序,这一现象足以说明,有许多案件尽管形式上达成了调解协议结束了纠纷,但并未在真正意义上形成

---

① 史长青:《裁判、和解与法律文化传统》,载《法律科学》2014年第2期。
② 张定有:《南阳基层法院"零判决"竞赛的争议与影响》,载新浪网:http://henan.sina.com.cn/news/z/2009-12-31/072011300.html,最后访问日期:2014年7月27日。

当事人之间的"合意"。

值得注意的另一个问题是,法院单方面强制下的调解模式,不但没有达到"和谐社会"的社会治理预期,而且还由于调解本身并不寻求纠纷在法律上的正确解决,导致法院司法判决的"行为指引"功能遭到弱化,模糊了法律界限。"增加了私人自治色彩的调解活动,并不属于建立在禁止私力救济基础之上并通过争讼裁判这一核心要素来体现的审判活动。调解充其量只能算作法院的照管司法活动,其不应侵蚀法院的核心任务——审判。"① 显然,这一问题已引起了学界的高度关注,一些学者撰文分析调解与判决之关系,再度提出调审分离的程序重构。②

3. 作为当事人诉讼处分权行使方式的诉讼调解

诉讼调解,是法院主持下双方当事人达成协议的活动,是法院行使审判权的一种方式和结案方式,调解书具有与判决书同等的法律效力。尽管如此,调解的本质却是当事人行使处分权的结果,是当事人通过对程序权利和实体权利的处分而实现纠纷的解决。就民事纠纷而言,原本当事人即可以进行所谓"私的解决",即使通过公权力救济的法院审判,当事人这种对自身权利可以依法处置的权利也应当得到尊重。诉讼调解,无非是在公权力解决纠纷的程序中导入当事人"自治"的纠纷解决模式;同时,诉讼中置入调解的目的在于重塑当事人之间的信任关系,以治愈双方因纠纷而导致彼此"破裂的关系"。

与法院审判不同,诉讼调解中法官的角色变得更加积极,程序的运作也显得较为灵活和具有多样性,审判所遵循的法官中立、程序公开、当事人法定听审权的保障、程序法定等,在诉讼调解中被极大地弱化和缓和。调解程序的展开,不是为发现事实真相,而是为了获得当事人双方的合意。从程序的设计来看,审判程序必须能够保障促进案件事实的查明和

---

① 周翠:《调解与审判的关系:反思与重述》,载《比较法研究》2014 年第 1 期。
② 这方面有代表性的文章请参阅:李浩:《当下法院调解中一个值得警惕的现象》,载《法学》2012 年第 1 期;李浩:《调解归调解,审判归审判:民事审判中的调审分离》,载《中国法学》2013 年第 3 期;章武生、肖国玉:《法院调解与判决的关系》,载《政法论坛》2012 年第 6 期;周翠:《调解与审判的关系:反思与重述》,载《比较法研究》2014 年第 1 期。

法律能得以正确适用;调解程序必须有利于当事人对纠纷解决结果之合意的形成。由此看来,审判的正当性来自法院审判权行使的规范性和对当事人诉讼听审权的保障;调解的正当性却来自法院对当事人处分权的尊重,查清事实、分清是非、正确适用法律等原则对诉讼调解并不具有根本意义。审判所要求的同案同判的可预测性的案例指导价值,在诉讼调解中则演化为纠纷解决结果的多样性和不可预测性。上述审判与诉讼调解的差异,都源于当事人处分权自治。

基于上述讨论,笔者认为:以当事人处分权为基础的诉讼调解,应当构建起尊重当事人处分权的规则体系,在调解协议的形成方面,坚持"自愿原则"的基本调解法理和法则。检验诉讼调解实践,近年来经调解结案的案件,出现了较高的再审申请率和执行率,这背后无疑与没有贯彻调解自愿这一根本原则有着密切的关联。因此,诉讼调解与非讼调解一样,除引导法院有效促进和解之外,应当建立起以当事人"处分权"为中心的诉讼调解规则体系。

(三)我国诉讼调解合意生成之程序保障

诉讼法理与调解法理存在诸多差异:诉讼更多的是对审判权的行使进行规范和制约,遵循公开审判为原则、以当事人对等辩论的庭审程序为载体,强调尊重当事人主体地位,以事实为根据、法律为准绳的裁判原则,以及坚持审理者裁判的直接审理原则,遵照严格的证明规则体系查明案件事实;调解则更多的是对当事人权利的关怀,强调对当事人处分权的尊重,为在纠纷解决过程中当事人"私的空间"提供制度上的保障,这就要求调解尽可能保护当事人的隐私和秘密、避免在调解中为求得形成双方合意而采取的"互谅"行为对今后双方的关系产生不利,为双方行使处分提供制度保障等。

有学者撰文认为,调解是反程序的,调解不但是对实体的"软化",也是对程序的"软化",这些观点不无道理。不过,我们应当注意的是,调解尽管对程序的要求的确不如审判那么严格、那么刚性而几乎没有什么回旋余地,但是调解也不是完全不需要程序来加以保障的。就调解本质而言,其是以当事人处分权行使为基本,审判权介入的余地甚小,因而程序性规范需求相对较弱,特别是为体现调解灵活和多样性特征,过于严苛的程序限制难免会阻碍合意的生成。但当事人处分权的行使不得损害他人的利益和社会公共利益,以及若想促成调解合意的有效形成,必要的程序保障必不可少。尽管调解不如诉讼那么"讲究规范",但为有利于双方形成合意,调解也需要最低限度的"程序保障",并以基本原则来加以规范。

1. 调解保密原则

调解实行保密原则,是指调解过程不对外公开,主持调解的法院其他调解主体也不得泄露调解的过程及调解的内容,调解程序的内容对其他后续程序不产生法律效力。实行保密原则,虽说不上是一项普适性的法理,但其却是有利于营造良好的调解环境,使当事人可以更加充分地就双方的纠纷进行谈判、协商、交换意见,其间也不排除为达成合意双方而为的"自我检讨"和对"对方过失的理解"等,这在公开的场合下是难以想象的。特别是针对一些当事人的隐私和秘密,保守秘密作为一项原则能够为当事人创造安全的调解环境。"调解保密性的建构消除了当事人对调解过程进行的陈述和披露的信息在后续诉讼对其产生损害的后顾之忧,使得当事人可以在自由、轻松和坦诚的氛围内讨论他们的动机、需要和利益,然后根据这些信息评估己方和对方的优势和劣势,发现不利于己方的事实,探求双方的利益共同点。"① 我国《民事诉讼法》没有规定调解不公开原则,如此状况,概由调审合一程序所造成,法律对人民法院审理案件不公开审理的范围作了列举规定,调解被视为法院审判权行使的方式之一,当然也就从同一规定来理解了。然而,尽管可以将调解理解为法院行使审判权的方式之一,但审判与调解的运行机理却存在着本质差别,一个体现了职权性的纠纷解决方式,一个体现了私权意思自治的纠纷解决方式,不加区别一概而论,必然会影响诉讼中调解合意的形成。很显然,最高人民法院敏锐地看到了这一问题,2004年出台的《关于人民法院民事调解若干问题的规定》(以下简称《调解规定》)就明确规定,当事人申请公开进行调解的,人民法院应当准许。从本条规定来看,其表达的是调解程

---

① 肖建华、唐玉富:《论法院调解保密原则》,载《法律科学》2011年第4期。

序不对外公开,与审判程序中的不公开审理之规定类似。有学者认为这一规定不是彻底的调解保密原则,因为并未规定调解信息的保密性。"调解程序不公开进行,却未规定调解信息的保密性以及分别调解后的信息保密性。可以说,我国当时的调解的保密性仅指调解程序秘密进行,至于调解不成时调解程序披露的信息是否可以在后续诉讼程序中运用没有明确规定,当然也不包含不允许调解人出庭作证。"① 值得肯定的是,最高人民法院在随后陆续出台的两个关于调解的司法解释《关于进一步发挥诉讼调解在构建社会主义和谐社会中积极作用的若干意见》和《关于建立健全诉讼与非诉讼相衔接的矛盾纠纷解决机制的若干意见》中,对调解保密原则进行实质性的修正、补充,其核心已经不只是停留在程序的不公开上,而是规定了调解信息的保密性,调解程序的不公开和调解内容的保密性合为一体,构建了完整的调解保密原则。

(1)确立调解保密原则的依据

缘何同是法院审判权行使的方式和结案方式,审判需要公开而调解需要保密?在审判程序中,尽管在诉讼程序的设计时充分考虑了对当事人主体地位的尊重,赋予当事人广泛的诉讼权利参与诉讼,维护自身的合法权益,当事人的诉讼行为对法院也产生约束性效力。比如,法院只能在当事人请求范围内作出判决,当事人未主张之事实法院不能审理和认定,当事人未提出的证据法院不得依职权收集调查。但我们切不可忽略的一个本质问题是,审判程序中法院是行使审判权的主体,其决定了当事人行为的合法性、有效性,职权色彩依然浓厚。为保证审判权行使在正确的轨道上,为使当事人的程序权利不受侵蚀,为使审判是法律的正义得到伸张,审判权的行使必须公开进行。再有,法院的判决是对法律规则的宣示,对人们行为具有指引作用,法院的判决意义重大、非同小可,因而,必须有充分、完善、严格的程序加以保障,审判权的行使必须受到监督,而公开审判是一个恰当的载体。与审判不同,调解即使在法院的主持下也主要体现的是私权性,法院即使能够左右调解程序的运行,但却无法强制调解合意。调解结论也不是对法律规则的宣示,更不能指引人们的行为选

---

① 肖建华、唐玉富:《论法院调解保密原则》,载《法律科学》2011年第4期。

第二章 诉讼调解合意生成的法理基础

择,因而,对调解活动基本上没有监督的余地和监督的必要,公开原则在调解这里没有"用武之地"。从私权性本质来讲,调解是当事人双方利益交换的一个过程,与他人无关,理应为其保密,因而其调解过程、调解结果未经当事人的同意不得对外公布,这是对当事人私权的尊重。"从设置'审判公开'之制度的目的来看,显然在于将法院的审判活动置于社会的监督之下,防止法院'暗箱操作',杜绝其对审判权的恣意滥用。但就法院调解而言,则与审判有所不同:调解讲求的是非正式、灵活性与多样性,注重当事人之间的自愿与彼此间的合作,故而通常无须借助于公开的方式来防止法官的恣意与权力滥用。况且司法实践也表明,在许多情况下公开调解往往不利于调解协议的达成,因此一般来讲调解可以不公开进行。"①

设立调解保密原则还有一项重要的理由,那就是为当事人提供安全、可靠的调解环境,以有利于促进当事人合意的形成。调解是一个讨论、协商的过程,也是一个相互理解和相互谅解的过程,双方必须以真诚的心态参与调解。在调解保密原则要求下,无关人员不能参与调解过程,这将会使当事人放松心情、坦诚相待。至于在纠纷中谁的过错、谁的责任,往往会在良好的调解氛围中淡化、模糊和消解,双方集中精力探讨"今后"的关系。保密将创造良好的心情和调解氛围,公开则会激发双方的争斗,调解需要保密原则来维系。

调解保密原则能够确保当事人接受司法救济的权利不被调解程序所侵蚀,追求司法公正。如前所述,为达成调解合意,当事人通常会对一些争议的事实予以确认,也可能会放弃一些利益诉求,如果允许在调解失败后而进行的审判程序中,将调解中的上述信息或者当事人的行为带入到审判程序,很显然会导致调解程序"预决"的效果,严重损害当事人在诉讼中的程序利益,有调解程序替代诉讼程序之虞。调解保密原则,能够从制度上隔绝调解程序的信息向诉讼程序的"传递",以确保司法的纯洁性。

(2)调解保密原则的内容

我国《民事诉讼法》所规定的不公开审理,是指法院开庭审理案件的

---

① 赵钢、王杏飞:《我国法院调解制度的新发展》,载《法学评论》2005年第6期。

过程不公开,不允许民众旁听和媒体报道。但是,我国审理不公开仅仅是限制庭审过程不对外公开,但并不排除判决结果的公开宣告。不公开审理的主要立法目的,是保护国家机密、个人隐私、商业秘密,审理的不公开并不对当事人实施诉讼行为有任何影响。调解保密原则与立法上不公开审理的例外规定有着不同的制度目的,除了涉及当事人在纠纷发生中的是非责任、道德评价不宜为他人知晓外,还有更为积极的制度价值,那就是为双方当事人创造适宜调解的制度环境。由此,调解保密原则应当包括以下内容:

a. 调解程序不公开进行

调解程序不公开进行,是调解保密原则的基础内容。在调解过程中,与案件无关联人员不得旁听案件的调解,也不允许媒体进行报道。当然调解程序不公开是一个原则规定,为尊重当事人程序选择权,如果当事人双方要求调解程序公开的,法院也可以公开进行调解。

b. 调解过程及内容保密

调解保密原则的核心内容,是调解过程及调解过程中所形成的案件信息,不得对外泄露。其实,调解不公开只是形式或者外在的东西,而在调解过程中所形成的案件信息是对后续诉讼程序能产生影响的实质内容,是调解保密原则的核心。参与过调解程序的法院审判人员或者调解人员、当事人,均无权将调解过程中所形成的案件信息予以披露。

c. 参与调解的人员应遵守回避制度

除当事人外,参与过调解的审判人员或者调解人,不得以任何形式和身份参加后续审判程序,应当一律适用回避制度。参加过调解程序的审判人员不得参加后续审判程序的审判组织;调解人、书记员等参与过审判程序的人员,也不得作为证人出庭。采取适用回避制度,是避免参加过调解程序的审判人员"未审先决"主观认识,也避免相关人员出庭将案件的调解信息带入案件的审判程序,造成程序干扰。

d. 调解文书上的保密性

调解保密原则的内容,还可以作进一步的解读:一是案件争议的事实、理由,当事人可以要求调解书不予写明;二是当事人在案件中的过错等行为,可以不在调解书中加以明确;三是调解书不公开,可以作为法院裁判文书上网制度适用的例外情形。对调解不公开原则作这样理解的主要目的,是为双方进行协商创造良好的条件,对当事人达成调解合意具有辅助效果。

2. 调解豁免原则

在纠纷的合意解决讨论和协商的过程中,当事人双方不免会认可不利于自己的事实、承认或者放弃自己的部分主张,这是形成调解协议必然的一个过程。在最终没有达成协议的情况下,这些在调解协商过程中对己不利的陈述,极可能在后续审判程序中形成不利的因素。这样一来,从避害趋利的心理来考虑,当事人在调解协商过程显然会极为谨慎,如此,就会对调解合意的形成产生障碍。为有效达成调解合意,就有必要阻却调解的程序效力扩展至审判程序,避免当事人在调解程序中的行为影响审判程序中法官的判断和裁判结果。此谓调解豁免原则所要解决和发挥作用的场合。调解豁免原则是与调解保密原则存在内在联系的一个原则,保密原则强调调解程序信息的封闭性;豁免原则强调的是排除调解信息对后续审判程序的不利影响。

诉讼与调解本是依不同法理、不同的程序架构,寻求纠纷多样化的解决方案,与诉讼采取对审辩论程序结构不同,诉讼调解中主要是围绕当事人处分权来展开,调解不在于追求弄清案件事实以获得法律上的正确解决,而是在谈判中相互妥协而达成合意。在调解中不免会对自己不利之事实予以认可,双方均会对利益诉求作出必要的让步,只有如此,双方才能就争议的权利义务达成合意,以求纠纷的妥当解决。当然,也可能存在即使当事人承认了不利于自己的事实或者对相关利益作出让步后,调解仍未能最终达成协议的情形,此时,如若允许将调解程序中当事人所作之陈述作为后续诉讼中不利于陈述者的判决,则在调解中恐怕哪一方也不会愿意承认不利于自己的事实或者作出妥协,调解合意也将难以达成。

为鼓励当事人双方能够在法院或者其他非法院调解组织主持下达成调解合意,当事人在调解过程中所作的不利于自己的陈述和让步,不得在因调解失败而进行的后续审判程序中加以适用,此即为调解豁免原则。调解豁免原则,是一种合意激励原则,它的目的是让参与调解的当事人打消顾虑,真诚地参与调解,坦诚地与对方当事人讨论、协商。对对方当事人主张之事实的认可,请求的承认或者作出让步,在调解因未达成协议失败后,不会带来任何不利后果。调解程序与审判程序分离设置,调解主体与审判主体区分主持,为调解豁免原则的实现提供了程序保障。最高人民法院在《调解规定》中首次确立了调解豁免原则,该原则的确立,一方面使得当事人在调解程序中可以"无后顾之忧"地"坦诚相见",为调解合意的形成提供了制度保障;另一方面,"调解豁免原则"也创设了调审分离的制度架构,当事人在调解程序中所实施之行为不及于诉讼程序,即使在当下我国调审合一的程序结构下,调解与审判也只是在形式上或者说在程序上可以交互进行,但调解程序之实质内容却与审判程序不能"共享"。但在调审合一的程序结构下,此原则对当事人积极、真诚参与调解并不能起到激励作用。问题点就在于调解主体与审判主体的同一性,会使当事人产生不信任感而生顾虑,调解激励政策失效。调解与审判分离的程序结构,能很好地解决了这一问题。

为保障调解豁免原则的有效实现,构建良好的调解氛围,促进调解合意的形成,我国的诉讼程序应当作出如下改革:

第一,调解程序独立设置,并采取前置的程序安排。在我国调解与审判合一的程序中,双方难以形成合意的一个制度性缺陷是,双方在调解中所作不利陈述和让步,在无法达成调解合意的情形下极有可能对后续诉讼形成不当影响。也正是基于这样的担心,双方在调解过程中通常都会固守自己的立场,采取了与诉讼场域下大致相同的策略,尽量回避和避免对自己不利的事实、证据,不轻易作出让步,这是调审合一程序难以回避的一个事实。因此,如若要做到在调解中当事人"坦诚相见""诚意调解",那么就必须建立让当事人无后顾之忧的调解程序,调解豁免原则已经指出了解决问题的基本策略,但必须以可靠的程序加以保障实施,调解程序与审判程序的分离设置就成为无二的选择。

第二,是要采取调审主体分离原则。我国诉讼程序调审合一之本质,不只是两个程序合二为一,而更主要的是两个程序的操作主体的合一。调解与审判的主体合一,是我国调解与审判程序交互运行所使然,在程序的运行上具有一定的便宜性。但调审程序合一主体的程序运行方式,却带来不可忽视的消极影响:一是由于主持调解的法官也是有权最终作出判决者,实践运行上极有可能形成"以判压调"违反自愿原则的情形发生,特别是在以调解率为考核要素的审判管理背景下,法官"强制调解"之倾向在所难免,实践中大量调解结案的案件又进入强制执行程序便是这种强制调解所诱发的消极后果①;二是调审主体合一的程序操作模式,弱化了审判程序的规范性,程序随意性较大,程序的安定性、可预测性等价值受到严重影响。由于调审合一程序导致审判程序运行的非规范性,其所带来的后果是严重的,即法院判决的正当性会因此而遭受质疑,或者说当事人从裁判者程序运作的随意性所观察到的法律(程序法)并没有得到严格的遵守,其必然会对通过这种程序所生产的判决结果有疑虑,毕竟程序是展示实体正义的装置;三是调审合一主体会弱化"调解豁免原则"的作用,"调解豁免原则"要求调解程序中当事人的行为不能成为审判程序中不利于当事人的依据,然而,在调解与审判主体合一的场合下,调解程序中所形成的"主观认识"不可避免地会带入调解者主持的后续审判程序中,形成"先入为主"的是非判断,"调解豁免原则"必然会大打折扣,也给调解合意的形成构成障碍。因此,调解与审判分离应当是今后我国民事诉讼程序改革的一个重要内容,在这里,分离不仅仅表现为立法应当单独设立调解程序,更为重要的是调解与审判应当交由不同的主体加以实施。

3. 意思自治原则

调解得以实施的基础在于当事人处分权的行使,其核心是双方当事人能就双方的实体争议通过协商达成妥协,形成解决纠纷的合意。既然调解是以处分权为核心要素,可以说查清事实、分清是非、正确适用法律等审判程序适用的基本规则,在调解程序中并不具有实质意义。因此,调解应当围绕当事人处分权的行使设计程序规则,以保障意思自治为核心,以有利于形成合意为目的,程序规则应当对调解人的权力进行必要的限制,不得以权压调,保证合意形成的自由。

诉讼中允许当事人以合意的方式解决纠纷,是民事纠纷的本质所使然,当事人在诉讼中享有对程序利益以及实体利益的处分权。在我国"调

---

① 据统计,调解结案的案件中,大约有60%的案件因债务人不履行调解协议而又申请强制执行,调解解决纠纷的效率性和彻底性受到了质疑。

审合一"的模式下,诉讼调解被视为法院审判权行使的方式,但其核心仍然是当事人处分权的行使,或者可以理解为"在审判荫影下的谈判"。与审判不同的是,诉讼调解无须遵循严格的程序规则,在实体上也给予当事人更多的自治空间;审判上遵循"无诉无判"的法理,在诉讼调解中似乎并没有实质意义。根据诉讼法理,审判是以诉讼标的为核心要素展开的纠纷解决程序:其决定了本案的适格当事人、案件管辖、诉讼证明、法院裁判范围等审判的基本范畴。然而,诉讼调解却不受如此严格的程序规范限制,其最大限度地与非讼解决相"衔接",尽可能地满足当事人纠纷"一次了断"的期望。"在民事诉讼中,审判的对象限于当事人之间的权利义务关系,因此权利义务主体之外的第三人很难参与到纠纷解决中去,而审判外纠纷解决方式则不存在这个限制,它允许利害关系者参与,以期纠纷的全盘解决。"[①]

在审判程序中置入调解的方法,如若成为当事人自觉的程序选择,其必须提供给当事人较审判程序更多的"实惠"。比如程序的灵活性,纠纷解决的自治性等。特别是,审判是对当事人"过去"的关系的"恢复",以确定"案件发生"时双方的权利义务关系;而诉讼调解则"着眼于"双方将来关系之构建,在制度上应当允许当事人就双方之间所涉及的"利害关系"一体化的解决。这一制度设计的理念,是较审判给予当事人更多可以支配的空间,方能对当事人选择合意解决纠纷具有诱导意义。在最高人民法院《调解规定》的规定中,允许当事人超出诉讼请求之外进行和解,也可以邀请与案件有利害关系的案外第三人一同参加调解,对所涉纠纷一次性地加以化解并且使其同时具备了法院审判意义上的法律效力。从利益导向出发,促使当事人达成调解协议,这是因为调解可以满足纠纷不确定的变数及不受正式的程式化约束,具有多元化和扩散性的特征,较审判具有更强的适应性。

与此同时,考虑到调解较审判更为灵活的一面,可以将诉讼外当事人建立实体法律关系的诸多制度融入调解所设定的当事人之间"将来之法

[①] [日]小岛武司、伊藤真编,丁婕译:《诉讼外纠纷解决法》,中国政法大学出版社2005年版,第9页。

第二章　诉讼调解合意生成的法理基础

律关系"中。换句话说,为促进当事人合意的形成并考虑纠纷解决的彻底性,可以由第三人提供担保来实现债权(担保法规则的适用)。这样的制度安排,至少考虑了当事人在纠纷解决中对未来生活的关照,并通过相应制度加以保障。"基于程序保障理念原则上的三级审判的保障也是直到纠纷解决需要经过相当长时间的一个原因。而且,把实体法作为解决标准适用在某些情况下也会不能够满足实效性的解决要求。……还不如采取虽然减少债权的金额、但由第三人充当保证人等方法来切实实现债务的履行,这对于权利的救济是有帮助的,而我们无法期待判决能带来这样的解决。"①

----

① [日]小岛武司、伊藤真编,丁婕译:《诉讼外纠纷解决法》,中国政法大学出版社 2005 年版,第 8 页。

第三章
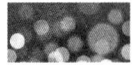调审程序分立及其程序结构

在我国诉讼理论及实践中,人们对诉讼调解的改革方向产生了很大的意见分歧:有主张维持"调审合一"的程序结构,也有主张"调审分离"的程序设置,更有提出"取消法院调解,完善当事人诉讼和解"的观点。上述观点的提出,其主要是针对我国法院调解发展中所产生的种种弊端而形成。究其根本原因,乃是诉讼调解程序的设置忽略了调解与审判的本质区分,强化审判权的"强制"作用,弱化了当事人"处分权"在合意解决纠纷中的决定作用,特别是在司法政策引导下的法院调解,因注入了法院或者法官的"利益",而导致诉讼调解被人为地"扭曲",异化了调解的作用,不但形成了纠纷解决中的"法律虚无主义"倾向,更为严重的是忽视了对当事人利益的程序保障,因而导致表面上"调解结案率"提升,而实际上"调解书强制执行率"也随之上升的不正常现象的发生。那么,我国诉讼中的"调审合一"的程序设置是否有必要改变呢?是否有必要学习其他国家和地区的调解与审判分离的模式呢?笔者认为,任何一项法律制度都是具有"地方性"的,诉讼调解作为我国自新民主主义革命时期以来极为重要的一项纠纷解决制度,其存在具有坚实的"文化基础""政治基础""实践基础",是一项具有中国特色的诉讼制度。因此,在我国的诉讼制度中,法院调解是一项不可或缺的程序制度。但这并不是说现行的"调审合一"模式就是一项优越的制度,其有很大的完善空间。

从本书前文的分析,我们可以清楚地看到诉讼的法理与调解的法理存在重大区别,两者没有多少共通点。特别是,被称为"廉价正义"的调解

其对正义的实现有其独特的视角,并不能像要求审判那样的标准来考察调解是否实现公平正义,调解正是在费用、时间以及符合当事人自我心愿的处理结果,获得了审判无法获得的正义,称之为"选择正义"。从这一点来看,两者通向正义之路也存在重大差异。"审判与调解虽然在解决纠纷的功能上具有共通衔接之处,但二者的运作逻辑和正当化机制可以说是相互背离的。调解为获得当事人的合意而降低对当事人的程序保障,为快速低廉地解决纠纷而不拘泥于事实调查的严格形式性。"①我国民事诉讼立法将调解与审判合一程序规定,难免产生不适应性。在确立调解作为解决纠纷之原则的前提下,诉讼程序运行体现出了极强的调解思维,诉讼程序所应当具有的安定性、预测性、可归责性等基本功能,在调审合一的程序结构中难以落实。以至于导致实践中诉讼程序运行的随意性和无约束性,直接损害了程序正义的理念。"由于在诉讼制度上尚未实现'调审分离',二者无论在主体上还是程序上都相互交织,彼此通融,调解的兴起必然会影响审判的规范化展开,导致对审判程序保障的'软化'。比如主审法官作为调解主持人,在调解中往往以简便的方式询问当事人、审查文书,形成初步判断(粗略的"心证")并在此基础上向当事人提示调解方案,如果放任这种现象的泛滥,等于放弃或放缓建立能为当事人提供充分程序保障之审判制度而做的种种努力。"②

基于调解与审判存在的诸多本质差别,理论界与实务界已经达成"调审分离"的共识。李浩教授认为,"调解与审判,至少存在着 12 个方面的明显区别③,是性质完全不同的两种纠纷解决制度,调审分离能够优化我国的民事诉讼制度;随着时间的推移,我国法院逐渐开始接受调审分离的观点;一些法院在规范和完善诉讼调解中积极进行调审分离的尝试,构建

---

① 陈杭平:《社会转型、法制化与法院调解》,载《法制与社会发展》2010 年第 2 期。
② 陈杭平:《社会转型、法制化与法院调解》,载《法制与社会发展》2010 年第 2 期。
③ 李浩教授认为,这 12 个方面的区别包括:强制与自愿、查明事实与不一定查明事实、依据法律与不违反法律、严格遵循程序对程序严格要求、获得判决与达成合意、宣告规则与解决纠纷、限于本案请求和事实与灵活对待请求和事实、公开与非公开、面对面与背靠背、面对过去与面向未来、黑白分明与调和处理、方法固定与方法多样。李浩:《调解归调解,审判归审判:民事审判中的调审分离》,载《中国法学》2013 年第 3 期。

多元化纠纷解决机制中的一些新举措,也为实现调审分离提供了实践依据。"①

笔者对调解程序分离持赞同的观点,但不同意将调解制度从我国诉讼制度中废除,诉讼中仅认可当事人的和解、法院不能主持调解的观点。笔者坚持的观点是:诉讼调解是我国诉讼制度的重要组成部分,调解程序与审判程序应当实行"有限分离"的制度设计。笔者想要表达的意思是,法院应当提供除审判以外的多元化的纠纷解决模式供当事人选择,西方国家 20 世纪的 ADR 运动给予我们许多启发,有许多成功经验值得我们借鉴。

一、调解作为审判权运行方式的必要性

调解与审判分离,并不意味着将调解从法院分离出去,不再作为法院审判权的行使方式。调解与审判分离,是指的程序上的分离,调解程序与审判程序不再合一程序设置,而分别设置。在我国诉讼程序中仍然需要保留法院调解有以下几个方面的原因。

(一)调解是我国法院解决民事纠纷的传统,积累了丰富的经验

形成于我国新民主主义革命时期的司法调解,是特定历史时期的产物(本课题前文已作较详尽的介绍和分析),但其又有历史的必然。我国司法调解制度产生的文化基础是儒家"和为贵"的思想,当代人民的好法官宋鱼水经手的案件,有 70% 能够以调解方式结案,她认为与判决相比,调解更符合中国国情,更契合中国人"以和为贵"的理念,有利于彻底解决

---

① 李浩:《调解归调解,审判归审判:民事审判中的调审分离》,载《中国法学》2013 年第 3 期。

纠纷,取得"双赢"效果①。"追溯遥远的历史,可以发现民间调解在解决争议方面一直发挥着十分重要的作用,而这一传统由于契合了中国人特有的心理和行为方式,从而延续下来,并被吸收进司法制度中,成为中国司法解决争议的一种重要方法和手段。"②新中国成立以后,我国民事司法继承了新民主主义革命时期的司法传统,贯彻"以调解为主"的纠纷解决原则,在1982年民事诉讼法制定时正式将调解确立为民事诉讼法的基本原则,之后经历了1991年的自愿调解原则和2012年的先行调解原则的完善,赋予了诉讼调解新的内涵。司法实践则更是将调解作为解决民事纠纷的重要方法,甚至建立了包括调解结案率在内的审判绩效考核指标体系,更加助推了调解在民事司法实践的适用,并取得了较好的社会效果。

若无视纠纷解决的传统,将调解从我国民事诉讼制度中废除,此观点既不符合我国实际情况,也与当今世界各国民事司法发展的趋势相悖。尽管我国诉讼调解存在种种弊端,但也不至于推倒从来,另起炉灶,这不但导致传统的东西破坏了而新秩序也无法建立,同时,也使得法院提供给民众的司法产品太过单一,无法满足解决纠纷的实际需要。

(二)现代司法应当为民众提供更为便利的司法服务

法院是审判机关而非调解机构,依法理应在全面评判证据的基础上,准确认定事实,正确适用法律作出判决。但审判程序的刚性使得其缺少必要的灵活性,法院和当事人的行为被限定在一定的程序框架内,特别是诉讼程序强调安定价值,已经经过的程序通常不可以推倒重来。为了不受程序的不利益影响,当事人会尽其所能充分利用程序赋予的权利和机会,避免有遗漏而遭受不利益;再加之公正程序所必要的救济程序,由此而不免导致诉讼旷日持久、费用高昂,最终尽管可能实现了所谓的公正审判,但却未必是当事人想要得到的公正,由此也引发了民众对司法的信任

---

① 张希波:《马锡五与马锡五审判方式》,法律出版社2013年版,第2页。
② 张卫平:《诉讼调解:时下势态的分析与思考》,载《法学》2007年第5期。

危机。从20世纪80年代兴起的法院附设ADR,便是应对这种危机的一种司法改革,法院通过改善服务,一方面设立多种诉讼程序应对不同种类的纠纷;另一方面,将调解等非讼方式引入法院作为替代诉讼的纠纷解决方式,为进入法院的当事人提供多元化的纠纷解决模式,以满足当事人的不同需求。"ADR与司法体制的相互依存已经在法院附设调解中得到了最清晰的证明,法院附设调解越来越被认为是提高当事人接近、参与和认同法律纠纷解决机制的有效途径。从世界各国的法律实践和立法层面看,调解是发展最为迅速的一种ADR形式。ADR提供了一种与众不同的纠纷解决的正义,卡佩莱蒂称之为'共存的正义'"。①

相比之下,我国民事诉讼中早已置入了调解制度,其不是附设而是一种"正统"的制度。尽管有学者批评我国的诉讼程序已经"蜕变"为调解型审判程序,程序展开的目标主要不是为法院在正确认定事实的前提下作出判决,而是以能够达成调解协议为目的。但我们不可否认的是,调解作为我国法院审判权行使的方式之一,其具有判决无法替代的优势,在灵活性、尊重当事人意志、注重纠纷一揽子解决效果,以及关注当事人未来关系等方面,都是审判无法比拟的。目前的主要问题,不是是否废除诉讼调解,而是如何改善调解程序对审判程序的"干扰",恢复审判程序的"本来面目",使审判更像审判。改革的方向一是"调审合一"向"调审分离"转变,将审判程序与调解程序并行设置;二是设立多元诉讼程序,以适应不同案件的程序需求。

(三)我国社会治理的需要

法院在担负解决纠纷之职责的同时,也间接参与了国家的社会治理,这在中国尤其显得突出和重要。毫无疑问,判决式的解决纠纷方式可以定纷止争,但其在解决纠纷的同时也付出了当事人关系破裂难以修复的代价。在现代经济社会中,大多数情况下发生纠纷的主体之间通常事前

---

① [澳]娜嘉·亚历山大主编,王福华等译:《全球调解趋势》(第2版),中国法制出版社2011年版,第5~6页。

存在某种正常的社会关系(法律关系),一旦进入诉讼,由于诉讼本身程序上"两造对抗"的诉讼构造,以及审判"一刀两断"式的裁决方式,当事人之间的关系很难再修复。"尽管法庭偶尔也寻求折中和弹性,但是法庭的判决通常具有非此即彼的二分特征:判决依据的是已经发生了这一概念的专一定义以及对法律规则的专一解释。当一起冲突升级为诉讼,冲突中的一方必须准备好承担全部损失。"①"破裂的关系"不利于社会发展的健康与稳定,也有可能原有的纠纷解决了,又出现了新的矛盾,这是在我国当前社会发展中常常会发生和遇见的情况。

与审判不同,由于调解着眼于当事人未来关系的构建,纠纷解决中强调当事人之间的沟通、协商,在互谅互让、互相理解的基础上达成解决纠纷的协议,调解的过程也是对因发生纠纷而产生问题的关系"修复"的过程。与判决结果的强制性不同,调解结果是以双方同意为前提,任何一方不能把自己的意愿强加于另一方。特别是,不像诉讼要把案件事实查个"水落石出"、分清责任是非,调解对此通常会采取"模糊政策",并不特别在意案件的事实和责任是非。"为了达成妥协,调解人对双方争议的问题往往会做模糊化处理,尽量找出双方当事人各自的弱点以降低他们的预期。"②由此可以看出,调解过程通常不太可能激化矛盾,更多的是舒缓双方业已紧张的关系。调解在解决纠纷的同时,稳定了当事人双方的关系,达到了社会的和谐。"无论中国还是西方,是统治者还是平民百姓,'和谐'应该是人类社会共同的追求。因为向往和谐,历来的战争发动者才遭到人们的谴责。尽管不同的阶层对和谐的含义有着不同的理解。比如中国古代社会统治者所希望的和谐表现为划一的秩序和稳定的社会;一些思想家所论证的和谐是社会主义的协调和公正;而一般民众则将和谐理解为安居乐业,家和无讼。便是,就调解制度所反映的和谐理念来说,无

---

① [美]史蒂文·瓦戈著,梁坤、刑朝国译:《法律与社会》(第9版),中国人民大学出版社2011年版,第208~209页。

② 李浩:《调解归调解,审判归审判:民事审判中的调审分离》,载《中国法学》2013年第3期。

疑契合了人类社会的普遍理想。"①

二、审判程序与调解程序分立设置

审判程序与调解程序分立,意图表达的意思是:调解与审判不再合一程序,调解是调解、审判是审判。如此一来,当事人起诉到法院的案件在解决纠纷程序方面就有两种选择,一是由调解员主持调解;二是由审判员主持审理并作出判决。调解有限分离的基本内容如下。

调解审判合一程序改革后,法院审判权行使方式仍有两种方式:审判和调解。不过,这种改革并不是"换汤不换药"的形式上改革,而是一种实质性变革。一是适用审判程序审理案件的法官,不再像过去调审合一程序结构下,审判与调解在程序运行中可以灵活转换。分立的调审程序中,主持审理的法官不主持调解,主持调解的法官不主持审理;同时,在审判程序里,法官不再负有调解的职责,审判程序与调解程序不再交叉适用,以保持审判程序的"正统性";而在调解程序中,主持调解的法官只能采取有效措施促进当事人合意的形成,不采用辩论程序,不实施审理和行为,程序所追求的目标是形成当事人解决纠纷的合意。

(一)调解先行的程序关系

在诉讼程序中设立两个并行的纠纷解决程序,在为民众提供多元化司法服务的同时,也可能导致程序的复杂化。基于调解与审判两者在原理、原则、程序结构、正当性等诸多方面的差异,两个程序并行独立设计是必然要求。不过在两者适用的关系上需要有一个基本原则,要么调解先行,要么当事人选择适用。

---

① 曾宪义:《关于中国传统调解制度的若干问题研究》,载《中国法学》2009年第4期。

第三章 调审程序分立及其程序结构

当事人选择适用,是本着尊重当事人自愿的原则,毕竟调解是当事人处分权的行使,其正当性来自于当事人的同意(合意)。不过,如若遵循自愿选择适用调解程序这一原则的话,由于调解程序与审判程序分立设置的缘故,一旦案件进入到审判程序,按照诉讼程序设计的理念,程序将向作出正确判决的方向展开。"当事人和法官置于审判程序中时,程序的目的是导向判决,以判决的获得为依归,程序像是一列驰向以判决为终点站的列车。在审判中,法院依据最终作出的判决来解决纠纷,因而其程序的设置以形成对当事人有拘束力的判决为目标。起诉、答辩、举证、质证、辩论、合议、上诉以及对上诉案件的审判,无不以获得生效判决,并保证判决的正确性、合法性为目标。审判监督程序的设立,也是为了事后保证判决的合法性、正确性。"①因此,一旦当事人选择了审判程序而放弃通过调解解决纠纷,从某种意义来讲,中止审判程序而进入调解程序也是不恰当的。这样转换可能存在的问题是:审判程序是以对审为基本的审理结构,当事人往往会通过主张、反驳、辩论等诉讼行为来维护自身的合法权益,当事人之间的对抗性较强。如此可以说基本上就破坏了当事人协商所需要的良好氛围,当事人达成合意增加了不确定因素,此为其一。第二个问题是,在调解程序与审判程序分离之后,审判程序中不再强调调解原则,也不设置调解程序,若要进行调解,则必须中止诉讼程序转为调解程序。如若调解不成,则必然又需要恢复审判程序,导致程序的烦琐和不必要的程序、时间和成本耗费。

从上述分析看,当事人选择了审判程序就应当禁止再变更为调解程序。不过,为鼓励当事人尽可能在程序的早期阶段解决纠纷,在审判程序中应当允许当事人通过协商,以和解的方式解决纠纷。关于和解后的结案形式,是一个值得探讨的问题。在当前我国调审程序合一的程序结构下,立法上所认可的当事人和解的结案方式是撤诉。这一规定是极不妥当的,因为撤诉的法律后果是相当于未起诉,纠纷并未真正得到解决,根据法律规定,当事人撤诉后再次起诉的,在符合法律规定的起诉条件的情

---

① 李浩:《调解归调解,审判归审判:民事审判中的调审分离》,载《中国法学》2013年第3期。

况下,人民法院应当受理,和解撤诉后仍存在再诉之虞。值得肯定的是,最高人民法院出台的关于调解的司法解释中明确规定,当事人和解达成协议申请人民法院制作调解的,人民法院可以制作调解书;当事人申请按照和解协议制作判决书的,不予允许。但是,让人费解的是,在涉外民事诉讼中当事人达成和解协议申请法院依和解协议制作判决书的,则法院可以制作判决书发给当事人。笔者认为,当事人达成和解协议的不应当以调解书或者判决书的形式结案,而应当将和解协议的内容在受诉法院登记备案后即发生法律效力,并具有强制执行的效力。我国传统审判理论认为,无论是诉讼调解(法院调解),还是审理后作出判决,都是法院行使审判权方式及结案方式,将诉讼调解理解为法院行使审判权的方式,且调解书具有与判决书同等的法律效力,这一点不难理解。因为法院调解也好,法院审理判决也罢,都是法院依职权解决纠纷的公法行为,应当赋予其应有的法律效力。但是,当事人和解达成协议过程中并无法院职权的介入,以此赋予与法院职权行为所形成调解协议、判决同等的效力,缺乏理论支撑。因此,对于审判过程中当事人达成和解协议的,法院经审查认为合法的,则予以登记备案即发生法律效力并具有强制执行力,这在性质上类似于司法确认。[①]

纠纷发生诉至法院,即说明当事人之间的"裂痕"已经到了不能自救的地步,从调解程序与审判程序并行设计并由当事人自觉选择,理论上讲,当事人选择调解程序的可能性非常小。如果不通过相关措施加以引导或者采取程序的前置适用,那么诉讼程序一开始就选择调解程序,不过是一种理想。从上文的分析来看,当事人一旦选择审判程序,即不可能再选择调解程序,因而程序设计上,为充分发挥调解在成本、时间上的优势,必须对程序的适用作出强制性规定。

关于调解程序强制适用的范围,人们还是存在争议的。一种观点认为,凡是适宜调解的案件一律强制优先适用调解程序;另一种观点认为,

---

① 2012年修正民事诉讼法时,特别程序增加了民事调解协议的司法确认程序。民事调解协议不能直接制作成法院的调解书或者判决书,因为其不是法院依职权行为所生成的结论。通过司法审查,确认其法律效力并赋予其强制执行的效力。

从尊重当事人主体地位的角度审视，强制适用调解程序有侵害当事人程序利益之虞。笔者对前述两种观点，难持赞同态度。根据诉讼程序自身的特性以及尊重当事人诉讼主体地位的理念，应当将适用调解程序交由法院视情况加以决定，一旦决定便具有强制性。当然，交由法院裁定程序的适用，并不否认当事人自愿选择调解程序，如果当事人自愿选择调解程序解决其纠纷，法院应当予以尊重，除非案件明显不适宜调解的除外。作这样的程序安排，理由是：诉讼程序是国家运营的解决私法纠纷的机制，在程序的管理上应当给予法官更大的职权，这不但是在大陆法国家传统上一直奉行的原则，即使在程序自由理念下的英美国家，也因当事人过度耗费程序导致诉讼迟延、成本增加，使得法官管理程序的思想占据主流，各国的程序改革的趋势都是不断强化法官对程序的控制。程序"管理说"是由法院裁量调解程序、启动程序设计的理论基础。同时，检视我国诉讼程序适用的立法规定，我们会发现，案件诉讼至法院后是适用简易程序审理，还是适用普通程序审理，通常不由当事人决定，而是由法院视案件加以裁量适用，只不过在调审合一的程序结构中，因遵循自愿原则的调解策略，调解程序的适用由当事人决定。新近的程序发展更加尊重当事人程序选择权，对适用简易程序赋予了当事人选择的权利。不过，即使当事人选择了适用简易程序，法院依然享有最终的程序适用决定权。此外，程序法为公法，法院有维护公法秩序之职责。程序之事项的调查，也遵循职权探知主义，不以当事人辩论为基础；当事人对程序利益的处分也受到限制，比如，撤诉尽管为当事人之诉讼权利，但当事人能否实现撤诉的处分效果，得由法院依案件情况作出裁定。

依上述分析，关于诉讼程序运行应当赋予法院的裁量权，并对当事人产生约束。当然，在程序设计上也必须尊重当事人的主体地位，给予当事人在程序上的处分权，即程序选择权，这也是程序民主的必然要求。在调解程序的适用上，若当事人选择了调解程序，原则上法院应当予以尊重。

(二)调解失败后的程序转换

由法院依裁量强制适用调解程序解决纠纷，并不意味着剥夺了当事人接受审判的权利。这里的所谓强制,是一种程序上的强制适用,但能否通过调解促使当事人达成解决纠纷的合意,归根结底还要取决于当事人的意愿。法院应当尊重当事人实体上的处分权,不能强迫当事人达成合意,这是对调解合法性所必须做出的"底线"要求。如此就可能出现进入调解程序的案件未能达成调解协议,而需要进行程序转换的问题。

依调解先行的程序设置以及调解程序与审判程序并行设计的理念,调解程序对后续进行的审判程序应当不存在程序效力影响,当事人在调解程序中未能达成调解协议的情况下而转为审判程序审理时,主持调解的法官(委托调解时的调解员)、当事人双方在调解程序中所实施的任何行为都归于无效,对诉讼不产生任何影响。特别是,调解程序与审判程序交由不同的主体主持,这种阻隔调解程序效力对后续的影响就有了保障。调解先行,能从制度上保障调解与审判程序分离的真正落实,才能使"调解归调解""审判归审判",才能"纯洁"各自的程序机制,避免因程序混用带来法院审判行为"失范"。从这一点来看,与其说调解程序与审判程序是一种并行的程序,倒不如说调解程序在一定意义上是审判程序的前置程序。只有在诉讼程序中设置这种多元化纠纷解决机制,调审分离、接受裁判的权利等理念或者原则才能真正得到落实。

三、调审分离后的审判程序

将调解从审判程序分离出去后,审判程序应当按照既定的目标构建程序规则。在调审合一程序模式下,立法更加重视的是调解,无论是在1991年自愿调解时期,还是在2012年先行调解时期,调解都是优先于判决的审判权运行方式,诉讼程序所追求的目标也就是能最终促使当事人达成合意。调审分离后的审判程序,应当按照判决的法理来构建审判程序。

(一)基本原则体系

审判程序的主要目标是查明事实真相,依法宣示法律规则(依法判决),实现法的正义。因而,审判程序应当遵循的基本原则应当是能够满足和保障这一目标的实现。

1. 诉讼平等原则

诉讼平等原则,是指当事人在诉讼中平等地享有诉讼权利、承担诉讼义务,即诉讼地位的平等。为实现诉讼公正,民事诉讼采当事人平等诉讼、法院中立裁判的对审程序结构,当事人诉讼地位平等是实现诉讼公正的基本保证。进入诉讼后,纠纷利害关系人便成为原告、被告,诉讼外的经济、社会地位在诉讼中便不复存在。

2. 辩论原则

辩论原则的核心是当事人享有辩论的诉讼权利,通过当事人主张、反驳、举证等辩论行为,形成法院裁判的基础。辩论原则的本质是,作为法院裁判的诉讼资料及证据资料原则上只能来自于当事人的辩论,法院自身不得依职权探知。此原则确立了当事人与法院在裁判资料形成方面的诉讼关系,当事人的辩论行为约束法院的裁判基础,以保持法院审判中立、独立的地位。

3. 处分原则

处分原则的立法依据来自于民事纠纷的私法性质,对于私的利益法律尽可能不予干预,任由民事主体在法律允许范围内自由处分。此私法自治精神在诉讼中也应有所体现,法院应予以尊重。处分原则的核心是当事人享有的处分权,包括对程序权利和实体权利的处分。处分原则的实质,是在权利处置方面对法院形成约束,法院不得超越当事人之请求事项作出裁判。

4. 诚实信用原则

诚实信用原则,是指诉讼主体在诉讼中应当本着诚实、善意实施诉讼行为。诚实信用原则对当事人的要求是,不实施相互矛盾的行为、不以不当行为获取有利于自己的诉讼地位、不滥用诉讼权利;对于法院的要求是,平等对待双方当事人、不滥用自由裁量权、尊重当事人的主体地位。

诉讼平等原则构建当事人之间平等的诉讼地位,辩论原则调整法院与当事人在裁判资料形成方面关系,处分原则协调法院与当事人在权利处置方面的关系,而诚实信用原则则是一种平衡装置,避免因辩论原则和处分原则调整下的法院与当事人关系偏离诉讼的目标或者有碍诉讼公正的实质实现,以矫正过于形式化的法院与当事人诉讼关系。辩论原则、处分原则、诚实信用原则,彰显了当事人的主体性,并对审判权的行使构成约束。以上四原则是构建诉讼中当事人之间、当事人与法院之间诉讼关系的根本性原则,并以此作为诉讼制度、具体原则和规则制定的依据。

(二)对审的程序结构

审判程序的基本结构是一种对审结构,通过主张、辩论、判断的认知模式来认定案件事实。对审结构有助于案件事实的发现,所谓"真理越辩越明"。综观世界各国审判程序构造,无论是英美法国家,还是大陆法国家,均采取对审的程序结构,这种程序结构具有天生的优势:程序角色安排所具有的竞争性(主张、辩论)会使当事人尽最大努力去寻找支持自己主张和反驳对方主张的材料,通过法院中立性的裁判地位充分保障当事人这种对抗行为,以最大程度上集聚裁判所需资料。因而,对审的程序结构所带来的对抗性诉讼氛围,难以"包容"当事人双方"友好协商"非辩论行为,自然而然也会自动排斥合意在审判程序的生成。当然,这并不排除通过设置诱导和激励机制,使得当事人双方"放弃争议""寻求共赢"而选择合意解决纠纷。

(三)构建安定、可预测的诉讼程序

审判程序不同于调解程序的另一个重要特征是,审判程序拒绝程序的"往复性",业已经过的程序将被逐一打上"封条",原则上不可逆转。"程序一方面可以限制行政官吏的裁量权,维持法的稳定性,另一方面却容许选择的自由,使法律系统具有更大的可塑性和适应能力。换言之,程

序具有开放的结构和紧缩的过程;随着程序的展开,参加者越来越受到'程序上的过去'的拘束,而制度化的契机也由此形成。"①在审判程序中,程序的经过是会产生法律效力的,对法院、当事人及其他诉讼主体均会产生约束。相反,在调解程序中,程序可以被反复地利用,程序的经过并不具有何种法律意义。审判程序是一种从"开放"到"收敛"的过程,之所以要对程序赋予相应的效力,目的是要使诉讼程序具有安定性和可预测性。在程序开始之初,当事人享有广泛的诉讼权利、有多种选择机会,但随着程序的推移,由于程序的不可逆转性,当事人的选择机会越来越少直至"没有选择余地"。此时,由程序所带来的结果也逐渐清晰而变得可以预测,当事人也更加信赖程序所带来的结果的正当性。

如若想达到上述程序效果,就必须对当事人的权利进行必要的限制,即引入"失权制裁"规则,此也为当事人诉讼促进法理所使然。反观我国当下审判程序,当事人大多数诉讼权利的行使似乎并不受时间限制,比如当事人提出诉讼请求的权利,按现行规则当事人可以在一审庭审终结前的任何阶段提出;如果一审未提出,在上诉庭审程序中仍有提出新的权利主张之机会。再比如说撤诉,原审原告可以在一审中撤回起诉,也可以在二审中撤回起诉,甚至在再审程序也可以撤回起诉。当事人诉讼权利行使是无止境的,诉讼程序也将是"无穷无尽"进行下去。这不但增加诉讼成本、迟延纠纷的解决;同时,也使得诉讼程序"杂乱无章"而变得使人无法信任,裁判结果的正当性就会大受质疑。

程序安定与可预测性还有一个重要的制度价值,就是有利于当事人解决纠纷合意的生成。原本采对审结构的审判程序,强化了当事人对抗的程序角色,"破坏"了合意生成的氛围。不过,即便如此,达成合意也不是完全没有机会。审判程序的严格性生成的副产品是成本高、效率低,在满足程序安定而对诉讼结果具有可预测性的前提下,再辅以相应措施,合意解决纠纷还是可以期待的。美国的诉讼实践即已有力地证明了在审判程序中合意生成的概率有多大,据资料介绍,在美国民事审判中最终进入庭审并作出判决的案件不超过5%,这就意味着大量的案件是在庭前即

---

① 季卫东:《法治秩序的构建》,中国政法大学出版社1999年版,第11页。

达成了和解协议,了结了纠纷。当然,我国审判程序与美国审判程序的可比性较低,但这也足以说明,程序的安定与结果的可预测性有利于纠纷的解决。

(四)完善的判决结果归责体系

毋庸讳言,审判程序一方面是查明事实真相、宣示法律的规则体系,同时也是使裁判结果正当化的责任分担机制。在法院与当事人两面诉讼关系中,如前所述,为保证裁判的中立性、当事人的主体性,无论是权利主张,还是裁判资料,尽由当事人主导,法院受当事人行为的约束,不得超越。与此同时,能否揭示案件事实,能否得到有利于自己的裁判结果,与当事人在诉讼中的"努力"密不可分。因此,在权利与责任相统一的法律体系中,当事人拥有了主导诉讼的权利或者可以说裁判结果是当事人诉讼行为的"产物",因而也就对该裁判结果的正确性、正当性负有应有的责任。与当事人的努力密切关联的裁判结果,在某种意义上也可以说是当事人双方通过辩论式的交互行为推导出的结果,更容易为当事人双方所接受,因而也就具有了获得正当性的基础。诉讼程序既是一个角色分派体系,也是一个归责体系。"处于平等地位的个人参加决定过程,发挥各自的角色作用,具有充分而对等的自由发言的机会,从而使决定更加集思广益、更容易获得人们的共鸣和支持。这样的程序使个人既有选择的自由,同时也为自己的行为负责。"[①]

四、调审分离后的调解程序

将调解从审判程序中独立出来,是为了更好地发挥调解在解决纠纷方面的独特优势,也是为了构建适宜调解的程序规则。调解程序独立后,

---

① 季卫东:《法治秩序的构建》,中国政法大学出版社1999年版,第51页。

调解分为两种模式:一是由法院主持的调解;二是由附设法院的机构调解,也称为委托调解。调审分离后,调解程序的启动以法院裁量适用为原则,不适宜调解的案件直接进入审判程序。在调解程序的构建方面,应当体现灵活性、自主性、激励性等特点,着眼于鼓励当事人为维持将来之正常关系积极进行沟通和协商,并就此能够形成合意。调解不仅是纠纷解决方法的选择,在选择了调解的同时也重构了价值判断的标准,调解不再以法的正义实现为唯一价值基准,其价值判断标准具有多样性,较审判相比是一个更为复杂的纠纷解决过程(选择的复杂性)。"固然不能忽视法律在调解中的重要位置,不仅'合法'是民诉法所强调的调解基本原则,而且实体法规定在调解实践中起到了评判基准或主要策略手段的作用。但是,在调解过程中参与主体对人情、常理、政策、行规、风俗、惯例等社会规范资源的策略性运用,极大地克服了解纠标准单一、僵硬(裁量权受到规则的严格限定,并只在法解释允许的范围内存在)所造成的缺陷,从而在相当程度上避免了因法制不完善,司法权有限,社会'法化'程度不足引起的困境。"①

(一)裁量适用调解

从我国司法调解制度的发展历史来看,经历了以"调解为主""着重调解""自愿调解""先行调解"几个发展阶段,但总体上看,无论立法上还是实践中如何强调调解,我国调解制度始终坚持自愿调解的原则。自愿调解原则包含两层意思:一是程序上的自愿,即适用调解方式解决纠纷是经过当事人同意的。调解程序的启动有两种方式,当事人申请调解,或是法院经征求当事人同意后启动。二是实体上的自愿,即经调解最终达成的调解协议是当事人自愿或同意的。依据实务经验,经调解双方达成调解协议的方式有两种形式,一是在法院的主持下,当事人双方经友好协商形成了解决纠纷的合意;二是法院提供参考的纠纷解决方案后,当事人同意接受。

---

① 陈杭平:《社会转型、法制化与法院调解》,载《法制与社会发展》2010 年第 2 期。

在我国当前调审合一的程序结构下,调解被动员的主要激励因素不是来自发生纠纷的当事人,而是审判案件的法院。从我国诉讼调解发展的历史来看,法院一直是调解的主导者和推动者,诉讼调解程序的利用及调解率的高低,在很大程度上取决于法院对解决纠纷方式选择的偏好(当然,这种偏好受多方面因素的影响,既有法官专业能力方面的因素,也有案件类型的因素,更为主要的是受司法政策的引导)。因此,在诉讼调解中如果忽略了法院这一主要因素,当事人合意解决纠纷即缺少了重要的外部动力。特别是我国诉讼调解程序采取了双方同意的自愿启动模式,任何一方不愿意通过调解来解决纠纷,诉讼调解便无法实施,这是调审合一程序结构下调解程序启动模式的一种必然选择。主要原因是,我国调审不仅程序合一,而且调解与审判的法官也合二为一,如若不采取当事人自愿调解的程序启动模式,那么对同一案件享有裁判权的同一审判组织,就极有可能在违背自愿的情况下强制启动调解程序,而损害当事人接受审判的权利,特别是还可能因调解的不可上诉性而使当事人失去审级利益。从域外各国家和地区 ADR 实践来看,为克服法院审判周期长、成本高所引发的"司法危机",当事人合意解决纠纷的方式受到了极大的重视和推崇,甚至出现了调解程序前置的"强制调解"模式,即使案件进入诉讼程序,法官也负有促进当事人和解之职责。

从调解法理分析,实体上的自愿是调解的本质。在私法领域,民事主体地位平等,任何一方不得强制另一方为一定的民事行为。同理,在诉讼中任何一方当事人不得强制对方达成解决纠纷的协议,即使在法院主持下法院也不得利用职权迫使当事人接受其提出的调解方案。但是关于调解程序的选择或者适用,则应当有所不同。在非讼调解场合下,调解程序的启动显然得依当事人申请。而在诉讼的场合则可有不同的规则,毕竟诉讼在程序上是带有一定强制性的公权力解决纠纷的场合。正如上文所述,进入诉讼的程序适用原则上依法院职权确定之,调解程序与审判程序均为法院为当事人提供的一种司法服务,对该程序的适用如同对简易程序或普通程序的适用,法院享有依实际酌定裁量的权力。

从本质上讲,调解程序由法院裁量强制适用并不违背对当事人的程序保障原则。尽管在调解程序适用方面采取了强制启动原则,但信守在实体拒绝即可以进入审判的理念,并不损害当事人接受审判并受程序保障的权利。着眼于追求低成本、高效率的纠纷解决,调解在成本和时间两个维度上比判决更加具有优势。自20世纪80年代法院附设ADR兴起后,各国普遍重视在诉讼中对调解程序的利用,甚至出现了强制调解的立法,比如德国《民事诉讼施行法》第15a条规定,对符合法定标准的所有案件都要实施强制调解;而有的国家则将强制调解的裁量权交予法官,如澳大利亚、加拿大等国家。由此可见,调解的自愿与调解的强制,并不是适用调解程序解决纠纷的关键因素,而是能否保证进入调解程序的当事人有诚意地进行调解才是问题的关键。"自从20世纪80年代开始,对强制性调解的作用的讨论开始兴起,在没有当事人同意的情况下能否有效地适用调解程序,这在大多数国家不再被视为有争议的问题。"①在英国甚至对无理拒绝适用调解程序的当事人,可以采取诉讼费用惩罚之规则。"诉讼费用的处罚措施应适用于当事人无正当理由而拒绝调解的情形。败诉方在要求法院对胜诉方适用诉讼费用罚则时,应该承担举证责任,证明胜诉方不合理地拒绝接受调解。"②

其实,因遵从调解程序启动自愿原则,其在司法实践中也是调解程序的启动难点所在。因为双方当事人都不愿意率先认可法院适用调解程序,避免给裁判者留下"理亏"的印象,即使想与对方调解也只好假装诉讼有理并有胜诉的信心。"现在的问题是,也许是出于诉讼策略的考虑,无论是当事人还是他们的代理人,在激烈对抗的诉讼中都不愿意主动提出调解,甚至还会做出他们不接受调解的暗示——因为接受调解往往会被视为是一种弱势的表现。然而,法官径行调解的话,当事人双方还是愿意的。"③

除此之外,可建立基于案件类型化的"强制调解程序",包括家事案

---

① [澳]娜嘉·亚历山大主编,王福华等译:《全球调解趋势》(第2版),中国法制出版社2011年版,第5~6页。
② 沈芹宇:《英国调解中的诉讼费用罚则》,载《人民法院报》2010年3月26日,第8版。
③ [澳]娜嘉·亚历山大主编,王福华等译:《全球调解趋势》(第2版),中国法制出版社2011年版,第37页。

件、有长期合作关系的案件(如合伙关系等),这主要是考虑调解更注重纠纷当事人未来关系的构建。对于调解程序的启动,一种是由法官依职权载量,即对特定类型案件采取强制调解的制度设计;另一种模式是由当事人申请。调解可考虑先于审判进行的程序,调解时间前移具有缓和当事人"争斗情绪"的程序阶段优势,全因诉讼程序采"主张—辩论—判断"这一具有对抗性质的对审程序结构,随着程序的推移,当事人的情绪会因这种对抗性诉讼证明活动产生"对立"情绪,增加了调解中双方协商的难度。"民事诉讼法规定,法官可以在诉讼程序中的任何阶段进行调解。事实上,法官会尽可能抓住开庭之前的时机进行调解。法官的经验是,如果先开庭后调解,当事人都选择调解的可能性以及调解的成功率都会降低。一位法官说:现在调解不像以前那样有效果了——现在强调开庭,有的案件在立案时就排期开庭,法庭调查结束后才开始调解,这个调解成功率就低了。任何有理的一方,或者庭开下来占上风的一方不会同意调解。(诉讼法)强调'在查清事实的基础上进行调解',实际上这样效果不好。调解主要是从情理上进行(劝说)。有些事情不需要说出来,也不要(把案件事实合部)查明,法院就能把纠纷解决掉。"①

(二)调解程序的结构

审判程序的原则,是以查清案件事实、分清责任是非、正确适用法律作出公正的判决为目标。程序结构安排上,必须以能最大化发现案件事实为归宿,同时要考虑到维持法院中立裁判者的地位,要考虑到当事人程序责任等。因此,世界各国的审判程序均以对审为程序构造,当事人保持平等的诉讼地位、法院居中裁判,并以"当事人诉讼权利平等原则""辩论原则""处分权原则""诚实信用原则"来维系这一程序结构。审判程序对审程序构造的优势在于,通过双方当事人"对审"的程序结构形成双方"竞争"的诉讼格局,激发当事人双方诉讼的积极性,如若再辅以相应的保障制度(比如失权制度),对审的程序结构能够最大限度地积累裁判资料,以

---

① 吴英姿:《法院调解的"复兴"与未来》,载《法制与社会发展》2007年第3期。

实现审判程序的目标。但是,上述为实现审判程序目标的对审程序结构,在调解程序中并不具有意义。特别是,如果调解程序设置为对审的程序结构,这不但无助于调解合意的形成,甚至可能由于这种"针锋相对"的对审辩论程序更会激化当事人双方对立的情绪,调解所需要之"和谐氛围"遭到破坏,当事人难以"心平气和"地进行沟通,更不用说达成调解合意。就此而言,调解的程序结构应当与审判的程序结构有本质的不同。

1. 调解的模糊性程序结构

所谓"模糊性程序结构",是指因调解程序是一种讨论、协商程序,而无须明确界定双方程序权利与义务关系的一种程序结构。区别于审判"非黑即白"的事实判断,基于调解的本质而采取"模糊性司法"的策略。调解程序应当采模糊性程序结构,其构建依据是方便当事人行使处分权,便于当事人双方的讨论、协商,体现了调解的非严格的规范性和灵活性。在调解中,当事人双方往往会对某一争议问题进行反复磋商,以消除分歧、达成共识。如此一来,程序的反复性不可避免。如果采取审判程序的顺序性、不可逆转性的程序设计,那么调解活动将不可能有效展开。

调解程序的目标是形成解决纠纷的合意而非查明事实依法作出判决,因而调解程序不需要"主张、证明、认定"这样一种程序构造。那么,在调解程序中规范双方当事人之间的程序权利义务关系,就显得意义不大。由于作为调解程序主持人的法院或者调解人的作用,仅仅是促进双方合意的形成,其拥有调解程序的相关管理权限之外,在调解的实质内容上仅仅是双方形成合意的推动者和见证者。因此,在调解者与当事人这一面关系上,只要限制其对合意形成的不当干预即已足矣。因而,调解程序结构应当具有模糊性,程序自身的运行也不产生相应的程序约束效力。具体而言:

2. 采双方平等、调解者中立的程序结构

审判程序的"对审"程序结构明显不适宜调解程序,为构建利于讨论、协商的调解合意形成机制,在调解程序上不宜采严格证明的对审程序构造。特别是,如果调解程序设置为对审的程序结构,这不但无助于调解合意的形成,反而还可能激化矛盾,当事人难以达成合意。这就意味着,在调解程序中当事人程序权利与义务可以采取模糊性规定,因为调解是以当事人处分权为基础,因而,更多的是授权性规定且与实体权利义务密切关联。不过,在当事人之间的程序关系上,应当特别强调的是程序的平等性,禁止任何一方当事人强加自己的意志于对方。在调解者与当事人之关系方面,由于调解者并不对当事人之间争议的事实进行判断,也不适用法律作出判决,其仅仅是一个调解合意的促进者和引导者,因此,对这一层面关系的规范,一是构建调解者的中立地位,二是禁止调解者依职权的强制合意,即调解合意的形成应当遵循自愿原则。

(三)程序的经过不具有拘束力和"扩张性"

与追求具有可预测性而需要程序具有约束性效力以维护程序安定的审判程序不同,调解程序的模糊性程序结构,以及以当事人处分权为基础,使得调解结果具有多样性而无法预测。基于调解过程是讨论、协商的特质,调解程序不宜程式化或者形式化,调解程序实施也不应当赋予其对调解者、双方当事人的约束力,可以反复进行。从程序管理的角度来看,作为调解者应当拥有调解程序的控制权,由其决定调解程序的开启、调解方式的选择、调解程序的进行等。对调解程序展开的安排,因不涉及对当事人程序利益的损害,也无须给予当事人程序救济的权利。一言以蔽之,调解程序是一个更重视实体的程序,程序运行的目标明确而且具体,即促使当事人达成调解合意。

由于调解程序非严格的诉讼程序,程序表现出散漫性和随意性,这些程序特点都是有利于当事人合意的形成。如前所述,为了创造更加可靠的合意形成机制,当事人在调解程序中所实施的行为,在调解失败而进入其他程序时便归于无效,对当事人在其他程序的行为不产生任何拘束力。当事人在调解程序中所实施行为的效力的限制性规定,阻隔了其效力向审判程序扩张或者对审判程序产生影响,使得调解程序更加安全、可靠和具有独立性。这是我们在构建调解程序规则时,必须重视和坚持的原则。

(四)多元化的调解模式

强制调解的适用,解决了调解程序启动上可能遭遇的尴尬,为想利用调解程序而又担心被看作"示弱"的当事人解除了启动程序上的"烦恼"。从为民众提供多元化的司法服务,以及减轻法院案件处理的工作压力和消除积案的角度思考,在法院强制适用调解程序后,仍有两种调解模式可供选择,一是法院调解,二是委托调解组织调解。

调解与审判分离后的法院调解,我们仍将其视为法院审判权的运行方式,调解达成协议后制作调解书送达双方当事人后生效,生效的调解书具有与判决书同等的法律效力。所不同的是,调审分离下的调解主持人不再由主持本案审理的法官担任,不但是实现程序上的分离,更重要的是调审主体的分离。调解程序与审判程序主体分离的意义在于:(1)在调审合一的程序结构下,调解法官即是审判法官,当事人会对调解缺乏信任感,因而缺少参与调解的热情和诚意,因毕竟调解不成法院会"及时判决",且程序已经走到了仅差作出判决这一步,调解与否并不具有太大的吸引力。和解失败后会进入由原来的调解作为审判者进行的诉讼听审,这种情况很可能使得当事人不愿意进行充分和坦诚的讨论,而这又是调解程序不可缺少的组成部分。而在两种程序分离的情况下,由于调解程序前置且采取"模糊性司法策略",当事人会更加积极参与调解程序,以期能尽早解决纠纷。(2)在调解中因要达成协议,往往存在一方当事人对另一方当事人的事实主张、权利要求予以认可的场合,也会基于达成协议的考虑作出某些让步。在调解失败进入审判程序后,这些在调解程序中所作的认可、让步等都不得被使用或者不得作为对当事人不利的证据使用,这即所谓的调解豁免原则。但如若在调解与审判合一主体的情况下,审判者即是调解者,调解豁免原则的适用就会大打折扣,甚至可能出现不利于一方当事人的程序后果。调审主体分离后,就可以完全杜绝调解程序的程序结果,流入或者影响审判程序。这就从另一个侧面保障当事人能够在调解程序中与对方当事人充分、坦诚地参与讨论,协商纠纷解决方案。

在法院主持的调解程序中有一个值得讨论的问题,就是法官是否有责任促成当事人按照法律上的正确解决达成合意?这在域外大陆法国家对法官调解有着不同的实践要求。"法官促成和解的活动必定与司法的总体目标相一致,亦即他要为当事人找到法律上的解决方案。因此,即使是在发挥促成和解作用,大陆法官仍被要求引导当事人向与相关法律规定一致的解决方案靠拢。"①笔者认为,这一要求显然与调解的本质相悖。从我国传统上法院调解来看,并不要求法官的调解要实现法律上的正确解决,而是根据案件的实际情况"灵活处理",调解结果可能与判决结果存在相当大的差异。特别是,我国法院调解实践允许当事人超越本案请求的范围进行调解,更加说明了法院调解是结合实际的一种纠纷解决机制,并不要求实现法律框架内司法的既定目标。本书所持观点与我国传统调解实践相一致,以区别调解程序与审判程序所追求目标的差异。审判程序看重的是"过去"发生了什么,通过审判恢复原有的法的秩序;而调解则注重的是"将来"是怎么样的,通过调解形成当事人之间新的法律关系。因此,法院调解中我们必须重视调解区别于审判的灵活性、当事人自治性,切合实际地解决纠纷,这与调解组织主持的调解并无本质区别。

诉讼调解的另一种方式是委托调解,所谓委托调解,"是指国家、地方政府和司法机关(交付机关)通过立法、行政法规和司法委任行为等方式(交付)特定组织机构或个人承担调解工作,并与委托机关的既有权限或法律程序形成一定的衔接"②。委托调解是一种授权调解,其区别于一般的非诉调解的是,委托调解具有"司法性"。"如果将委托调解理解为委托代理关系,那么,司法机关委托其他主体进行调解,调解组织或调解人代行的是一种司法或准司法行为,其后果应由司法机关承担,而委托调解亦应属于诉讼调解的一种形式。"③委托调解并不是我国的发明或者调解实践的产物,其在国外早已有之。在加拿大的法院附设调解中就具有两种

---

① [澳]娜嘉·亚历山大主编,王福华等译:《全球调解趋势》(第2版),中国法制出版社2011年版,第21页。
② 范愉:《委托调解比较研究——兼论先行调解》,载《清华法学》2013年第3期。
③ 范愉:《委托调解比较研究——兼论先行调解》,载《清华法学》2013年第3期。

模式,一种是法院主持的调解;另一种是法院将裁定强制调解的案件交由法院以外的调解组织来调解,这与我国法院的委托并无不同。不过,在域外大陆法国家区别法院调解与非讼调解员调解,法官调解应当尽可能引导当事人向与相关法律规定一致的解决方案靠拢,而非法官的调解员应当鼓励当事人考虑以非法律规则作为和解的基础。进入诉讼后法院委托之调解,其性质仍为法院调解,是法院调解的一种特殊表现形式。非调解组织经法院委托授权后主持当事人调解,就如同法院调解一样,具有司法性质。在调解达成协议后,法院应当制作调解书送达双方当事人,生效调解书具有同生效判决相同的法律效力。法院委托调解,增加了调解主体的选择余地,同时也可以减轻法院的办案压力,发挥非讼调解主体在解决民事纠纷方面的积极作用。法院委托调解的常态,是委托人民调解委员会设在法院的调解窗口,当然也可以委托其他调解委员会进行调解。

(五)调解的方式

按照传统的观点,诉讼调解是在法院或者调解主体主持下双方当事人友好协商,就实体争议达成了协议。这一观点,契合了我国调审合一的程序结构,调解与审判交替进行。然而,法院主持下双方协商的程序结构可能并不是一个好的调解程序构造。为避免当事人当面协商可能陷入"谁是谁非"之争论,调解者将双方适当地分离进行调和,即采取背靠背的调解模式,可能会有意想不到的效果。"在当事人之间感情上强烈对立的案件中,可以不通过双方同时出席的方式,而是用轮流见面的方法来推动程序的进行。"[①]从调解讨论、协商可能的方式来看,调解大致有两种模式。

1. 面对面的调解

面对面的调解,是调解合意形成的基本模式,也应当是一种原则规定。我国民事诉讼法所确定的调解模式,作为一项原则规定,调解必须是

---

① [日]小岛武司、伊藤真编,丁婕译:《诉讼外纠纷解决法》,中国政法大学出版社2005年版,第9页。

面对面的,当然这也是因为调解与审判合一程序的结构所使然。面对面调解模式具有以下优势:一是可以直观、现实地了解双方的诉求,避免通过第三方传递而产生误解;二是讨论、沟通的直接性。双方通过面对面的方式,能够直接讨论、沟通,在信息传递过程中不会产生"衰减"而避免导致不真实或者不符合当事人的真实意图的现象;三是面对面调解,能够给当事人信任感。调解者、双方当事人同时在场调解,使三方能够全面掌握调解的信息,不可能产生调解者隐匿案件信息的情况。这也是调解能够获得正当性的程序保障,也容易使当事人信任调解合意是双方的真实意思的表达;四是面对面调解便于法院对调解程序的管理,提高调解程序的效率。在调解过程,调解者可以直接了解双方的态度、利益分歧的焦点所在、达成合意的可能性等,便于对调解程序作出有效的管理。对于调解合意无希望的,可以及时终结调解程序,转入审判程序。

2. 背靠背的调解

按照传统的观点,诉讼调解是在法院主持下双方当事人友好协商,就实体争议达成了协议。这一观点,契合了我国调审合一的程序结构,调解与审判交替进行。然而,面对面的调解可能存在的一个主要问题是,由于纠纷的发生已经使得双方的关系趋于"紧张",或者因利益主张分歧过大,难以有效交换意见和进行沟通,法院主持下双方协商的程序结构可能并不是一个好的调解程序构造。为避免当事人当面协商可能陷入"谁是谁非"之争论,调解者将双方适当地分离进行调和,即采取背靠背的调解模式,可能会有意想不到的效果。"在当事人之间感情上强烈对立的案件中,可以不通过双方同时出席的方式,而是用轮流见面的方法来推动程序的进行。"① 背靠背调解模式的优势在于,其避免了当事人直接见面可能产生情绪对立,导致调解程序无法展开。"相对于双方当事人都在场的'面对面'调解,法官更喜欢用'背靠背'的调解方法。通过分别对当事人'做工作',设法在(调解的)第一阶段让当事人产生'调解比判决好'的念头。通过背靠背的调解,法官在帮助双方沟通信息时,并非将所有的信息

---

① [日]小岛武司、伊藤真编,丁婕译:《诉讼外纠纷解决法》,中国政法大学出版社2005年版,第9页。

都传递给双方,而是传递甚至夸张有利于促进和解的信息,隐瞒不利于和解的信息。"①在这种模式中,调解者分别了解双方各自的权利诉求、合意的"底线",将调解信息向双方传递并做说服工作。但是,背靠背模式存在的问题也是应当引起高度重视:一是调解信息在传递过程中有意或者无意的"减损",可能偏离当事人的真实意思;二是调解的信任危机。由于双方并不面对面讨论交换意见,协商调解方案,对调解者传递的对方的调解意思可能产生怀疑,因而也就可能产生调解的合法性和正当性问题。"毫无疑问,'背靠背'调解方式的确立,目的显然在于避免特殊情形下因双方当事人都在场的'面对面'调解所带来的'唐突'与'不便',故而需要以一种较为'委婉'的方式来促进调解协议的达成。就此而言,这一新的方式体现出了法院调解的灵活性。但我们认为,为了真正体现与落实当事人自愿原则,在进行'背靠背'的调解时,调解法官及受托调解人一定要将各方当事人的真实意愿和主张完全'不失真'地传递给对方,万万不能为了达到调解目的而不择手段地'连哄带骗'。总之,不论是'面对面'的调解还是'背靠背'的调解,都应当合法、诚信地进行。"②

(六)调解合意的生成方式

作为一项程序原则,调解合意的形成应当是当事人真实意思的表达,即调解应当遵循自愿原则。与判决的强制性不同,调解的根基在于当事人处分权的行使,是否行使以及怎样行使,应当得到对方当事人和调解人的尊重。最高人民法院发布的《人民法院调解规定》第8条即明确了这两种合意形成的方式。"当事人可以自行提出调解方案,主持调解的人员也可以提出调解方案供当事人协商时参考。"据此,调解合意的形成方式有两种:一是当事人双方在调解人主持下达成合意。双方协商达成合意的方式,是调解合意形成的基本方式。当事人自己是自身利益最大化的最佳判断者,当事人常常会通过综合评估各种有利无利因素,寻找双方都能

---

① 吴英姿:《法院调解的"复兴"与未来》,载《法制与社会发展》2007年第3期。
② 赵钢、王杏飞:《我国法院调解制度的新发展》,载《法学评论》2005年第6期。

接受的最佳方案。"这是因为,作为冲突主体,当事人往往是自己最佳利益状态的判断者,他们通常最清楚案件事实的真相,更容易认清各方彼此间争议的焦点和利害关系之所在。在自愿的基础上和较为宽松的条件下,各方当事人经权衡利弊后所提出的调解方案以及在此基础上所达成的调解协议,往往更符合各方当事人利益最优化的诉求,也更容易得到当事人的'虔诚'信守和自动履行"。① 二是调解人根据案件实际情况,为当事人提供和解方案,经双方同意。在利益分歧比较大的情况下,双方很难自行协商达成共识。此时,调解人的作用不可小视,一方面调解人通过丰富的调解技巧,引导当事人双方向合意靠拢;另一方面,调解人可以有理有据地提供和解方案供当事人双方选择。

通过上述分析,为提升调解合意的形成,笔者认为:我国民事诉讼程序应当提供调解、和解和裁判多轨纠纷解决机制,但要实行调解与审判分离的程序设置;诉讼调解程序应注意当事人合意诱导机制的构建,可以从利益获取和成本耗费两个方面着手;应当赋予调解者更多视情况"灵活处置"的权力,调解程序的设计可以以原则性规定为主要特征,程序的具体运行安排交给调解者灵活把握,不拘泥于程序的形式化;充分尊重当事人的主体地位,给予当事人较审判程序更为宽泛实体处分权,保障纠纷双方当事人对未来相互关系的妥当安排。

---

① 赵钢、王杏飞:《我国法院调解制度的新发展》,载《法学评论》2005年第6期。

第四章
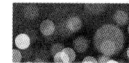审判程序对调解合意生成的引导

实践表明,强化审判程序裁判结果的预测功能,有助于当事人达成解决纠纷的合意。在域外的司法实务中,也有为增强审判可预期性的所谓"试验性审判"促进和解的实践活动。该实践的内容是,对当事人起诉至法院的案件在审理之前,聘请退休法官或者职业律师主持试验性审判,模拟审判的结果,提高当事人对随之进行的正式审判结果的可预测性,其实践结果是大大促进了当事人解决纠纷合意的形成。日本调解实践中曾提出,聘请由退休法官主持审理的试验性审判,促进当事人对未来可能诉讼结果的预测,有利于和解的形成。① 审判的预测功能,可以从两个方面制度构建来加以实现:一是审判程序的预测功能;二是案例指导制度的指引功能。

一、审判程序预测功能对合意生成的引导

审判程序的预测功能,是指当审判程序进行到一定程序阶段,当事人对案件审理可能作出怎样的判决结果,基于已经形成的裁判资料能够作

---

① [日]小岛武司、伊藤真编,丁婕译:《诉讼外纠纷解决法》,中国政法大学出版社2005年版,第13页。

出一个"大致的预判"。之所以当事人或者代理律师能够对审判结果作出预测，其原理是在法律的框架下基于已经形成并对当事人双方均公开的裁判资料，一个理性人依据对法律的理解，以及常识、常理、常情所能完成的一个基本判断。审判程序若要具有预测功能需要满足两个条件：一是裁判资料在审判程序进行到一定阶段必须能够被固化；二是所有裁判资料对当事人是公开的。下文将重点讨论如何能够使裁判资料得以固定，以及审判公开的内涵。

审判程序的预测功能，具有积极的意义：一是能够积极影响当事人的行为选择，促进当事人合意解决纠纷。由于裁判资料在审判程序进行到一定阶段（通常是开庭审理前）得以固定（后续程序不会有新的诉讼主张提出，也不会有新证据提出），当事人有条件对法院可能作出的裁判结果作出一个大致的预测，在这种情况下，可能败诉一方当事人若仍然坚持推进程序，那么其面临的不仅仅是败诉和时间的耗费，同时还可能因此付出更多的费用，这些费用主要包括当事人利用司法服务的程序耗费费用（包括已经向法院缴纳的和将要缴纳的费用）、后续程序中证人和鉴定人出庭的花费、自己参加诉讼可能的花费，在采取败诉方承担律师费的国家还将面临承担对方律师费用等。可以说，巨大的费用开支可能会对当事人的行为选择产生深刻影响。二是，审判程序的预测功能有助于当事人接受法院所作出之裁判。由于审判程序的可预测性，能够使当事人对法院所作裁判产生认同感，自然也就更容易接受该裁判结果，这是法院裁判获得正当性的最为重要的一面。

（一）我国审判程序检视

我国审判程序大致分为三个程序阶段，起诉受理阶段、审理前的准备阶段和开庭审理阶段。除此之外，程序上还采取了调解程序与审判程序合一程序设置的结构。分析我国审判程序的内在结构及规则，可以总结出以下几个方面的特点：

第一个特点是，程序倾向于调解型的程序结构。依诉讼法理，审判程序是为法院能够在程序的最终阶段作出本案判决的目标展开，因而一切

第四章 审判程序对调解合意生成的引导

程序规则都要围绕这一目标加以斟酌、合理安排。但由于我国民事诉讼程序历来重视调解的因素,导致审判程序的目标模糊,甚至于整个程序的推进更像是朝着能够促成当事人合意的方向展开。2012年我国第二次修正民事诉讼法后,我国审判程序就形成了三个调解阶段:立案调解、庭前调解和庭审调解。审判程序体现较强的调解特征,很明显程序是围绕获得当事人合意而展开的。

第二个特点是,程序的反复性特征较为突出,这主要体现在两个方面。一是对程序性要件的审查与审理重复进行。因为我国立法关于当事人的起诉条件中,涉及许多程序性要件即诉讼要件,在起诉受理阶段法院必然要进行审查,而进入审理程序后仍允许未参与起诉受理阶段的被告对这些程序要件再行争议,因而,这些在起诉受理程序已经审查过的程序要件,因被告的争议又不得不重新审理。比如,受法院主管和受诉法院管辖权的问题、当事人能力的问题,再如是否存在仲裁协议的问题等。二是我国审判程序因采取了调审合一程序结构,那就不可避免地会因调解反复进行而导致审判程序反复。

第三个特点是,我国审判程序欠缺法律效力。所谓程序的法律效力,即无论是当事人或者法院对于已经实施的诉讼行为、经过的审理程序,必须对当事人及法院产生约束力,不得随意推翻重来。

以上是就我国审判程序总体上表现出来特征的概括,下面对现行审判程序的各个程序阶段存在的问题进行剖析。

1. 调审合一程序结构模糊了审判规则

在审判程序的三个程序阶段法院均可实施调解,审判行为与调解行为随时任意转换,这样可能导致模糊程序规则的消极后果。在调解与审判交叉进行的程序结构中,立法上很难根据一种程序的法理来构建程序规则。比如,审判程序要求程序具有安定性和可预测性,这就必然会对已经经过的程序赋予效力,不得推倒重复进行;而调解的核心是当事人双方合意的形成,必须用尽各种措施和方法力促双方向合意靠拢,程序的反复不是问题也是为达成合意所必需的,调解本身就是反复磋商的过程,程序的反复是其所具有的特点。

那么,在审判与调解可以任意交叉变换适用的程序中,为适应两种解决纠纷方式随时转换的程序要求,我们能想到的程序最大公约数便是不对程序设定必要的效力。这在我国民事诉讼法中已经体现得比较充分,比如当事人可以在庭前增加、变更诉讼请求,提出反诉;也可以在开庭审理中增加、变更诉讼请求,提出反诉;还可以在上诉审理程序中增加、变更诉讼请求,提出反诉。当事人实施的这些诉讼行为,必然会导致已经经过的审判程序推倒重来,再推倒再重来,以此往复不受限制。不但当事人无法感受程序规则及其效力,就算是主持案件审理的法官可能也会感受到有无程序并不重要,关键是能正确解决纠纷。

我国民事诉讼立法将调解作为审判权运行的优先模式,其规则表达仅仅是在诉讼规则中不断地强化调解手段的利用。从制度设计来看,忽略了两个主要的问题:一是调解的本质是当事人处分权的行使,遵循自愿原则,无论在调解程序启动上作何种模式选择,但就解决纠纷所需要的实体上的合意,则必须尊重当事人意愿,不能强制。因此,从现有调解的程序设计来看,立法并没有注意如何通过"利好"规则来引导当事人为解决纠纷达成合意,仅仅将调解规定为在整个审判程序中均可以适用的结案方式,是没有任何意义的。二是审判的对抗性对于形成调解合意具有消极作用,将调解置于审判程序的全过程,不但无助于调解合意的形成,而且也因模糊了审判规则的界限,导致审判的正当性受到质疑。

2. 起诉受理程序阶段"诉讼化"

起诉受理程序"诉讼化"表现为两个方面:一是起诉条件"高阶化",将诉讼要件置入起诉条件,立案时不得不对这些程序性要件进行实质审查;二是立案调解规则的确立,使得案件审理性行为前移。

与外国采取立案登记制度不同,我国对当事人(原告)的起诉是采取立案审查制,由此也形成了我国独特的审判程序启动模式,也成就了我国法院内设机构中立案庭的独立设置。我国民事诉讼法对当事人的起诉采取了高标准的起诉条件设置,主要是将一些案件系属后才予以审理的诉讼要件,植入到当事人的起诉条件中,比如提起诉讼的原告以及被诉的被告是否具民事行为能力、法院对民事案件的主管、受诉法院是否对起诉案件有管辖权、当事人是否签订了仲裁协议、案件是否属于重复诉讼等,由于这些诉讼要件并非法院仅形式审查就能确定,得依职权展开必要的调查。因而，我国立法才会设立起诉受理这一程序阶段。在这一阶段，法院必须对当事人（原告）的起诉是否符合法律规定的诸多条件进行审查，并分情况加以处理。这里所谓的审查，实际上是法院依职权对这些诉讼要件进行调查，与法院对本案的审理不同，当事人双方实际上是不参与这一程序，除原告提出诉状外，原告也好、被告也罢，并不实施类似于主张、反驳及辩论这些诉讼行为。从这一点来看，立案审查程序与本案审理程序是有本质区别的。不过，在域外诉讼制度中，这些诉讼要件是法院通过审理行为来认定的，因此，可以说我国的诉讼审理行为在立案阶段就已经开始了。

值得我们注意的是，2012年立法机关修改民事诉讼法时，在起诉受理阶段增加了立案调解，即当事人起诉到法院的案件，如果立案庭认为适宜调解的，可以径行调解。我们知道，在我国调审合一的程序结构中，无论是立法、实践，还是学理上，都将调解视为法院行使审判权的方式，是法院审理案件的一种行为。那么，此时立案审查阶段的调解，我们是否能够理解为一种审判行为，或者是说立法赋予了立案庭对本案的审理权力？如若回答是否定的，那么在这一阶段的调解又是什么性质？诉讼调解抑或非讼调解？案件的调解与案件的审查受理是一种什么关系？笔者根据法律条文的排列顺序分析得出结论，此时的调解应当属于非讼调解，且在法院受理案件之前。因为，根据民事诉讼法的规定，第122条规定的内容是"适宜调解的，先行调解"；而第123条规定的内容是"对当事人起诉的处理，符合条件的，必须受理；不符合条件的不予受理"。由此可以看出，起诉受理阶段的调解是在案件受理之前，那只能是非讼调解。从法理上讲，此阶段的调解也不可能是诉讼调解：一是因为法院尚未受理案件，并不享有对案件进行审理的法定权力；二是在采取立案、审判分离程序结构的情况下，立案机构并不能行使对本案审判的权力，即使是调解行为也是如此。那么，在这一阶段的调解是否属于法院委托调解呢？回答也是否定的。因为，委托调解的前提是法院对案件实施了管辖、受理了案件，取得了对案件审理的权力。而从上文对法律规定之分析，立案调解时法院尚未受理案件,因而也就不存在委托调解的问题。[①] 从这个意义上来讲,法院将案件交由调解机构调解达成协议后,可以选择的程序是当事人向法院申请司法确认。当然,这也不妨碍达成协议后当事人向法院提起诉讼,法院立案后移送审判业务庭审理,与正常的审理程序并无两样,法院不能受理案件后直接制作调解书。这样一来,就可能导致程序过于复杂。这仅是对法律文本的分析,实践的操作却有不同,立案调解有两种模式:一是立案前委托调解组织调解,二是立案后由立案庭主持调解。无论是起诉审查还是立案调解,都会导致立案阶段诉讼化的倾向。

起诉条件的高阶化和立案调解,导致起诉受理程序过于复杂。针对上述分析现有规则存在的问题,笔者建议:一是我国民事诉讼法应当改革民事案件受理制度,改立案审查制度为立案登记制度。基本的思路是,将起诉条件属于诉讼要件事项的内容取消,仅仅保留形式上的条件:一是起诉应当以书面形式提出;二是起诉状中应当记载法定事项,包括有明确的双方当事人、记载明确具体的诉讼请求及诉因;三是缴纳诉讼费用。法院接收起诉材料的非审判人员对上述三个条件经形式审查确认后,予以登记立案,则发生诉讼系属的效力[②]。从起诉条件中剔除的诉讼要件,则在立案后由主持该诉讼的法官进行审理。二是,从调解的本质和尊重调解规律出发,调解与审判程序分离并前置于审判程序。纯洁审判程序的目的,审判规则以达成正确认定事实、依法作出公正判决为程序目标;建立安定并具有可预测性的审判程序,构建完善的程序归责机制,以实现判决的正当性。三是规范起诉受理阶段的调解,将其定性为立案后的委托调解。采取立案登记制后,承担立案审查的法院工作人员,仅对原告的起诉是否符合法律规定的条件为形式审查,案件是否适宜调解得受理后由承审案件的法官来判断。秉承多元化纠纷解决机制和强制调解的理念,法官可以裁量案件进行诉讼调解或是委托调解。这样一来,调解程序与审判程序分流适用"泾渭分明",不至于造成审判阻碍了调解合意的形成、调

---

① 从实证调研的情况来看,实务部门普遍将立案调解理解为诉讼调解,既可以在立案前由立案庭调解,也可以委托调解,还可以在立案后由立案庭调解,做法比较混乱。

② 诉讼系属,是指案件为某一法院审理的状态。

解模糊了审判的界限的程序阻隔效应。

3. 审前准备程序虚无化

审前准备程序虚无化的提法，并不是说我国民事诉讼法没有规定审前准备程序，而是说立法中有审前准备程序之名而无审判准备程序之实。《民事诉讼法》第125条至第133条是关于审前准备程序的规定，从其内容来看几乎是法院为开庭审理而依职权实施的行为，包括送达诉状、告知当事人诉讼权利义务、成立审判组织并告知当事人、调查收集必要的证据、选择开庭适用的程序或者可调解的进行调解。审前准备程序存在的主要问题：

一是准备程序的内容过于形式化。从现行立法的规定来看，审前准备程序的内容基本上是一些事务性的内容，当然这些也是必需的。对于案件审理至关重要的诉讼要件、诉讼请求的确定、案件事实及证据等内容，在准备程序中基本没有涉及。这样的准备程序，对于开庭审理程序的有序展开和集中审理又有何意义？

二是准备程序体现了超强的职权性，缺少了当事人的参与。审判是法院、当事人双方共同作用的场域，是各主体行为相互影响的一个过程。从我国《民事诉讼法》规定的审判程序来看，起诉阶段原告提起诉讼、立案后被告进行答辩并提交答辩状（如果被告答辩的话），除此之外当事人基本上不参与审前准备程序。缺少了当事人参与的准备程序，其准备的充分性和实效性难以想象。法院与当事人、当事人与当事人在审判程序中的交互作用关系，不仅仅体现在案件开庭审理阶段，其应当是贯穿于整个审判程序的行为，甚至包括在起诉受理阶段。当事人不参与审理前的准备程序，不但是主体缺位的问题，更为重要的是缺少了当事人的参与，为有效开庭而实施的准备程序只有准备之名而无准备之实，开庭审理因此也就成了准备程序的继续和延伸。这从我国民事诉讼法关于开庭中当事人可以随时主张、提出证据等规定，便能看出审前准备程序不属于真正意义的准备程序，开庭审理既是案件的审理程序，也是案件的准备程序。

三是忽视了审前准备程序化解纠纷的程序功能。我国民事审判程序是以"庭审中心主义"为原则的一种程序架构，庭前程序的设计较为粗糙，更没有注意到庭前程序在化解矛盾方面所具有的积极意义。在这种"重庭审、轻审前"的程序设计和运行理念的指导下,对纠纷解决带来两个方面的消极影响:一方面,程序的运行缺乏可预测性,当事人对于裁判结果难以评估。在庭前程序中,最为重要的是证据的收集、交换与事实争点的整理,通过庭前充分揭示案件相关信息,并辅以失权制度的制约,当事人能较好地预测可能的裁判结果,基于理性的考虑,当事人通常不会实施消耗成本却不能带来利益的行为,合意的达成便可以预期。然而,由于我国"庭审中心主义"的程序构造,审前的诉讼准备功能并不真正具备,当事人都期望庭审能够真正揭露案件真实,给自己带来有利的裁判结果。由于审前准备更多的是法院依职权而为的一些事务性工作,程序对裁判预测功能模糊而不具有实际意义,参与庭审以求更好的裁判结果是当事人不二的选择。另一方面,无实质准备意义的庭前程序,还带来程序运行的不安定。由于我国立法并没有建立真正意义上的"失权制度"①,庭前准备与开庭审理两个程序阶段并非"泾渭分明",已经开庭审理的程序阶段,还可能因为当事人随时的"事实主张"和"提出证据"而重新回到"庭前阶段"。这种程序的"反复性"也导致了对裁判结果的难以预测,意图通过诉讼的可预测性来促进当事人"合意"形成的理想,也只是学者们的"纸上谈兵"而无实践意义。我国诉讼程序缺少对裁判结果的预测功能,其不但不能促使诉讼调解率的提高,同时也容易诱发当事人实施不当诉讼行为,拖延纠纷的解决。

根据本书倡导的调解程序与审判程序分离设置且不能交叉适用的程序构建理念,在进入审判程序并为达成正确判决的过程中,并不排斥当事人合意解决纠纷的适用,当事人根据多方面因素的考量,可以通过和解方式了结案件。若想促成当事人在开庭前达成合意,那么审判准备程序就必须进行实质性的改革,使其更加充实并富有意义。具体而言,一方面要保障当事人参与审前准备程序,使其有机会进行表达;另一方面,为使审

---

① 失权制度,是指法律对当事人实施某种行为的时间界限,未在规定的时间里实施相应诉讼行为,将丧失该项权利的规则。失权制度,主要包括主张失权、答辩失权和证据失权。该制度的目的,主要是从程序上规范当事人妥当地实施诉讼行为,平衡当事人之诉讼地位,确保法院能适时审理和裁判案件。

前准备更有实效性,应当针对案件审理的重要内容进行准备,明确诉讼请求、整理争点与证据。这里应当特别注意的是,如若期待准备是充分而有效的,就必须建立完善的失权制度,包括主张失权、答辩失权和证据失权。失权制度的积极意义在于,当事人的诉讼权利伴随程序的不断消耗而丧失,能够从制度上保障程序安定,从而审判的结论也就具有了可预测性。特别是,基于审前充分的准备,裁判资料的完整暴露,为当事人双方在审前准备程序中形成合意创造了条件。从这方面的功能来看,审理前准备程序不仅仅是为有实质意义的审理程序而为准备,更为重要的是能在诉讼的早期有效促进当事人解决纠纷方面也可以发挥作用。程序的设计理念上,不妨将解决纠纷的功能作为审理前准备程序的功能之一,从纠纷低费用、效率性的解决机制的创建来思考,提倡"审前准备中心主义"的程序设计理念,也不是毫无根据的。

基于上述分析,我国应当建立以失权制度为核心的审前准备程序,在保障程序安定性的基础上,强化审判程序的裁判结果预测功能,再辅以其他制度安排,将对当事人达成解决纠纷合意具有实质意义。

4. 无法"集中"的开庭审理

从制度安排来看,开庭审理是民事审判的核心或者重点程序阶段。民事诉讼毫无疑问是主体间围绕案件有效解决的相互作用的过程,程序规则的制定应当以主体间的相互关系为重点来展开,开庭审理程序是承载法院与当事人之间,以及当事人相互之间诉讼关系的重要平台,这从民事诉讼法的规定来看就已十分清晰。不过,诉讼主体间的相互作用关系,不只是在开庭审理程序阶段才能展现,在审前程序也有重要的意义。由于我国审前程序表现出的形式化倾向,主体间的交流不够充分,这就使得本应安排在审前准备程序中的一些诉讼活动,因此而转移至开庭审理程序。特别是我国民事诉讼法没有规定完整的失权的制度,当事人在庭审可能会随时提出新的诉讼请求、事实主张等,开庭审理程序则会表现得断断续续,无法实现集中审理。这样的审理程序,不仅仅是诉讼迟延的问题,程序的公正性、审判程序的可预测性、合意的生成等都会受到严重影响。

传统上,英美法国家因采取陪审团制度的缘故,其开庭审理必然是集中审理的程序结构,即审前充分的程序准备加集中开庭审理作出判决的程序结构。大陆法国家传统上采取准备程序与审理程序模糊的程序设计,准备程序与审理程序交替进行,边准备边审理的程序结构特征明显。这种程序结构被喻为"五月雨式"的结构,案件审理就如同五月份延绵不断的"梅雨季节",程序拖延而无效率。基于诉讼效率的考虑,大陆法国家和地区相继进行"集中审理"的程序改革,这就必然要求有一个充分而有效的审前准备程序,随之而来的是要求建立完善的失权制度体系。大陆法国家及地区诉讼程序的改革思路值得我们借鉴,应当将审前准备程序与开庭审理程序作一体化的思考,合理划分程序功能,有效促进纠纷的效率性解决。

(二) 审判程序改革与合意生成机制的构建

通过上文分析,我们可以看到我国审判程序在实现判决正当化目标方面还存在诸多不足,必须通过改革方能达成公正、高效解决纠纷的审判目标。具体可以从以下几个方面切入:

1. 厘清各程序阶段的任务及功能

依上文的分析,审判程序分为两个主要阶段,审前准备程序和开庭审理程序。考虑到我国法院内设机构的特点以及案件受理制度的改革,笔者认为可以将起诉受理阶段作为我国审判程序的一个程序阶段,并赋予其相应的程序功能。具体而言:

起诉受理程序阶段,主要的程序功能是审查当事人起诉的合法性和审理诉讼要件。根据上文的分析,我国民事诉讼法对当事人起诉采取了高阶化的条件设置,有碍当事人诉权的行使。立案审查制改立案登记制后,应当在程序条件上进行相应的改革。上文已经讨论了立案登记制的起诉条件,即立法对原告的起诉只应当规定形式条件,只要原告的起诉符合这些形式条件的规定,其起诉行为便可认定是合法的,至于原告的起诉是否符合法院对本案审理并作出实体判决的条件,则是案件受理后的问题了。因此,在起诉受理程序阶段首先就是要审查(是审查而非审理)原告提起的合法性问题,由于改革后的起诉条件采取了形式化的制度设计,因而法院仅依职权书面审查即可决定是否予以受理。

案件受理,表明了原告的起诉符合法定条件,但这并不意味着法院就会对本案进行审理。法院对本案进行审理的前提是,原告的起诉具备了对本案进行审理的前提条件,即满足诉讼要件的要求。诉讼要件,是诉讼制度为本案进行审理所设置的程序性条件,其设置的正当性主要考虑了"被告的利益、全体国民利用诉讼程序的利益,以及立并运营诉讼制度的国家之利益,仅限于适合以判决的方式解决纠纷的场合,为作出本案判决所设置的前提条件。"①这些程序性要件,包括案件属于法院对民事案件的主管、受诉法院有管辖权、当事人具备诉讼权利能力、当事人具有诉的利益、不存在重复诉讼的情况、不存在原告诉权受限制的情况、不存在仲裁协议等。在这些诉讼要件中,大多数属于法院可依职权探知的程序性事项,但也有个别要件非当事人主张或抗辩法院不得审理的程序事项,比如当事人之间签订了仲裁协议、诉讼费用担保等。"诉讼要件中,为保护被告的利益,诉讼费用担保、仲裁契约、不起诉合意等,对这些诉讼要件没有依职权调查的必要。这些要件被告积极地主张不存在的场合,法院介入调查已足矣。这些程序性要件称为抗辩事项的诉讼要件。"②诉讼要件是对本案进行审理并作出判决的前提条件,据此,其应当先于本案审理确定。从我国审判程序结构出发,笔者建议改革立案庭的功能,案件经审查登记后即由立案庭的法官对案件是否具备了诉讼要件进行审理,以此加速案件审理的进程。此前,诉讼要件未从起诉条件分离时,诉讼要件被作为起诉条件由立案庭一并审查确定。改革后所不同的是,对这些诉讼要件是进行审理而非审查,其重大区别在于审理是要给予当事人程序保障的一种职权行为,这就意味着对这些诉讼要件的审理不能仅依法院的书面审查来确定,必要时应当通知双方到场进行必要的询问,给予当事人进行主张、抗辩、辩论的机会。当然,经审理后原告的起诉不具备诉讼要件,

---

① [日]上原敏夫、池田辰夫、山本和彦著:《民事诉讼法》,有斐阁2003年版,第84页。

② [日]上原敏夫、池田辰夫、山本和彦著:《民事诉讼法》,有斐阁2003年版,第86页。

就没有进入下一程序阶段的必要了。

在这一程序阶段,还有一项重要的程序功能即案件的分流功能。起诉到法院的案件具备诉讼要件,既是法院对本案进行审理并作出判决的先决条件,也是法院对案件进行调解的前提。比如,案件不属于法院主管的诉讼要件,法院当然不能审理和判决,同时,也不能进行调解解决。在原告的起诉具备诉讼要件的前提下,对于适宜调解的案件,法院应当裁定进入调解程序。不适宜调解,以及调解失败的案件,则进入本案审理程序。

审前准备程序的价值在于,一方面为案件的开庭集中审理提供条件,避免审理程序的多次反复,有利于在一次开庭、"记忆清晰"的情况下认定事实,作出判决,具有促进法院作出正确、妥当判决的功能;另一方面,充分而有效的审前准备程序,能够使双方当事人全面把握案件,并对法院即将开庭审理作出的裁判进行预测,有利于当事人审时度势、趋利避害地作出行为选择,具有促进双方当事人合意生成的功能。充分而具有实效性的审前准备程序,能够有效避免开庭程序与准备程序的交叉往复进行,有助于庭审程序有序集中进行,具有促进高效司法的功效。

审前准备程序,是为开庭集中审理而做的准备。在这一阶段除了告知当事人诉讼权利和诉讼义务、成立合议庭之类型的事务性准备工作外,极为重要的是当事人为开庭审理而实施的各种准备行为。其中包括:明确当事人诉讼请求、主张事实并明确争点、收集提供并交换整理证据等。这些诉讼准备工作的完成除当事人各方单独实施的准备行为外,一般由法院召开审前会议的形式来进行。最高人民法院2015年发布的《适用民事诉讼法司法解释》第225条规定,审前会议包括以下主要内容:(1)明确原告的诉讼请求和被告的答辩意见;(2)审查处理当事人增加、变更诉讼请求的申请和提出反诉;(3)根据当事人的申请决定调查收集证据,委托鉴定,要求当事人提供证据,进行勘验,进行证据保全;(4)组织交换证据;(5)归纳争议焦点;(6)进行调解。

若想实现开庭集中审理,审前准备程序就必须具有实效性,开庭原则上不能重复审前准备程序阶段的行为,这就要求建立完善的失权规则体系。从我国立法看,这一体系尚未建立,在目前已有的证据失权制度的基础上,还必须构建答辩失权、主张失权的规则。构建失权制度的法理基础,是基于当事人负有诉讼促进义务。在诉讼中,当事人之间的关系不再是一种完全对抗的关系,他们负有使诉讼有序、高效并向正确的方向发展的义务。同时,当事人在诉讼中应当本着善意、诚实的态度进行诉讼,从保护对方当事人信赖利益的角度出发,一方当事人不及时行使的权利、不及时主张的利益以及不及时提出的事实和证据,理应理解为是一种默示的放弃。当然,当事人迟延实施上述诉讼行为应当受到消极评价,但并不都必须使其失权科以消极后果。要知道,失权制度有利于创造当事人之间公平的程序保障和促进诉讼的进行,但失权制度的适用则可能有损当事人实体利益的保护。失权制裁应当审慎适用,只有在当事人故意拖延诉讼,使得诉讼过分迟延而无法原谅的情况下,方可对其采取失权制裁。相比之下,对于可以容忍的当事人迟延诉讼行为,可以采取程序性替代制裁措施,比如训诫、罚款、承担诉讼费用等。

2.透过审判的可预测性促进合意的生成

按照本书的观点,调解程序与审判程序分离设置,调解归调解、审判归审判。那么审判程序的设计就应当具有"正统性"①,要为当事人提供充分的程序保障,以实现司法的公正性。同时,在生产司法正义的过程中,必然耗费时间成本和费用成本。而调解程序应当本着自主、灵活、多样性的理念,给当事人以最大的"程序优惠",以促成当事人达成合意为目标。那么,在法院提供多元化的纠纷解决机制的制度安排下,以其所具有的可预测性引导当事人的行为选择,有效促进合意的生成。

审判程序的可预测性,是促成合意生成的保障因素。审判程序的可预测性对当事人合意生成的激励作用,往往是与时间成本和费用成本相关系的一个概念。在诉讼进行到一定程序阶段(主要是指审前准备程序阶段),当事人的诉讼权利因随时间推移而可能存在失权效果的情况下,裁判资料将得以固化,原则上已不可能有新的权利请求被提出,也不可能再主张新的事实和提供新的证据,在这样的状态下,裁判可能的结果的预

---

① 这里所谓的正统性,是指一种正式的程序机制,设计严谨的程序规则,程序进行的顺序性,严格的规范性,偏重原则而缺少灵活。

测是可以期待的。既然在这一程序阶段可以大致预测会产生怎样的判决结果,可以相信作为一个理智(理性)的当事人此时最好的选择是寻求与对方的合意。当然,制度设计并非如此单纯和简单就能奏效,往往还可能结合其他边缘制度才能更富有成效,比如说费用制裁制度或者费用优惠制度等。

审判程序纠缠于"过去是什么"与调解或者和解"着眼于未来"所形成的鲜明对比,在一些类型的案件中因当事人更看重未来之关系而选择合意。我们知道,审判程序是证明(当事人)和认定(法院)"过去"的程序,纠纷的解决并不能也并不意味着修复了当事人实已"破裂"的关系。而合意解决纠纷看重的是当事人未来的正常关系,纠纷解决的同时"破裂"的关系也往往得到修复,这对于当事人之间有长期合作关系案件、以身份关系为基础的案件等,具有很强的诱导力。因此,在诉讼程序中应当采取"对审"程序结构,以辩论为基本方法查明案件事实,判决应当是在分清是非、责任的基础上,依法作出。而合意形成过程中,应当采取模糊性策略,以非对抗的协商、讨论的方式修复关系,特别是要给予当事人更高的自主性和更强的灵活性,关注双方对未来关系的合理安排。审判中程序的正式性、证明的严格性、原则性等,都是激励当事人选择合意的诱导因素。

二、案例指导制度对合意生成的引导

审判程序的对合意生成的引导作用实现的另一种方式,是生效判决的引导功能。判例对于判例法国家具有的价值毋庸多言,其不但创制法律规则,也是同类案件必要的参考依据,此乃"先例拘束"的司法原则。那么在大陆法国家判例是否具有意义呢?大陆法国家属规范出发型的裁判思路,成文法对于大陆法国家法官解决纠纷就如同英美法国家的"判例",至关重要。法官在审理和解决具体纠纷时,通常以某一法律规范为前提和基础,然后寻找适用该规范的法律要件事实。

自 21 世纪初,我国司法实践中开始探索旨在保障法院适用法律"一致性"的"案例指导制度"。其实,案例指导的实践在我国自古就有,例如,"西周时期遵循'议事以制、不为刑辟'、'临事制刑,不豫设法'的审判方式,即选择以往的判例作为现实审判的依据,而不预先制定成文法。"①在近代中国判例也一直受高度重视,作为我国社会主义法律基础的根据地时期的判例制度也得到了良好的发展。"在中国社会主义法律制度发展的历史上,案例或判例在适应社会需要、弥补立法不足、帮助法官准确理解和适用法律等方面的重要作用一直受到高度重视。"②在新中国案例指导制度初创时期,案例通常是以文件的形式印发,供各级人民法院审理同类案件时参考。从20世纪80年代中期以后,在最高人民法院发布的每一期《中华人民共和国最高人民法院公报》上都会刊登几个典型案例。特别应当指出的是,这些公布的典型案例都是经过最高人民法院审判委员会讨论通过的,其目的和意义非同一般,代表了最高人民法院对同类案件法律适用的意见,对各级人民法院审理类似案件具有指导意义。"《公报》公布的案例,也是经最高人民法院审判委员会反复推敲、字斟句酌,从众多案例中精选出来的。每个案例都有详细的事实、判决理由和结果,蕴涵了深刻的法律意见。它既不同于用做法制宣传的一般案例,也不同于学者们为说明观点而编撰出来的教学案例,它具有典型性、真实性、公正性和权威性的特点,是最高人民法院指导地方各级人民法院审判工作的重要工具,也是海内外研究中国法律制度的珍贵资料。"③《人民法院第二个五年改革纲要(2004—2008)》明确将建立和完善案例指导制度作为改革的任务之一,迄今最高人民法院已经发布了四批指导案例。最高人民法院建立案例指导制度的目的在于,总结审判经验、统一法律适用、提高审判质量、维护司法公正(《最高人民法院〈关于案例指导工作的规定〉》)。尽管最高人民法院发布的指导性案例不具有法律上的约束力,各级地方

---

① 雷鸿:《民事指导性案例研究——一个方法论的视角》,法律出版社2013年版,第19页。

② 雷鸿:《民事指导性案例研究——一个方法论的视角》,法律出版社2013年版,第28页。

③ 《最高人民法院公报》编辑部:《中华人民共和国最高人民法院公报全集》,1995年6月。

人民法院审判类似案件违反其指导案例也不构成违法,但指导性案例对法院处理类似案件具有重要的参考意义(《最高人民法院〈关于案例指导工作的规定〉》第 7 条规定,最高人民法院发布的指导性案例,各级人民法院审理类似案例时应当参考)。"案例指导制度"的实践意义在于,对法院处理与"指导案例"类似的案件时作为参考案例,以保证在普遍意义上法律适用的统一性。应当说,案例指导制度的适用对象是各级人民法院,以规范人民法院的裁判行为。该制度的扩展功能是,为当事人判断法院裁判的公正与否提供了参考。

案例指导制度,弥补了我国诉讼程序对裁判结果可预测性的缺失,根据相类似的案例,律师及当事人能够对裁判结果有一个大致的评估。"该当以公平、高效的审判程序为前提,需要通过公正的审判积淀高质量的司法判例,反映了当事人对可能的诉讼结果存在的预期"。[①] 就此而言,案例指导制度不仅对规范法院裁判行为具有指导意义,其对当事人诉讼行为的选择也可以期待发挥导向作用。特别重要的是,在这种大致尚不能完全确定裁判结果的预期前提下,为当事人之间就纠纷解决之谈判提供了条件,至少在双方心理上都会产生"如果不能就此达成合意,大致的结论我们都有一个基本的认识"这样一种期待。特别是,如果我国法院收费、律师代理收费采取分段计算制加以配合,在当事人对诉讼结果可预期的前提下,形成调解合意只是一个比例高低的问题,诉讼中合意的形成会大有改善。

在调解合意促进过程中选用的案例并无特别的限制,一则可以来自最高人法院发布的指导性案例,也可选择其他法院发布的生效判决例,当然最为便捷的是来自本院的生效判例。从对当事人行为选择的影响力来看,无疑最高人民法院发布的指导性案例最具有权威性和影响力,作为本院的上级法院发布的已生效案例对促成合意的影响力也不可小视。案例对调解合意的形成,主要表现以下几个方面的作用。

[①] 周翠:《调解与审判的关系:反思与重述》,载《比较法研究》2014 年第 1 期。

第四章　审判程序对调解合意生成的引导

（一）案例为当事人提供了协商的参考依据

在进入调解程序伊始，当事人往往会固执己见、坚持自己的诉讼主张，双方分歧较大。这种现象产生的原因，一方面是心理因素，双方均想表现出"强硬态度"以获取最大利益；另一方面，由于调解采取了"模糊性司法"政策，当事人对纠纷的解决能有一个什么样的结果，心里并不太有底，也即缺少了讨价还价的参考坐标。指导案例的出现，当事人能够看到纸上的法律是如何运用到生活实践，为双方协商提供了活生生的实践样本。

调解，一方面是当事人为获取自身最大利益博弈，由于调解结果的多样性，如何在这场关乎自身利益的谈判中获得更有利于自己的结果，双方当事人都会竭尽全力固守自己的主张，并力图说服对方当事人。那么当事人进行商谈和说服对方的砝码是什么呢？这当然离不开事实和法律，不过调解与审判不同，除事实和法律外，道德也往往是当事人为获取更有利于自己调解结果的重要武器。在事实和法律方面，当事人往往根据自己对事实的判断和对法律的理解，形成了谈判的所谓考量依据，因而双方在许多方面容易引起认识上的分歧。在这方面，法院或者调解适时提供类似的判例供当事人参考，能起到消除分歧、统一认识的功效。另一方面，调解还是双方讨论、协商今后关系发展方向的契机。在这一方面，除了事实和法律层面的考虑之外，纠纷产生过程的道德说教是一个重要因素，通过彼此沟通、互谅互让，消除双方的"恩怨"，使双方对立的情绪趋于缓和。这在以身份关系为基础发生的纠纷，以及当事人之间有长期合作关系的纠纷中，显得尤其具有意义。由于生效判例将法律适用于了具体案件，真实可靠而具有权威性，对发生与判例类似案件的当事人来说，无疑是具有重要的参考价值，毕竟双方当事人到法院诉讼除了为"讨个说法"这种心理需求之外，更为重要和现实的是，当事人需要获得一个切合实际的纠纷解决方案，生效判决无疑为当事人选择调解并形成解决纠纷的合意，提供了有力的实践支持。

(二)案例在一定程度上能够修正当事人的诉讼预期

判例的另一个作用,在于能够有效调整当事人的诉讼预期。一般情况下,大多数当事人对诉讼的预期都会自觉或者不自觉地站在己方对案件的审理结果预判,很难从对方的角度以及整个案件的视角来审视案件,加之各方当事人所掌握的案件材料、信息的不完整性、对法律理解偏差等,其诉讼预期往往都较实际要高出很多。如果没有一个明确的导向作为参考依据,当事人是很难调整自己的诉讼预期。同类案件的生效判例,恰好为双方当事人重新评估和调整自己的诉讼预期提供了契机,在"前面已有先例"的影响下,当事人很显然会重视已经存在的类似案件的处理结果,寻找新的利益平衡点。当事人以生效判决为基本参考依据,通过与对方讨论、协商调整自身诉讼预期的同时,也是调解合意的形成过程。

(三)案例能够更容易促成当事人合意的形成

判例对当事人达成调解合意的引导作用是不可忽视的。一个旨在提高诉讼调解率的实践在东莞第一人民法院展开,其具体做法是:当事人起诉至法院适宜调解的案件,由法院甄选出与其类似的判例供当事人参考,以评估本案可能的预期裁判结果。两年多的实践表明,这种判例参考的效果对于当事人达成调解合意具有决定性的意义,约70%以上纳入实践的案件双方当事人最终达成了调解协议。[①] 这个调解成功率,远远高于法院平均30%~40%的调解结案率。上述实践,可以说是对我国实践中案例指导制度的有意尝试,是在审判中构建调解合意诱导机制的一种探索。

从法院实施的"判例引导调解"的实践,我们看到判例对调解合意形

[①] 在与法官座谈中,大家普遍认为这是一项非常成功的经验,值得推广。但是,也有令人担心之处,即所甄选判例的代表性问题,如若不成调解协议,其对后续审判可能会带来的影响是一个特别应当引起重视的问题。

成的作用是明显的。类似案件的判例为当事人展示了其争议案件可能的判决结果,作为理性的当事人,为避免更多的时间耗费、费用支出等,特别是在采取了调解分离后案件进入调解程序的初期,若能使及早使当事人了解同类案件的判决结果,无疑将对调解合意的形成具有极大的促进作用。可以说,判例对诉讼当事人修正诉讼预期,理性进行诉讼行为的选择等,都具有实质性的影响。若再配合其他制度的适用,比如调解建议"邀约"制度、过度耗费程序的费用制裁制度等,判例促进合意有效形成的机制是可以成立并发挥积极的作用。

第五章
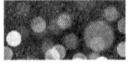费用及时间成本对调解合意生成的引导

审判程序较高的时间成本和费用成本,是当事人能够达成合意的最重要的激励因素。诉讼是伴随一定的时间消耗与费用消费的纠纷解决机制:诉讼程序是对已经发生的过去的事实的证明程序,为保证能够最大限度地发现案件真实,必须为当事人双方提供充分的程序保障,诉讼程序烦琐而耗费时间,加之为实现审判的公正以及维护司法的权威,必须建立一套完备的救济机制,既包括为程序保障的程序救济,也包括为实现实体公正的实体救济,费时耗力是诉讼程序不可特有的内涵。而诉讼的专业性使得当事人不得不借助于律师等专业人士的帮助来完成追求正义的过程,由此,当事人需要支付更多的费用,甚至可能是费用成本的主要构成部分。在程序耗费与费用承担呈正关联的诉讼收费制度,生产司法公正的成本是昂贵的。时间成本以及费用成本,激励当事人选择合意方式解决纠纷,以平衡投入与产出实现收益最大化。

由此而言,我们要正视审判程序对解决纠纷所需成本的正当需求,过度简化程序和缩短时间来求得高效、费用低廉的司法公正,那只是一种理想。弄不好司法公正没能实现,反倒损害了审判的公正性与权威性。当然,作为为民众提供司法服务的诉讼,也应当为纠纷当事人提供多种可供选择的审判程序,对于案件事实简单、争议不大,或者案件数额较小的案件,当事人可以选择更为简化的诉讼程序来解决纠纷,满足民众不同的司法服务的需求。在我国诉讼程序改革中,我们建立完善的程序规则和权利救济机制,以保证通过程序实现正义;另外,为避免不必要的程序耗费,应当建立完善的诉讼费用

征收制度和费用分担机制,使程序的消耗与当事人的付出成正比关系。

一、费用成本对调解合意生成的引导

世界各国民事诉讼中都极为重视诉讼费用对当事人诉讼行为的引导作用,或在民事诉讼法中规定诉讼费用制度,或是单独制定诉讼费用法,内容上普遍就诉讼费用的征收标准、诉讼费用的负担原则、诉讼费用担保以及诉讼费用救助等基本规则作出规定。同时,还会通过减免诉讼费用、诉讼费用罚则来调节当事人的行为选择,促使当事人积极履行诉讼促进义务,并尽可能在诉讼的早期通过 ADR 的方式解决纠纷。在"诉讼爆炸""诉讼迟延""费用昂贵"等现代司法之流弊影响下,ADR 替代诉讼的纠纷解决方式对当事人具有不可忽视的吸引力,若再从诉讼费用政策方面加以引导,当事人选择合意解决纠纷的趋势是可以期待的。"当事人利用调解的动机,多数是出于调解相对于诉讼在费用上具有优势的考虑……调解的引人入胜之处是其能够对诉讼不断攀升的高成本作出积极的回应,其最终的效果是法院积案大量减少。从这一角度上讲,调解已经实现了其提供服务(service delivery)的目标。"[①]我国与其他大陆法系国家类似,采取了低诉讼费用的政策,诉讼费用并不能使当事人感觉"不堪重负",加之律师费用也并不是与程序耗费相关联计收,调解的费用及时间优势对当事人似乎并不具有吸引力,这从我国诉讼实践调解率一直处于较低水平即能说明。而在两大法系法院推动调解的情况来看,英美法国家的实施效果明显,当事人利用调解的热情远高于大陆法国家。"大陆法国家是以政治力量推动人们利用调解,并以此作为接近正义手段的,无论在范围上还是方式上,这样的做法都与普通法国家不同。调解在普通法国家的出现和发展,是政治家和政府迫于压力去回应一个低效、拖延

---

① [澳]娜嘉·亚历山大主编,王福华等译:《全球调解趋势》(第 2 版),中国法制出版社 2011 年版,第 25 页。

的并且对大多数市民而言是昂贵、怨声载道的诉讼程序的结果。"①

(一)诉讼费用制度一般分析

从概念上切入是研究问题的捷径。从各个国家对诉讼费用之规定来看，诉讼费用仅指当事人为诉讼而支付的费用，不包括国家为法院之营运而投入之国库成本。不过即使这样，诉讼费用也有广义和狭义之分，狭义上的诉讼费用仅指向法院所缴纳的作为审判的费用；而广义的诉讼费用，还包括当事人为进行诉讼而支付给律师费用，以及为诉讼而花费的其他费用。

就当事人因纠纷向法院起诉要求法院审判缘何要缴纳诉讼费用的问题，一说是弥补国家财政之不足；另一说则认为，是为防范和避免当事人滥诉。笔者认为，诉讼费用一方面是避免当事人滥用诉讼程序，另一方面，诉讼费用如同民事诉讼法的其他制度一样，具有保障诉讼程序有序、正当、符合民事诉讼法之目的进行；同时，诉讼费用还具有调节当事人诉讼行为选择的功能，即通过诉讼费用的正面激励机制和负面制裁机制来保障当事人诉讼行为选择的妥当性和必要性。诉讼费用是否具有弥补国家财政之作用，毋庸讳言，诉讼费用当然具有这方面的作用，但这并不是征收诉讼费用的根本原因。就诉讼费用的性质而言，观点林林总总：有"规费说"，也有"税收说"，还有"惩罚说"②。从一般意义上来看，上述三种观点中"规费说"最具说服力。但从当今世界各国诉讼费用的变迁发展及其应用场合来看，其已远脱离"规费说"的利

---

① [澳]娜嘉·亚历山大主编，王福华等译：《全球调解趋势》(第2版)，中国法制出版社2011年版，第19页。

② 规费说认为，一方面，诉讼如同其他社会活动一样，需要收取一定的规费，以表明或者程序的开始，并显示主体对实施该行为的慎重，另一方面，司法机构解决民事纠纷需要支出相应物质耗费，因此，裁判费用也是当事人分担这种耗费所必须作出的支付(参见肖建国著：《民事程序价值论》，中国人民大学出版社2000年版，第303页)；税收说认为，税收既出自国家财政收入的需要，同时也带有调节社会行为的功能。案件受理费则体现了税收的这种作用和功能。受理费的收取既可以增加财政收入，亦可抑制滥诉行为(参见周道鸾主编：《民事诉讼法教程》，法律出版社1998年版，第173页)；惩罚说则认为，既然诉讼费用一般由败诉方负担，败诉方对因自己的行为造成的损失承担赔偿责任，从这个意义上说，负担诉讼费用是对违反法律规定的当事人的一种经济制裁(参见谭兵主编：《中国民事诉讼法要论》，西南财经大学出版社1991年版，第292页)。

用国家设施需要缴纳一定费用之观点,诉讼费用从更为广义的角度被作为调整当事人诉讼行为的一项诉讼政策,此即包括了当事人实施了不当的诉讼行为所产生的费用,也包括本不应启动或者利用程序而当事人为之,对其行为而为诉讼费用制裁所产生的诉讼费,因而,惩罚说已然体现在当今诉讼费用制度中。有学者认为,对诉讼费用性质的探讨具有重要的价值,其是设计诉讼费用征收依据的理论基础。"采取税收说,则往往以弥补国家财政作为其主要考虑,且在收费方式上大多采取累进制,即数额越大,税率越高,因为税收的功能是国家对社会财富实行宏观控制,通过收税和财政拨款而对社会财富进行再审分配。采取惩罚说,案件受理费的数额则应取决于一方当事人起诉时的主观过错,以及诉讼过程给对方造成的客观后果。当然,这在实际操作中是一个十分困难的问题,并且具体费用额的确定也只能是立案法官主观臆测的结果。而采取规费说,则往往以当事人享受司法服务和受益的多少来决定诉讼费用额的大小,其消耗司法资源越多,所获利益越大,则其所缴费用额也就越高。"[①]笔者不完全赞同这一论点。本书持复合说的观点,即以规费说为基本的理论依据,辅以惩罚说作为补充。以规费说作为诉讼费用征收的基本理论依据,则应当以当事人消耗的程序量为标准,而不能参考其是否因程序而获得利益的多寡。当事人消耗的程序阶段越多,或者消耗的程序越多,则所交纳的服务费用也应当越高,反之则相反。以惩罚说为补充,则是表明当当事人违反法律强制性规定或者不当消耗程序致使对方当事人遭受损害时,则法院可以裁量对其给予程序费用的制裁。可以说,按照规费说和惩罚说的理论,诉讼费用的交纳标准,不是一成不变的,而是一个动态的并与当事人诉讼行为密切关联的一个问题。

我国诉讼费用制度所指的诉讼费用,是当事人向法院缴纳的费用,当事人个人在诉讼中所花费的费用并未纳入诉讼费用的范畴。根据国务院制定的《诉讼收费办法》之规定,诉讼费主要由以下费用所构成:一是案件受理费;二是申请费;三是其他费用。第一项费用及第三项费用,在法院受理案件时就按收费标准计收;而申请费,其实也就是程序利用的费用,若当事人申请了某一程序,则该项程序费用才会发生,若未申请则不会产生费用。比如,申请

---

① 廖永安:《论民事诉讼费用的性质与征收依据》,载《政法论坛》2003年第5期。

证人出庭作证所产生的费用、申请鉴定所产生的费用、申请证据保全和诉讼保全所产生的费用等,即是。在这些费用中,除案件受理费和其他费用为法院在案件受理后一次性收取(当然存在法定的缓交、免交情形的除外)外,申请费则依当事人对程序的消耗来收取,这些程序是否启动通常以当事人处分权为依据。

一般来讲,诉讼成本主要包括法院收取的费用和当事人聘请律师支出的费用,是由国家司法成本和当事人诉讼成本所构成。就国家层面而言,诉讼制度是国家为民众提供的一项"公共产品",其成本由国库承担自不待言。然而,如若司法成本完全由国家承担,其必然是一种不公平的公共资源消耗,同时也可能导致滥诉。基于这两方面的考虑,诉讼制度利用者分担一定的司法成本就具有了正当性。诉讼费用制度涉及的是,在国家和当事人之间如何合理分担"生产正义的成本"。"免费诉讼意味着诉讼成本全部转移给整个社会,按照法院的实际开支全额征收讼费则意味着国家将履行公共职能的成本转移给诉讼当事人,故合理的司法政策总是在两个极端之间寻求折中。"①

从表面上看,诉讼费用制度是一项关于诉讼收费及负担机制的一系列规则。然而,深究其制度本质我们会发现,诉讼费用制度还会对民众选择司法寻求法律上的正义追求产生根本影响。从对当事人行为选择的影响来看,诉讼费用制度是一个影响当事人纠纷解决方式的引导政策。"讼费征收是一个与'诉讼标的'理论完全无关的政策判断问题。除了政策判断,没有任何原理可以支持或者否定讼费征收规则的正当性。"②在诉讼费用高企时,高昂的诉讼成本成为民众寻求司法救济的一大障碍;在诉讼费用低廉时,大量的案件蜂拥至法院而使法院不堪重负,诉讼迟延将不可避免。2006年伴随国务院《民事诉讼收费办法》的出台,民众寻求司法救济的费用成本大幅降低,此举可谓是贯彻"司法为民"的实践举措。诉讼费用政策调整的实践结果是,大量原本可以不进入审判而通过其他非讼方式了结的纠纷,当事人抱着"死马当

---

① 方流芳:《民事诉讼费用考》,载《中国社会科学》1999年第3期。
② 方流芳:《民事诉讼费用考》,载《中国社会科学》1999年第3期。

第五章　费用及时间成本对调解合意生成的引导

活马医"的心态而不当消耗司法资源,这里尤以劳动争议案件为甚①。可以说,司法成本的分担不仅仅是一个费用承担问题,而是涉及接受司法公正审判与诉权滥用之间的平衡问题。"不是所有的司法判决都能产生正义,但是每一个司法判决都会消耗资源。即使一个政权决心不惜代价地实现司法正义,它将这种决心变成现实的能力仍然受到资源限制:法官、法庭是有限的,维持或者增加法官、法庭的财政预算也是有限的。"②基于司法资源的有限性以及抑制不当消耗公共资源行为,不可避免地要将本来应当由国家承担的案件"审理成本"中的一部分转移由当事人承担,而被转移这部分法院"审理成本"的比例高低,直接决定了当事人解决纠纷的行为选择。

在西方大多数国家,法院收取的案件费用并不与案件争议的标的数额挂钩,或者说法院审理案件所产生的费用并不构成当事人费用成本的主要部分,费用成本主要来自委托律师代理诉讼所产生的费用。在美国、英国等判例法国家的司法实践,可以说没有律师代理诉讼当事人举步维艰,诉讼难以正常进行;在大陆法系的德国、日本等国家,则实行律师强制代理,出于对诉讼专业性的考虑,强制律师代理诉讼以保证专业性和公正性。律师垄断了诉讼代理职业活动,其在为当事人提供专业性、高质量法律服务的同时,也因其过高的律师费用而使当事人不堪重负。西方国家法院收取较为低廉的案件审理费用,其主要目的是在于使当事人不至于交纳不起诉讼费用而丧失通过司法救济其权利的机会;律师垄断诉讼代理,也是基于诉讼职业化、专业化之考虑。这种制度设计具有一定的合理性,一方面给予民众平等的司法救济之机会;另一方面从职业化、专业化的角度出发,保证案件审理的质量以实现司法的正义。由于在西方国家,律师收取费用通常是以时为计算单位,诉讼程序的进程与当事人所承担的费用密切关联。基于这些考虑,一旦大致的诉讼结果变更可以预测时,或者当事人为避免不必要的时间和金钱耗费,通常会

---

① 《国务院诉讼收费办法》将劳动争议案件调整为按件数收费,且收费极为低廉,每件收取10元。在实践调研中发现,由于收费低廉,此项制度被恶意利用,很多用人单位为拖延纠纷的解决以达到某种目的,仲裁机构裁决后又向法院起诉,极大地影响了纠纷解决的效率,损害了劳动争议仲裁的权威性。

② 方流芳:《民事诉讼费用考》,载《中国社会科学》1999年第3期。

选择与对方和解的方式了解纠纷。①

与大多数西方国家诉讼收费制度不同的是,我国民事诉讼中收费的原则是以诉讼请求的金额为计算基础,除个别类型的案件外,大多数案件的收费较西方国家要高。但由于诉讼代理制度的开放性,并没有形成律师垄断的"专属职业",诉讼代理费用也基本套用法院收费的"经验",按照诉讼请求金额的一定比例计算。我国诉讼收费制度的一个优点是,对当事人来讲比较清楚、易于计算。但其也存在一个值得关注的问题,由于诉讼费用通常与诉讼程序的消耗没有必然的联系,总体上算不上昂贵的费用成本,加之我国诉讼程序的可预测性较差,这些都会促使当事人不计时间、成本地推进诉讼程序的进行,以寻求主观上并不确定的诉讼结果。诉讼费用成本很难成为当事人寻求尽早结束诉讼的"催化剂"。

诉讼费用制度不仅仅是作为诉讼成本的分担规则,更主要的是其所具有能作为调节司法资源分配"阀门"的导向功能,其不但可以平衡诉讼与非讼的受案数量,还能够对进入诉讼的案件制约当事人的程序选择行为。合理设计诉讼费用制度,一方面能够确保需要司法救济的当事人利用审判制度,另一方面也可以规制当事人不当的诉讼行为,提高纠纷解决的效率,特别是在促进当事人形成纠纷解决之"合意"方面具有积极的作用。

从我国目前的诉讼费用制度分析,其对司法资源消耗的调节作用并未有效发挥:一方面,个别类型的案件法院诉讼收费过低,这不仅将诉讼消耗的成本转嫁于整个社会,更为主要的是助长了当事人滥用诉权的倾向,司法政策所倡导的"合意"化解社会矛盾的理想难以实现;另一方面诉讼代理人制度非专业化和扩大化,专业律师代理的诉讼所占比例较小,加之固定的律师收费和非败诉方承担费用制度,诉讼费用制度对当事人达成纠纷解决"合意"的效果甚微而不具有意义。尽管最高人民法院出台了通过减半收取案件受理费的"利好政策"来促进当事人和解,然而,审判费用本就不高的收费制度(劳动争议案件每件仅收取 10 元,达成调解协议的退还 5 元)确难发挥作用。笔者建议通过合理的费用分担、费用承担和费用制裁等机制,激励当事人"调解合

---

① 据了解,美国诉讼和解率达到了 95% 以上,其主要的原因便是当事人出于对高额律师费用的考虑而不得不通过和解尽早结束诉讼。

第五章 费用及时间成本对调解合意生成的引导

意"的形成。可采取诉讼费用分段计算的制度,费用的支出应当与程序耗费相关联。

(二)我国诉讼费用政策的文本分析

我国诉讼费用制度于民事诉讼法上有原则性的规定,最高人民法院于1979年制定了诉讼费用的司法解释,将诉讼费用分为案件受理费、申请费和其他费用,涉及本书讨论的主要是案件受理费用。最高人民法院的司法解释中关于案件受理费的计收分两种方法:一是财产争议案件,按照诉讼请求的标的数额分段并以递减的比例收取;非财产案件则按件数收取。相比之下,非财产案件的收费显得相当低廉,比如解除婚姻关系的案件仅收50~100元(有财产分割的另行计算)。从该司法解释的收费计收办法来看,除具有特殊情形可以申请缓缴、免缴的外,所有的案件都应当在案件受理时缴纳一次性收取。从费用对当事人诉讼行为的影响方面来看,该诉讼费用司法解释并未从费用制度方面鼓励当事人通过和解或者调解的方式尽快解决纠纷。无论是当事人和解后申请制作调解书了结案件,还是经法院调解达成协议后了结案件,费用方面都无激励措施,仅当事人申请撤诉或因和解后撤诉的,诉讼费用才减半收取。不过,在我国的诉讼立法中,撤诉并不代表纠纷得到了解决,还可能因当事人再次起诉而产生更多的费用耗费。

2016年国务院制定了新的诉讼收费办法,新的收费制度较旧制度大幅降低收费标准,特别是对一些特殊案件采取极低的费用门槛,比如上文所提到的劳动争议案件诉讼收费仅10元。新旧诉讼费用制度共同的特点,一方面是孤立地制定收费规则,没有将诉讼费用制度纳入整个民事诉讼制度体系加以权衡,与其他民事诉讼制度缺少关照性。另一方面是诉讼收费缺少层次性,其表现是当事人对程序的耗费程度与诉讼收费并无直接关联。同样的案件,在程序耗费程度不同的情况下,花费是相同的,这就很难促使当事人在诉讼的迟早程序阶段消解纠纷,程序的不当消耗在所难免。在我国民事审判中,将调解结案作为一个重点追求目标的立法及实践现实前提下,没有考虑利用诉讼费用制度来调节当事人的行为选择也能产生的积极影响。值得肯定的是,最高人民法院为促进当事人更多利用调解方式解决纠纷,出台了调解结案"诉讼费用减半"的司法政策。这一司法解释,一方面对当事人在诉讼中选择调解解决纠纷能够起到的一定的积极作用,另一方面,该费用政策也与我国调解合一的程序结构相契合。因为,我国采取调解优先的程序原则,而该费用政策恰好是为这一程序机制的实现提供了制度基础。不过,该政策对当事人选择合意解决纠纷的正向激励作用尚不明显,这从法院调解的司法统计数据就能得出这一结论。①

再有,调解收费激励政策出台后,调解结案率没有得到有效改善的另一原因是,律师收费制度也没有积极"响应"诉讼制度的价值需求,无法与诉讼制度形成互动的、良好的相互促进效用发挥的制度。在实践中,律师代理费用大致有两种收费模式:一是按案件争议标的数额收费;二是风险代理。第二种收费方式基本与促进纠纷通过合意解决没有太大帮助,相反,因律师追求胜诉的利益最大化,反而可能导致双方当事人解决纠纷合意的形成受阻,甚至可能会迟延纠纷的解决。而第一种代理费收取模式,采取的是与法院案件受理费相同的规则,律师计费仅与案件标的数额存在直接关联性,与诉讼程序耗费程度没有直接关系。现有的律师代理费计收制度,并没有法律上的制度安排,从我国实践中来看,基本上是各省、自治区、直辖市司法行政部门制定一些指导性意见,更多的是由律师(律师事务所)与委托人协商确定。

采取低诉讼费用政策的一个最大的制度价值,在于为民众接近司法提供最基本的保障。不过这种低收费政策也不可避免带来负面的效果,即可能导致当事人滥诉,不利于纠纷的及时化解。再有,国家司法制度是由国库负担的,司法资源是有限的,如若允许部分人不当消耗司法资源,那么对其他人来讲也是极不公平的。特别是从当今世界纠纷解决机制的发展趋势来看,纠纷多元化解决机制的构建是一个基本理念,特别是纠纷ADR的解决方式,更应当是加以倡导的政策选择。适当通过诉讼费用的调节作用,能够有效分流案件,发挥非讼机制解决纠纷的作用。从另一个角度来看,即使进入诉讼的案件,也不能无原则地容忍不当耗费程序、拖延诉讼的行为,在这方面费用政策也被期待能够发挥积极的作用。从当前我国诉讼程序调审合一的结构,若期

---

① 最高人民法院2010年发布的《关于人民法院民事调解若干规定》中首次规定了调解结案费用减半的政策,此后法院调解结案率并未因这一政策的出台而发生显著变化。

望当事人能够更多地选择合意解决纠纷,就必须采取多种措施调整当事人的行为选择,可以采取激励诱导与消极评价相结合的制度安排,促进当事人合意解决纠纷作为自觉的行为选择。

诉讼费用的分担各国采取的原则基本一致,即败诉方负担原则。这里所说败诉方负担诉讼费用的内容,仅指法院收取的相关费用,并不包含当事人为应付诉讼所支出的其他费用,包括委托律师的代理费、证人为出庭作证所花费的费用,以及当事人为出庭参加诉讼所产生的其他费用等。诉讼费用由败诉方负担的正当性在于,是因败诉侵权或者不履行义务而导致胜诉方的权利及其实现受到损害,从维护法的安定性的角度来看,理应由破坏法的秩序一方当事人承担相应成本,此乃具有"制裁"的性质。由败诉方负担诉讼费用还有一个积极的作用,即是可以抑制滥用诉权的行为,在起诉方不具有充分理由或者证据的情况下而导致不必要的诉讼耗费,理应由其承担由此而产生的费用。新近实践发展,有主张律师代理费也纳入败诉方应当承担的费用,而且在像仲裁等非诉纠纷解决的场合已经有条件地由败诉方承担律师费用,并明确地在仲裁规则中加以规定。不过,律师代理费由败诉方负担之规则,可能会鼓励有可能胜诉一方不当地实施诉讼行为,会导致诉讼成本大幅增加,阻隔民众接近司法之宪法性权利的实现。无论怎样,诉讼费用制度不仅单是一项收费制度,其所具有制度价值在平衡保障公民接受公正的审判与防止滥用诉权、有效促进纠纷的及时化解方面具有积极的意义。

(三)诉讼费用促成调解合意的正向激励机制

诉讼费用的正向激励作用,是体现在鼓励诉讼当事人尽可能减少司法资源的耗费,以及努力促成当事人合意解决纠纷两个方面。在鼓励当事人减少程序耗费方面,主要表现在当事人可以依法实施诉讼权利并相应地会引起某项程序的启动或者进行,而当事人出于节约诉讼费用或者减少诉讼开支的考虑,没有实施这些诉讼权利和进入某一诉讼程序或者程序阶段,即不产生讼费。比如,当事人在审前程序阶段即达成和解协议或者经法院调解达成调解协议,因此而节省开庭审理阶段的程序耗费;或者一审判决后当事人服判,不提起上诉而节约上诉审程序。鼓励当事人在程序进行的尽早阶段解决纠纷,可以通过诉讼费用制度来加以实现。鼓励性费用措施有两个方向：一是通过退还、减免已经缴纳的诉讼费用，使当事人通过合意解决纠纷能够获得制度上的优惠而"有利可图"；二是调整诉讼收费的方法，将当事人所耗费诉讼程序之程度与诉讼费用相挂钩，即采取诉讼费用按程序阶段收取，而且每一程序阶段所收取的诉讼费用采取递进累加的方法计收，程序耗费越多所计费的比例就越大，以此鼓励当事人尽可能在程序的早期阶段达成纠纷解决的合意。通过退还或者减免诉讼费用、程序耗费与费用挂钩的诉讼费用政策，应当能够在很大程度上对当事人的行为选择产生影响，毕竟作为任何一个理性的当事人都不会做"亏本的买卖"，如果通过诉讼获得的收益与成本支出相比"无利可图"甚至出现"入不敷出"，再考虑到时间以及精力的消耗，当事人必然会做出利益最大化的行为选择，当事人选择合意方式并在诉讼的早期阶段解决纠纷就成为可能。

诉讼费用的正向激励机制的基本原理，是以程序自身的成本以及当事人对程序的消耗程度为依据的。在程序自身耗费的成本方面，再审程序无疑是成本最高的，其次是普通程序和上诉审程序，简易程序、小额诉讼程序是案件审判程序中消耗成本最少的一个程序（我国目前小额程序除一审终审外，其他规则适用简易程序的规定），而调解程序应当是成本最低的纠纷解决程序，因为它不需要严格适用程序规则和实体规则，不需要当事人严格的证明，也不需要法院花大量的时间和精力来调查证据和认定事实。

最高人民法院 1989 年制定的《人民法院诉讼收费办法》以案件的性质作为征收诉讼费用的一般标准，区分为财产案件和非财产案件，与适用的程序并无直接关系。比如，作为财产案件，无论是适用普通程序还是适用简易程序，也无论是一审程序还是二审程序，收费标准是相同的。特别值得注意的是，该《收费办法》规定了法院依照审判监督程序审理的案件，则免交案件受理费。这一规定，无疑极大地激发了当事人申请再审的"热情"，下表是 1991 年至 2015 年人民法院审理各类案件数据。

第五章 费用及时间成本对调解合意生成的引导

表 5.1　1991—2015 年全国法院民事案件审结数据①

年份	一审结案数(件)	二审结案数(件)	再审结案数(件)	执行结案数(件)
2015	9575000	930731	3815560	
2014	8010000	711018	29375	2427210
2013	7510584	612516	32953	2717763
2012	7206331	583855	33902	1976716
2011	6558621	571762	38609	1934936
2010	6112695	593373	41331	2055410
2009	5797160	598355	38070	1969323
2008	5381185	517873	35704	1752411
2007	4682737	422041	38786	1658189
2006	4382407	406381	42255	1706849
2005	4360184	392191	41461	1590814
2004	4303744	377052	44211	1706075
2003	4416168	370770	47412	1836694
2002	4393306	357821	48916	1856949
2001	3457770	377672	82550	2073225
2000	3418481	264798	58531	1271977
1999	3517324	244550	56103	1227192
1998	3360028	204958	48152	961938
1997	3242202	177317	43347	823420
1996	3084464	159702	37274	788577
1995	2714665	138585	34475	645421
1994	2382174	123005	30780	546683
1993	2091051	118638	30639	30639
1992	1948949	129079	31980	
1991	1910013	128396	29286	

① 由于资料记载不完整，上述数据分别来源于《中国法律年鉴》、《人民法院工作报告》以及朱景文主编的《中国法律发展报告：数据库存和指标体系》(中国人民大学出版社 2007 年版)。

从表 5.1 中数据我们可以看出,各审程序的案件,特别是再审案件的增幅是惊人的。一审程序不分普通程序和简易程序采用同一费用征收标准,上诉审程序与一审程序也采用同一费用征收标准,违背了不同程序的功能和不同程序的成本。再审免费,使得法院生效判决既判力受到极大的挑战,也导致当事人选择程序上的混乱,诉讼也成了无休止的程序拖延,纠纷何以能得到解决? 不过,最高人民法院也最终认识到了"免费程序"所产生的负面效果,对收费办法积极地加以修订。1999 年制定的《〈人民法院收费办法〉的补充规定》将"免费程序"修改为"有条件的收费",即一是当事人申请再审的,二是依照《民事诉讼法》179 条第 1 款之规定,或者一审判决后当事人未提起上诉而生效后又向法院申请再审的案件,应当向法院缴纳案件受理费。不过,此司法解释出台后仍为当事人规避缴纳再审费用留有空间,即法院依职权决定再审的案件和检察院依职权提起抗诉的案件,仍然是免费的,此种情形下程序成本则完全由国家负担。同时存在的另一个问题是,在诉讼费用对当事人诉讼行为选择调节作用"失灵"的情况下,合意解决纠纷则难以实现。根据上述法院审判案件数据,同期调解结案的案件数量不容乐观,而且这些调解案件的数据,是最高人民法院将调解结案率作为法院审判绩效考核的一个重要指标的压力下,才有了这番成绩。从统计数据中,我们也可以看到,法院不强调或者不重视调解的时期,调解结案率就非常低。固定的诉讼费用征收标准,对当事人诉讼行为的选择并无引导作用。

诉讼费用的正向激励机制之一种,即是将诉讼程序区分类别依程序的繁简度标准来加以征收。明确上述程序自身耗费成本的区分,那么在诉讼收费上就不能适用一个统一的征收标准,应当区分有别,给当事人适度的选择空间。在我国目前的诉讼费征收标准的格局下,当事人启动上述审判程序的计费标准并无区别。那么,在诉讼收费与程序自身耗费成本无关的情况下,缘何能在按普通程序审理的案件鼓励当事人选择适用简易程序呢? 这似乎是一个缺乏逻辑性的制度安排。大家知道,简易程序与普通程序相比,在审判组织、程序结构、开庭次数限制、审理期限等多方面简化设计,具有便捷性和灵活性,程序自身的运行成本相比普通程序

第五章 费用及时间成本对调解合意生成的引导

大幅降低。可以试想,作为程序保障不及普通程序而诉讼费用则无差别,当事人会在不减少成本的情况下去选择简易程序吗?选择简易程序,除了审结期限较普通程序短之外,其他并无比普通程序吸引当事人的特别优势。由此看来,如若在诉讼中保障当事人的程序选择权并能够通过有效措施促成其实现,必须根据程序的差异性,制定不同的诉讼费用收取标准。这一点对我们的启发是,由于诉讼调解程序能够节省诉讼证明及事实认定环节,可以极大地减轻当事人和法院的负担。从这一点来讲,诉讼调解程序运行的成本为最低,利用该程序解决纠纷的费用政策可以灵活处理。比如,如果当事人选择了该程序,则程序费用较简易程序收费减半收取;如果在调解中达成了协议,则可大部分退还诉讼费用或者不收费用。

诉讼费用正向激励机制的另一种制度设计,是采取诉讼费用分段计收的政策。按照我国《民事诉讼法》所规定的程序规则,一个完整的诉讼程序大致分为这样几个阶段:起诉受理阶段,审前准备阶段和开庭审理阶段。从审级制度来看,我国实行两审终审的制度,不服一审判决可依法提起上诉。从现行《民事诉讼法》规定来看,当事人提起上诉采取了低阶化的制度安排,即只要当事人不服一审裁判,在法定期间以书面方式提起上诉,即符合法律规定的上诉条件,二审程序就会被启动。这不免容易导致上诉提起的随意性,如若不在费用制度上加以规制,程序的滥用不可避免,也不利于当事人尽早通过合意解决纠纷。

就一个完整的程序而言,无论是初审的一审程序,还是续审的二审程序,其诉讼的阶段性都是非常明显的。一般意义上讲,前一个程序阶段的任务没有完成的情况下,通常不会也不应当进入下一个程序阶段。诉讼费用可以按照当事人消耗的程序阶段按比例来收取,这种收费方法有以下优势:一是体现了司法服务的性质,当事人消耗了多少程序就应当支付相应程序的费用;二是避免不当的程序消耗。与一次交纳程序的全部分费用相比,当事人在实施程序选择行为时会更加谨慎,当事人不可能会花费成本去进行毫无意义的程序;三是有利于促进当事人合意解决纠纷。考虑到程序进行与成本成正比关系,当事人趋利避损的行为选择偏好,往往使当事人选择程序成本最低的纠纷解决程序。对于财产案件来讲,避开当事人情绪化的诉讼行为,绝大多数案件都有回旋的余地,程序费用的调节作用在这里能够发挥较大的作用。在实践中,许多国家及地区都对当事人通过合意解决纠纷给予积极的诉讼费用优惠。例如,我国台湾地区 1999 年修订的"民事诉讼法"第 84 条明确规定:"当事人为和解者,其和解费用及诉讼费用各自负担之,但另有约定者不在此限,和解成立者,当事人得于成立之日起 3 个月内申请退还其于该审级所缴裁判费用的 1/2。"第 420 条规定:"第一审诉讼系属中,得经两造合意将事件移付调解……依第一项规定移付调解而成立者,原告得于调解成立之日起 30 日内申请退还已缴裁判费用的 1/2。"2009 年新修订的台湾地区"民事诉讼法"又将上述两条规定的退还裁判费的比例上调至 2/3。最高人民法院 2003 年出台的《人民法院民事调解若干规定》规定,当事人双方达成调解协议而结案的,案件受理费用减半收取。这些规定,无疑是想通过诉讼费用的正向激励作用,促使当事人尽可能地通过合意方式解决纠纷,降低诉讼成本,提高诉讼效率。不过,国务院 2006 年发布的《人民法院诉讼收费办法》大幅调减了诉讼费用标准,比如 100 万元的案件,按新标准计算大致应当向法院缴纳 1400 元左右的案件受理费用,这与当事人提起诉讼欲获得的利益相比,几乎可以忽略不计,费用减半或者所交费用全部退还的诉讼费用政策,可以预见对当事人行为选择的引导作用效果不会太好,甚至可能没有什么效果。因而,在诉讼收费改革上应当坚持按程序类型分类计费,在同一诉讼程序中按诉讼阶段收费,且后续程序的费用的计算标准应当远高于前段程序的收费标准。

(四)诉讼费用制裁对合意形成的引导

在督促当事人履行诉讼促进义务方面,诉讼费用的调节作用不可小视,其通常是采取费用负担(费用惩罚)的机制来加以实现的。在当事人不当消耗诉讼程序或者滥用诉讼权利而过度消耗诉讼程序时,通过程序运行所产生的诉讼费用科加于实施不当诉讼行为或者滥用诉讼权利之人,使当事人能够理性选择行为,妥当行使诉讼权利。从制度安排上来看,我国民事诉讼法及司法解释主要在证据领域规定了诉讼费用惩罚制

第五章 费用及时间成本对调解合意生成的引导

度,比如当事人迟延提出证据的情况下,一般不会给予证据失权的制裁,通常是对迟延举证方处以罚款(此类罚款属于程序性制裁)以及承担对方当事人因此而支出的费用。最高人民法院2015年司法解释第102条规定:当事人因故意或者重大过失逾期提供的证据,人民法院不予采纳。但该证据与案件基本事实有关的,人民法院应当采纳,并依照民事诉讼法第65条、第115条第1款的规定予以训诫、罚款;再如,当事人一方本应在一审申请出庭作证的证人,由于其过失而在二审中才引入诉讼程序,此即属于程序的不当耗费,法院应当责令一方当事人因此而遭受费用损失而受到补偿,并可对该当事人采取罚款的方式予以程序性制裁。此种意义上的费用罚款措施,在域外也不乏立法例。例如《英国民事诉讼规则》对于一方当事人不当的程序耗费或者其行为导致费用花费不当增加,法院可以作出以下制裁:(1)有过失的一方支付另一方的诉讼程序费用,或者其一部分;(2)有过失的一方基于一种补偿的基础支付这些费用;(3)如果有过失的一方是请求人,法院在作出应向其支付损害赔偿或者一定数额金钱的判决时,能以判决剥夺其在一定期间的利息,以及以较低的利率向其支付利息等;(4)如果有过失的一方是被告,法院在作出向请求人支付损害赔偿的判决时,给予该笔金额在此期间的利息,其利率可以略高于本来应当给予的利率,但不得超过其10%。①

诉讼费用制裁规则的适用,主要体现以下三个方面:

一是强制调解。进入20世纪70年代以来,案件陡增出现所谓的"诉讼爆炸"现象,导致法院审判出现积案,诉讼迟延现象非常突出。司法的高成本、低效率,使人们对现代司法产生了信任危机。发端于西方国家的司法ADR便是为了应对这一危机的产物,各国普遍在诉讼中推行了法院附设调解等替代诉讼的多元化纠纷解决机制,甚至在一些国家出现调解前置、强制调解的程序设计,并通过费用激励机制来鼓励人们利用调解制度。"例如,荷兰政府就曾提出一个明确目标,通过引入强制性法院附

---

① 参见毛玲:《英国民事诉讼的演进与发展》,中国政法大学出版社2005年版,第381页。

设调解以及将调解纳入法律援助项目,来鼓励民众对自己的纠纷负起更大的责任。"①作为现代法院附设调解发端国家,美国允许法院在未经当事人同意的情况下作出调解的命令,当事人必须遵照法院的命令出席并诚信地参与调解,如果当事人违反法院命令将受到适当的制裁②。这实际是制裁性诱导机制的表现,也即意味着,不出席调解程序或者不诚信地参加调解,会产生不利益的后果,通常是费用性制裁,这也使当事人从心理上暗示自己要认真对待这一问题,这就为调解合意的形成打下了基础。其实,从心理学角度来看,强制调解可以打破调解程序启动的僵局,因为,从本质上来看,调解在自愿进行的前提下才有意义,但是,无论哪一方都不会愿意在法官面前示弱先同意进行调解程序,这就使得调解的基础不复存在了。强制调解由于程序上的无可选择性,也就打消了当事人的顾虑,积极地参加调解也就是顺理成章的事了。"在未决的诉讼案件中,许多律师最初都不愿意尝试调解,也不愿意向对方律师提出调解建议。一个主要的担忧是,这样的建议可能会被理解为理亏或案件可能败诉。基于同样的原因,律师在向当事人提出调解建议时也很犹豫。然而,法院强制调解消除了这一问题。尽管与调解的自愿性理论不相符合,由纠纷之外的力量尤其是像法院这样较高的权威来推动调解程序的启动,这一理念已经为全美国的强制调解项目提供了理论基础,法院也在继续指令案件进入调解。"③

二是,当一方当事人有调解或者和解意愿向对方当事人发出调解或者和解邀约,并提出具体的和解方案,若这一和解协议方案或者调解协议方案是大致符合争议案件基本情况的,而另一方当事人寄希望于通过后续程序的努力获得比对方当事人提出的方案更加有利的判决结果,而拒绝接受对方和解或者调解方案,这就可能导致纠纷不能高效解决且将会

---

① [澳]娜嘉·亚历山大主编,王福华等译:《全球调解趋势》(第2版),中国法制出版社2011年版,第23页。
② [澳]娜嘉·亚历山大主编,王福华等译:《全球调解趋势》(第2版),中国法制出版社2011年版,第368页。
③ [澳]娜嘉·亚历山大主编,王福华等译:《全球调解趋势》(第2版),中国法制出版社2011年版,第365页。

产生高昂的费用。如若经历后续程序的审理,拒绝者并未获得较提议者高的判决结果,则其应当承担由于其拒绝接受邀约者之提议而不当消耗了诉讼程序所产生的诉讼费用。在此意义上,拒绝者承担诉讼费用也是诉讼费用制裁机制的内容。拒绝者承担诉讼费用有其正当性:一是当事人负有诉讼促进义务之法理,当事人应当尽可能地促进诉讼的进行,并能促使纠纷在诉讼的早期阶段即能化解;二是,拒绝者遭受费用制裁并不损害其接近正义的权利,因为,如果裁判结果高于对方当事人所提出的方案,即不存在不当利用诉讼程序的问题。

当事人诉讼促进义务的一般法理,是要求当事人正当地行使诉讼权利不致诉讼迟延,同时,这一法理还隐含了当事人之间协力义务,即作为案件事实的发现、纠纷的妥当解决为法院和当事人追求的共同目标,为达成此项目标,当事人之间有相互合作的义务。就第一方面的内容而言,诉讼促进义务要求当事人应当及时以恰当方式实施诉讼行为,违反此项义务可能导致的法律后果是受到程序性制裁或者丧失某项诉讼权利,比如当事人未在举证期限内提出证据主观上存在故意或者重大过失导致诉讼迟延,法院可以对其训诫、罚款或者要求其承担诉讼费用,严重者当事人迟延提出的证据将不被采纳。此项意义上的诉讼促进义务,着眼点在于维系顺畅、高效的诉讼,促进纠纷的有效、高效率的解决。第二方面内容更加重视的是当事人之间的合作关系的构建,即所谓的当事人的协力义务。协力义务强调的是当事人之间的合作关系,尽管诉讼是在利益对立的双方当事人之间展开的,但这并不意味着当事人之间的诉讼关系仅仅是一种对抗关系。在诉讼中,双方当事人有着共同的目标,那就是发现案件真实以及纠纷能够得到妥当、有效的解决。当事人之间的对抗诉讼关系是基础,有助于激发当事人的诉讼热情,能促进当事人积极主张、进行证明和辩论,能够使法官在双方辩论的基础上来认定案件事实。不过,这种对抗关系也可能会给事实认定带来风险,当事人可能会基于胜诉利益的诱惑隐匿证据,特别是在证据偏在的情形下,不利于案件事实的发现。因此,强调当事人的合作关系的构建就显得非常必要和重要。除为促进诉讼程序的有序进行和案件事实发现方面的合作,当事人就解决纠纷的妥当方式也有合作的余地。当一方当事人就案件提出了妥当的解决方案,从诉讼协力义务的角度来看,另一方当事人应当采取积极回应的态度,而非一拒了之。尽管调解的本质是当事人处分权的行使,但是,这种处分权的意义更多的是强调当事人对实体权力的处分。关于程序上的安排,我们尽管考虑到当事人的程序利益有必要给予当事人程序选择权,但如若当事人程序上的处分与国家设立诉讼之目的相矛盾,或者当事人的选择明显会迟延纠纷的解决以及增加诉讼成本,则在程序安排上国家可以从更为宏观的利益出发,强制当事人接受一些看似不尊重当事人处分权的程序安排,但实质上是合诉讼目的性的程序安排。

要求当事人积极回应对方和解或者调解建议的另一重要考虑是,随着经济的迅猛发展而伴随的诉讼爆炸,积案现象在各个国家都表现得极为严重,我国也不例外,而相对纠纷成倍增长来说,法院解决纠纷的能力和资源是有限的,大量纠纷涌向法院使得法院不堪重负,诉讼迟延、诉讼成本增加等,加剧了人们对司法的不信任和抱怨。为应对这些危机,世界各国增强了法官(法院)对诉讼程序的管理职责,强化了当事人诉讼促进义务,对不遵守法官(法院)诉讼程序上的命令,将会被实以程序性制裁。与此同时,ADR 多元化纠纷解决机制在法院审判中得到发展,出现了所谓"多扇门法院"的概念。[①] 司法 ADR 的引入,其实质是更强化了诉讼纠纷解决之目的。尽管有学者批评,调解是为当事人提供了"廉价的正义",但其在解决纠纷的高效率和低成本方面的优势,却恰恰是弥补了所谓的诉讼正义耗费高成本、费时等缺陷。

三是对滥用程序权利及不当利用程序的制裁。司法正义之所以被推崇,在于其能够为纠纷当事人提供充分的程序保障,以保证纠纷是被一个公正的机关适用正当程序加以处理。在程序保障之下,当事人享有广泛的诉讼权利,以使其能够在诉讼程序中充分主张和证明,最大程度上实现其主张之利益。不过,法律给予当事人广泛诉讼权利的同时,也必然会对其行使有必要的限制。其一是诉讼权利的行使符合诉讼目的性。学理上

---

① "多扇门法院",是指法院设置了多元化的纠纷解决方式,进入法院的当事人可以在其中进行选择。参见[澳]娜嘉·亚历山大主编,王福华等译:《全球调解趋势》(第2版),中国法制出版社 2011 年版,第 4 页。

第五章　费用及时间成本对调解合意生成的引导

认为,诉讼目的具有多样性,其主要目的在于保护私权;当然,20世纪80年代以来,为应对大量进入法院的纠纷,解决纠纷之目的已经成为诉讼的重要目的。当事人行使诉讼权利、对诉讼程序的利用,如果偏离了私权保护或者解决纠纷之诉讼目的,当属应当加以规制的行为。此外,为保证纠纷能够得到公正的解决,法律设置了若干程序供当事人选择,比如保全程序、鉴定程序、上诉程序、再审程序等,这些程序各自都有其目的性。如果当事人不当利用这些程序,必然会导致诉讼迟延、诉讼成本增加,不但不利于纠纷的解决,也有损司法正义之要求。从制度上规制当事人诉讼中的不当行为,首先是要求当事人依法行使诉讼权利,不符合法律规定其行为将是无效或者被驳回;其次是要求当事人本着善意行使诉讼权利、实施诉讼行为,此即为诉讼中的诚实信用原则。我国2012年修正民事诉讼法之际增加了诚实信用原则,从这一点来看,是要求当事人在诉讼中应当行使诉讼权利、合程序目的性实施诉讼行为。那么,在当事人滥用诉讼权利或者不当消耗诉讼程序时,会有怎样的法律后果呢?很明显立法上应当对这些不当行为给予消极评价,通常采取的措施是给予当事人以程序性的制裁,比如训诫、罚款和承担诉讼费用;或者不承认其行为的法律效果,当事人行为的预期目的无法实现。

当制度上设立了这些规制措施并辅以法律的消极评价,也就产生了制度的反向激励效果:当事人妥当合目的性地行使诉讼权利、实施诉讼行为,特别是在制度上通过多项利好措施引导,当事人通过选择合意解决纠纷,便是可以期待的行为选择。

综上分析,费用激励是当事人选择合意解决纠纷的重要机制,合理安排诉讼费用制度,不但能够节约司法成本,同时也是高效、实效性地化解纠纷的重要保障。建立当事人程序消耗与诉讼费用相关联的诉讼费用征收与成本承担制度,可以促进当事人理性选择程序,避免不当的费用支出;诉讼费用的正向激励政策,能够诱导当事人积极选择合意方式并在诉讼的早期阶段达成协议,解决纠纷;诉讼费用的制裁机制,则对当事人予以规则上的警示,避免其不当实施诉讼行为和消耗诉讼程序,反向激励当事人减少程序耗费并向合意方向努力。

二、时间成本对调解合意生成的引导

法院附设 ADR 调解被认为是最为成功的替代诉讼的纠纷解决方式,在案件进入法院之后,调解被动员的主要激励因素有二:一是费用成本因素,二是效率因素(时间因素)。时间成本是涉及纠纷解决效率的一个评价指标,其对当事人财产利益的影响是以"间接""延时"的方式产生效果的,往往不为当事人所注意和重视。时间成本本质上是与费用成本密切关联的一个概念,过于迟延的诉讼不仅是降低了解决纠纷的效率,同时也必然会增加当事人在解决纠纷中的费用耗费。时间因素对费用产生的影响主要表现在以下两个方面:一是时间耗费越长的诉讼,说明当事人因程序拖延所支出的费用会随之增加,包括当事人因消耗程序而产生的费用,也包括当事人为参加诉讼而支出的费用,如果律师费用以时间为计费标准,那么时间的耗费还意味着当事人应当支付更高的律师费用;二是因发生纠纷而涉讼的财产包括采取保全措施的财产,因支配受限而无法使其发挥财物的使用价值,因此可能导致财产损失。

(一)时间成本的一般分析

时间成本对当事人选择调解的激励作用,主要体现在调解因简便灵活,没有审判那么严格的程序规范限制调解人、当事人的行为,使得调解更节省时间,或者说解决纠纷的效率更高。再有调解以当事人同意为解决纠纷的正当性基础,程序上并不必要给当事人提供充分的程序保障;特别是,在调解过程中法院、调解人必须尊重当事人的意愿,无权强制当事人接受调解方案。因而,无论是程序上还是实体上,显然不需要为当事人提供层级救济的制度设置,也即不必为当事人创设因程序保障所需要的异议权、上诉权等。故而,调解程序就节省了审判程序中因限制审判权恣意行使之需要而为当事人提供程序保障。调解因省去了为实现司法公正

第五章　费用及时间成本对调解合意生成的引导

的烦琐程序,而变得更加简便、灵活和富有效率,是促使当事人选择调解的一个重要激励因素。

客观地讲,与西方国家动辄3~5年的审结周期相比,我国民事审判是"非常高效率"的,这都源于我国民事诉讼法所规定的"审限制度"。民事诉讼法对一审程序、二审程序分别规定了不同情形的审结期限,如若按照立法的制度设计,我国民事案件大多应当在一年之内审结(一审简易程序三个月、普通程序六个月、二审程序三个月)。为保障案件审理高效、有序进行,在司法实践中对于审限的管理到了几近苛刻的程度,并将其纳入法院内部考核的重要内容。如此一来,时间上的耗费并不构成当事人诉讼的主要成本因素,实践中当事人之所以极力推进程序走向庭审程序直至作出判决,"时间花费"不多可谓是其主要因素之一。

在审判中实行审限制度,是我国1991年民事诉讼立法确立的一项重要制度,其立法的目的是促进诉讼的有序和效率。据统计,超过80%的民事案件第一审由基层人民法院受理,其中超过80%以上的案件是适用简易程序审理的,这就意味着有近八成的民事案件在3~6个月内审结(包括二审程序)。从制度设计来看,当事人获取法院判决的期限是可以预期和确定的,时间成本很难成为在诉讼中当事人选择"合意"解决其纠纷的诱因。这与西方国家民事诉讼中当事人选择和解的主要因素之一即时间成本,形成鲜明对照。20世纪90年代以来,许多西方国家开展了旨在提高"司法效率、缓和司法信任危机"的司法改革运动,诸如英美国家实施的案件"多轨制"分流、强化法官"程序管理"的权力等,德日等国家实施的"集中审理""有效促进和解"等。这些极力改善诉讼迟延的措施,其最终也大致使得原需要耗费3~5年的审理期降至平均2~3年的水平。耗费时间的审判,尽管其带来的是诉讼迟延的弊端,但诉讼作为纠纷救济的最后一道屏障,其基本的程序价值在于为民众提供充分、民主、公平的程序保障,以确保当事人的听审权、辩论权等实质性的程序参与权利,这是司法公正的必然要求,也是合理的程序耗费。过度通过缩短程序进程、简化诉讼程序来追求纠纷解决的效率性,可能在某种程度上会丧失司法的严肃性和公正性。因此,无论是从保障当事人的诉讼参与权,还是确保程序的平等性和判决的公正性的角度来思考,必要的时间成本是公正司法的保障。

本书意图通过对时间耗费与司法程序公平与裁判公正的实现关系的说明,合理的时间安排对于纠纷公正解决具有重要的意义。适度的时间成本将具有以下几方面的意义:第一,分流案件。考虑到审判程序的"严格性"而可能产生的纠纷解决过程中的时间成本,以及过于恪守程序规范而缺少灵活性等,当事人可能会选择非讼的解决方式;第二,对于进入诉讼程序的案件来讲,程序的推进所产生的时间消耗,可能会成为当事人在诉讼中选择和解的一种动因。不当地简化程序以提升诉讼效率,可能会带来阻止合意生成,特别是在双方都对裁判结果存在模糊预期的情况下(即双方都坚信,只有坚持到最后,法院裁判才可能向有利于自己的方向发展)。所以,我国民事司法实践中过于严格控制审限,未必是及时化解纠纷的好办法。所以,只有在恰当地设计程序,兼顾程序保障、诉讼效率、纠纷多元化解决方式等,当事人的"合意"在审判程序中才能生成。

(二)构建多轨纠纷解决机制满足当事人的程序利益需求

本意为推进高效司法的我国审限制度,实践运行的结果却出现了诉讼迟延的问题,这与制度本身设计缺乏可靠性与合理性有密切关系。现有审限制度的弊端以及由此而引发的司法信任危机,使得诉讼调解受到了司法政策的青睐。也正是越来越严重的诉讼迟延问题,为调解的适用再次迎来了契机。不过,这次调解被动员主要是由法院主导的。为解决积案问题,法院系统开始了新一轮的司法改革,包括探索强化纠纷多元化解决机制、诉讼与非讼调解相衔接等改革措施应运而生[1];同时,法院也从内部挖掘潜力,一方面强调司法能动主义,另一方面改革试点速裁机制。我国现行审限制度总体表现出规定过于笼统、期限变更随意性大、对

---

[1] 2010年、2011年最高人民法院相继出台了《民事纠纷诉讼与非讼相衔接多元化解决机制》和《民事调解协议司法确认的规定》两个司法解释。从这两个司法解释来看,法院将案件解决在非讼阶段的意图非常明显,这也折射出了法院对日益增长案件所带来的审判压力和诉讼迟延问题的一种对策。

第五章 费用及时间成本对调解合意生成的引导

法院无约束力等本源性问题；同时，欠缺对当事人的程序关照，程序运行体现过重的职权色彩，当事人的程序利益被忽视。多轨纠纷解决机制，为当事人提供了程序选择的机会和条件，相对于诉讼而言，调解具有灵活、结果多元化的特点，尤其重要的是，因为调解给予了当事人拒绝的权利，更加体现了在纠纷解决中对当事人主体性的关照，能最大限度满足当事人各种利益需求。

时间因素对调解是从以下两个方面产生激励效果的，一是时间本身的耗费给当事人所带来的负面影响；二是时间耗费所产生的经济成本对当事人诉讼预期利益的影响。

1. 过度耗费时间的司法缺乏正义基础

过度耗费时间的纠纷解决程序，即表明了缺乏效率性。"迟来的正义非正义"，准确地表达了时间因素是司法正义的构成要素之一。诉讼迟延是各国司法存在的一个普遍性问题，由于案件审理没有类似我国的审限规定，西方发达国家诉讼周期相对较长，诉讼迟延现象非常突出，案件的审理周期持续数年的情形并不鲜见。"民事司法制度在20世纪80年代受到批评，理由是太慢、太贵，几乎不能为常人所理解。"[①]为克服诉讼迟延所带来的司法信任危机，20世纪末21世纪初，西方一些发达国家开展了旨在提高司法权威和高效司法的改革运动。因法院与当事人在诉讼中的程序管理权限存在差异，英美法系中当事人拥有更多的程序进行的机会和权利，因此改革的方向更多的是强化法官对程序的管理权限；而在大陆法系国家，法官的角色则更为主动，但也因应给予当事人充分程序保障而存在当事人迟延诉讼的情况，因此改革的方向是强化法院和当事人促进诉讼义务。

诉讼迟延不仅是对当事人权利的高效实现构成障碍，同时，因争议的权利义务关系迟迟不能得以确定，对社会和谐稳定和经济的健康发展也是一大阻碍。从这一高度来看，国家不可能放任诉讼迟延不管，而必须采取有效措施加以改善，上文中提到域外在加速诉讼进程方面的改革便是

---

① ［英］阿德里安 A.S. 朱克曼主编，傅郁林等译：《危机中的民事司法》，中国政法大学出版社2005年版，第27页。

国家对诉讼迟延的回应。另外,诉讼迟延也催生了司法政策的调整,这表现在两个方面:一是对诉讼程序本身的策略调整,二是对纠纷解决机制的优化设计。

从对诉讼程序制度的改革方面来看,在为当事人提供充分保障的基础上,通过多项制度安排促进诉讼的高效进行。一方面通过合理调整法院与当事人在诉讼中的权利义务关系,来有效促进诉讼的进行。比如上文讨论到的法院与当事人诉讼促进义务的确立等,法院有适时、有效推进诉讼程序之责任,而当事人对程序迟延则可以适时以裁判请求权为基础提出异议,当事人有参与程序管理之权利,同时也应正当利用程序适时提出攻击与防御方法,法院对当事人迟延诉讼行为有费用制裁与失权制裁之权力;另一方面通过改良制度,借此调整诉讼中追求公正与效率的关系。比如说日本的2003年民事诉讼修正时新设的提起诉讼前的"预告制度"与"证据收集制度",还有"审理计划制度""专门委员会制度"[①],这些制度的构建目的,就是加速诉讼进程为民众提供一个公正、高效的司法程序。

在多轨纠纷解决机制的构建方面,为使当事人进入审判程序后有可选择的余地,程序多元化设计是一种发展趋势,有的程序注重充分的程序保障,而有的程序在给予最低限度程序保障的基础上,最大化地追求诉讼的效率。从诉讼程序的发展来看,许多国家已经形成了一个程序与案件相对应、富于更多选择机会的诉讼程序体系,为民众提供了多样化的司法服务。而法院附设ADR则是非讼纠纷解决方法融入审判的另一种程序多元化的司法服务。相比审判程序而言,附设ADR纠纷解决方式,具有在费用及时间成本上的优势而受到各国的普遍重视。在我国,除立法为当事人提供了普通程序、简易程序和小额诉讼,还为当事人提供了诉讼调解和法院附设调解等多元化纠纷解决机制。相比国外的诉讼制度,我国

---

① 所谓提起诉前的"预告制度",是指在原告起诉前以适当方式预先告知对方当事人,以此形成一种"准系属状态",一旦完成"提诉预告",双方当事人即可以在起诉前实施证据收集行为,也包括可以在起诉前实施"当事人照会",以此加速诉讼进程。这些制度的设置,其实是把起诉后诉讼系属后才能实施的行为,前移至起诉前。

第五章 费用及时间成本对调解合意生成的引导

有更多的选择机会和条件。

从解决审判程序过度耗费时间而使得当事人权利救济和实现受到阻碍的问题,多元化的程序程序设计和多轨制的纠纷解决机制,的确为当事人提供了完善的司法服务体系。诉讼程序过度地耗费时间,当事人并不能收获自己想要的正义,多元化的程序设计思想契合了正义的多元化含义,当事人可以根据案件及自身条件,选择适宜的程序解决纠纷,实现自己选择的"司法正义"。"选择正义"的概念为我们提供了新的程序思路,以往的理论普遍认为调解是为当事人提供了"质次价廉的正义",在"选择正义"的观念下,可以说调解为当事人接近法院提供了条件,也使得当事人能够获得自己想要的正义。

2. 时间耗费的本质上也是费用的耗费

诉讼中的时间耗费不只是一个时间概念,它往往意味着金钱的花费而附带生成另一种成本——费用成本。时间成本转化为费用成本主要表现在:一方面是耗费时间的诉讼,本身就说明程序过度地使用以及程序推进缓慢,纠纷没有能够在诉讼的早期程序阶段得到有效化解,或者一些不必要的程序被不当启动和适用,因而,可能导致国家司法成本增加。另一方面,花费时间的诉讼程序不但会因当事人可能为更多的程序支付费用、律师费用、差旅费用、误工费用等,还可能因争议而使得正常的经济交往受到影响(比如财产被保全、银行账号被冻结等)丧失营利机会而产生的机会成本和财产损失。诉讼迟延与费用成本成正比关系,诉讼耗费的时间越长消耗的成本就越高,即使当事人最后获得了胜诉,也可能出现"得不偿失""入不敷出"的消极结果。这种高时间成本、高费用成本所获得的所谓的司法正义,并不是当事人诉讼所追求的目标,我们也不能说这种司法正义就一定优于调解的正义,至少对当事人来说这不是他所要的司法正义。

由上分析我们可以看到,因诉讼本身程序保障的必要性而使其不可避免地与时间过度耗费相伴随,尽管通过诉讼程序多元化机制的构建,诉讼程序仍离人民所冀希的目标有所距离。诉讼的严格性、高费用成本、耗费时间的本源性问题,促使人们选择替代诉讼的纠纷解决方式。诉讼中的调解或者法院附设调解迎来了契机,成为诉讼当事人在一些可能过于耗费时间的诉讼中规避"诉讼风险"的不二选择。"富有效率地解决纠纷是许多调解项目最为显著的目标。效率意味着减少法院积案、法官的工作量、当事人的成本、国家司法系统的成本以及所有纠纷参与人的时间。一个高效的纠纷解决制度将会让那些无法调和的纠纷事件获得更迅速的解决,因而(在诉讼中律师根据时间收取费用)能够使接近法院的成本更低。"①总体来看,时间成本对当事人选择调解的激励作用来自于时间拖延所产生的消极后果以及由时间成本转化的费用成本两个方面。无论怎样,生产司法正义的诉讼程序不可避免地会耗费相应的时间和费用,无论诉讼程序如何设计,只要需要遵循在查清事实的基础上,依法作出判决,时间成本与费用成本就必然会存在。如此一来,诉讼调解以及法院附设调解的制度安排,为当事人避免不必要的时间耗费和费用支出提供了选择的机会。选择了调解即选择了调解解决纠纷的正义,由此而言,我们不可再说调解提供的是"二流正义",恰恰相反,耗时费钱的诉讼所带来的正义未必就强于调解的正义,至少调解的正义是当事人选择的正义。

---

① [澳]娜嘉·亚历山大主编,王福华等译:《全球调解趋势》,中国法制出版社2011年版,第9页。

第六章 法院附设调解机制

在当下强调构建和谐社会和社会管理创新的背景下,各地法院在探索诉前调解机制中推陈出新,其中,法院附设诉前调解机制是当前具有创新性、前瞻性的模式,代表着司法 ADR 在中国的兴起。法院附设调解,为进入法院的案件提供了多样化的纠纷解决机制,为诉讼与非讼一体化搭建了平台,使民众能够感受到诉讼的非讼化。同时,法院附设调解使得非讼解决机制的自主性、非规范性、灵活性等优势,成为法院改善司法服务的契机,对当事人将产生极大的吸引力。在我国诉前调解制度化构建方面,法院主导型诉前调解模式应当成为基本走向,在此基础上实行调审分离,促进诉调对接解决纠纷模式的形成,实现审判与调解的良性互动。

一、法院附设调解的实践与模式选择

进入 21 世纪后,伴随着"诉讼爆炸"现象的出现,法院以及信访部门案件压力沉重,ADR 机制的探索迅速成为司法及行政部门在社会管理创新中的"香饽饽"。其中,诉前调解便是在诉讼调解"适度社会化"的理念下得以发展和推广。2004 年最高人民法院颁布的《关于人民法院民事调解工作若干问题的规定》(简称《调解规定》)设置了委托调解制度,人民法院开始从将纠纷主动"引进来"向"走出去"转变,开始通过将案件委托人

民调解组织进行调解、积极对人民调解员培训等方式,提升诉讼外纠纷解决机制的解纷能力。2009年最高人民法院发布的《关于建立健全诉讼与非诉讼相衔接的矛盾纠纷解决机制的若干意见》进一步对诉前调解进行规范。实践中,各地法院也因地制宜推出不少特色举措。从国家正式制度与社会力量互动的角度来看,目前诉前调解的探索可以类型化为三种模式:一是立案前法官调解息诉模式,主要是在法院受理案件前,由立案法官对案件进行积极调解,避免纠纷进入法院,目前不少地方法院都在推行该制度;二是诉前委托调解模式,是法院在立案前将案件委托给法院外社会组织的诉前调解模式;三是法院附设诉前调解模式,①是指社会力量进驻法院,在法院受理案件前,主动参与对纠纷的调处,避免纠纷的进一步恶化。如上海长宁区法院、东莞市两级法院的"人民调解窗口""诉调对接人民调解工作室",上海市浦东新区法院的"诉前调解程序"等。

  不过,从各地法院新举措的实践来看,不少都"虎头蛇尾",宣传意义大于实质意义,有待实践的检验。而且,各种创新举措一定程度上对司法权理论、民事诉讼理论提出重大挑战,导致诉前调解未来走向变得模糊或摇摆不定。如立案前法官调解息诉模式中,法官在立案前过分介入纠纷的调处,本身会遭受到司法权过度前展的质疑,其不但违反"司法消极性原则",同时也阻碍当事人裁判请求权的行使。诉前委托调解模式中,未经立案司法权便介入,将案件委托给其他机构,存在合法性问题。相比而言,法院附设诉前调解机制是对以上两种模式的折中,是替代性纠纷解决与现有司法体制衔接、依存最为紧密的形式。在国外,法院附设调解被认为是ADR探索中最为重要的方式。"ADR不仅被认为是一种与司法不同的纠纷解决机制,而且是与司法相互依存、相互作用的机制。ADR与现有法律机制之间的依存关系通过法院附设调解(Court-related Mediation、Court-referred Mediation)很清晰地表现出来。"因此,本书以法院附设诉前

---

  ① 目前在中国近年来兴起的法院附设调解尽管在理念上和制度设计层面上都能够与国外司法ADR找到类似的要素,但两者仍存在差异。为避免误解,有必要将法院附设机构参与诉前调解制度视为"法院附设诉前调解机制",从功能上、机构设置上区别于传统社会调解模式、法院调解模式和国外的司法ADR模式中的法院附设调解机制。

调解为对象进行实证研究,对法院附设诉前调解进行类型化分析,从对比中发现中国法院附设调解走向。在此基础上,对未来中国法院附设诉前调解机制进行制度化构建。

(一)法院附设诉前调解兴起的现实基础

法院附设诉前调解机制,是近年来兴起的新型纠纷解决方式。2003年上海长宁区法院设立了全国第一家法院附设调解机构——"区联调委人民调解窗口",开创了"人民调解走进法院"的先河。随后"人民调解窗口""人民调解工作室""诉调对接人民调解工作室""诉前联调""诉前调解窗口"等如雨后春笋般地在各地法院挂牌成立。为规范诉前调解工作,上海、江苏、广东、重庆等地区的法院单独或者联合司法行政机关相继发布有关诉前调解的规范性文件。① 总体而言,内生的社会现实基础和域外司法 ADR 实践推动了我国法院附设诉前调解的兴起。

1. 司法适度社会化的影响

从 20 世纪 60 年代开始一直持续至今,接近正义(access to justice)运动在全球范围内掀起"三波"司法改革浪潮。其中,第三波是 20 世纪 70 年代后期开始的,该阶段不仅仅延续前两波的改革浪潮,还以司法社会化为理念,发展替代性纠纷解决机制(ADR)。目前,"司法权的行使向着社会化的回归正在成为一种不可逆转的趋势"。其中,美国、日本、德国等国家和地区对法院附设调解的探索方兴未艾,而我国对法院附设调解的探索则刚刚起步。

---

① 例如:2003 年上海长宁区法院与区司法局联合制定《加强人民调解工作的实施方案》;2005 年福建省莆田市中级人民法院《关于建立诉讼调解与人民调解衔接机制,发挥人民法庭调处农村矛盾纠纷主力军作用的工作意见》;2006 年,上海市高院于市司法局联合制定《关于规范民事纠纷委托人民调解工作的若干意见》;2007 年江苏省苏州市吴中区法院与区司法局联合制定的《关于委托人民调解工作机制的意见(试行)》;2008 年重庆市渝中区法院与区司法局共同制定了《关于建立"诉调对接"机制的试行工作方案》;2008 年东莞市中级人民法院与市司法局联合制定《诉调对接工作规程》;2009 年洛阳市中院制定《关于开展诉前调解工作的若干规定(试行)》;等等。

"接近司法"的第三波浪潮中,司法社会化成为普遍趋势,提出为纠纷的解决提供开放的、多元化的纠纷解决机制。一方面是通过程序的简化和便利,增加民众利用司法的机会;另一方面是将正义与司法区分开来,重新理解和解释正义的内涵,通过司法的社会化,公民有机会获得具体而符合实际的正义。其中,司法 ADR 成为法院主动与社会力量对接的典范。因 ADR 的纠纷解决理念与我国社会治理的方针、政策相符合,司法 ADR 迅速成为理论界和实务界共同讨论和实践探索的热点。2004 年最高人民法院颁布的《关于人民法院民事调解工作若干问题的规定》提出正式"适度社会化"理念,为法院诉前调解的实践提供了制度依据,各地法院自身或联合司法行政机关因地制宜地创造了一些诉前调解机制。其现实意义在于,一方面缓解法院的压力,另一方面在党政等机关的推动下促进人民调解等民间调解机制的发展。其中,法院附设诉前调解机制因为其结合了正式的司法制度和民间力量,而成为法院调解社会化趋势中最具创新性的纠纷解决机制。

2."案多人少"迫使制度创新

"案多人少"是当前不少地方法院所面临的突出问题,法院系统中已经流传开"白加黑""五加二"等口号来形容法院的工作,这从一个侧面反映出实践中案件激增与法官人手不够的矛盾。尤其是在 2008 年之后,不少法院案件数量呈"井喷"状,这主要是《诉讼费用交纳办法》《劳动合同法》等刺激司法消费的法律颁布,诉讼成本减低,案件大幅增加。此外,随着经济的发展,民众的维权意识增强,法治环境的改善以及社会自我解决纠纷能力成长缓慢,进一步加剧纠纷向法院的汇集。总体而言,"案多人少"的局面呈现出逐步蔓延趋势,大中型城市和东部发达地区法院尤其突出。例如,上海市浦东新区法院 1998 年至 2008 年十年间,案件受理数从 20287 件增长至 42652 件,上升 110.2%。2009 年 1 月至 8 月受理案件达到 45555 件,较 2008 年同期上升 16.5%。然而,在案件激增情况下,法官数量并未同比例增长。上海市浦东法院 1998 年为 205 人,2008 年为 249 人,仅增长 21.5%;法官人均结案数从 1998 年的 96 件到 2008 年达到 168 件,而民商事审判庭法官 2009 年的人均结案数更是超过了 280 件。同样,地处改革开放前沿的东莞地区,法官人均年结案量自 2005 年就已经超过240件,2009年更是达到312.3件,最近几年法官人均办案数量基本上保持在全国法官人均办案数量的5倍(见表6.1)。①

为缓解"案多人少"的困局,法院在不可能无限制增加法官数量的情况下,以借调法官、招临时聘员、聘请长期性人民陪审员等方法增加人手,②同时不得不利用制度创新,引入社会力量的参与,从源头上减少进入法院的案件数量,实现诉前案件分流。

表6.1　2005—2011年东莞市两级法院案件审理情况表③

年度	收案数（件）	同比增长数（件）	同比增长率	结案数（件）	同比增长数（件）	同比增长率	法官人均结案数（件）	与全省法官人均比值（倍）
2011	—	—	—	94897	—	—	217.7	—
2010	117443			113811			269.1	
2009	127929	43931	52.30%	123363	48973	65.83%	312.31	3.6
2008	83998	17757	26.81%	74390	12222	19.66%	277.6	
2007	66241	6181	10.29%	62168	5317	9.35%	240	
2006	60060	12915	20.24%	56851	13315	22.68%		
2005	47145	2836	6.4%	43536	2928	7.21%	241.8	3.2

3. 司法能力不足需要引入外部力量

我国社会结构发生重大变革,转型期纠纷呈现出类型多样化、主体多元化、内容复合化、矛盾易激化等特点,但法院又面临着适法无据、司法公信力不高,导致法院审判难以实现案结事了、定纷止争,这样常常使得法院身处纠纷的漩涡之中。同时,诉讼程序的僵硬化可能造成当事人实质

---

① 2009年,全国审执结案数为1054.5万件,全国法官人数为19万人,人均办案数为55.5件。详见最高人民法院发布的《2006—2010年审执结案件数量与法官人数走势情况》。不过,如果除去法院中行政管理人员,则一线法官人均办案数量将增加近一倍。

② 这已经是东部沿海地区法院的惯常做法。例如,东莞市第一人民法院在编公务员252人,聘员108人。其中,聘员主要从事辅助性,如做书记员、送达等,这在很大程度上缓解了法院的"案多人少"的压力。但是,这种增加编外人员的方式只是权宜之计,无法根本上扭转目前法院面临的困局。

③ 数据来源:《东莞市中级人民法院工作报告》(2006—2012年)。

的不平等,单一的诉讼裁判和诉讼调解制度已经不能满足案件多样化的需求,这迫使法院积极改革和探索多元化的纠纷解决机制。此外,诉讼程序的刚性化致使法院对民商事案件激增"消化不良";在严格的诉讼程序下,程序正式性、规范性和程序公正可能造成"迟来的正义"。"面对着现代化社会中权利救济大众化的要求的趋势,缺少成本意识的司法制度更容易产生功能不全的问题。"这使得诉讼活动费时费力成本大,与当事人获取的利益不成正比。对此,法院在面临司法能力不足的情况下,在提高自身司法服务供给的同时,借助社会力量增加纠纷解决能力就成为必然的选择。

(二)对法院附设诉前调解两种实践模式的分析

不可否认,实践部门对诉前调解的推陈出新,其中很重要的一个因素是在寻求宣传亮点以凸显"政绩"。不过,也正是各地积极探索为司法ADR的中国化提供不少实践模式,推动中国司法改革。目前,各地对法院附设诉前调解实践形态各异,但都有基本一致的运行机理:纠纷当事人起诉至法院立案之前,法官根据案情,在征询立案当事人同意或者当事人申请下,将案件委托给法院附设的调解机构进行调解;调解不成时,案件正式立案进入正常的诉讼程序。以主导机构为标准,法院附设诉前调解机制可划归为两种模式。

1.法院主导型诉前调解模式

法院主导型诉前调解模式是指法院在其受理案件前,认为符合诉前调解的,建议当事人去附设于法院的诉前调解窗口进行调解。其中,该调解机构的设立、管理、调解员的选聘以及对具体案件调解员的指定等,都由法院主导。

目前,上海市浦东区人民法院在2006年启动的诉前调解机制属于

第六章 法院附设调解机制

这种模式。① 立案庭在立案大厅内设置"诉前调解"窗口,由立案庭负责协调管理。法院专门聘请一批具有丰富调解经验的街道司法干部、律师、仲裁员和退休法官组成诉前调解工作组,负责主持诉前调解工作。同时,法院对初选诉前调解员进行专题培训,并给每个调解员配备一名法学专业毕业的本科生或研究生担任书记员,配合调解工作。为解决专业性较强的案件,法院通常会根据调解员的特长分工,如对劳动争议、医疗纠纷、交通事故等专业化纠纷由具有相关专业知识背景或经验人员进行调解。

法院主导的诉前调解模式的基本操作是:立案庭在审查起诉过程中,对可以进行诉前调解的案件,由诉前调解组先征询纠纷当事人是否同意诉前调解。如同意,诉前调解组安排时间、地点。纠纷当事人可自主选择调解员,但一般情况下都是由法院指定。一旦调解成功即由各审判庭指定相关法官进行审核,并办理立案手续,在确保当事人达成的调解协议合法性的前提下,出具调解书确认其强制执行效力。如果调解不成,立即办理立案手续,案件进入诉讼程序。诉前调解的期限为 20 个工作日,自收到起诉材料之日起计算(见图 6.1)。

2. 政府主导型诉前调解模式

政府主导型诉前调解模式,是在法院内部设置专用调解办公室,由政法委或司法局牵头向该办公室派常驻调解员进行诉前调解。立案法官在立案时可根据当事人意愿,建议当事人到调解办公室或调解窗口进行调解。调解成功后,当事人可以直接向法院申请司法确认;调解不成功,可以走正常诉讼程序。

该模式在司法实践中较为普遍,其是将我国当前规模最大、最具群众基础的人民调解机制与国家正式解纷机制对接,该模式也可以称为"法院附设型人民调解"。不少法院设立"人民调解工作室""人民调解

---

① 有人将该地区实践模式称为"司法 ADR 模式的诉前调解制度",详见张华、赵可:《人民法院诉前调解制度的初步建构——司法 ADR 模式诉前调解制度合理性、可操作性探究》,载《法律适用》2007 年第 11 期。

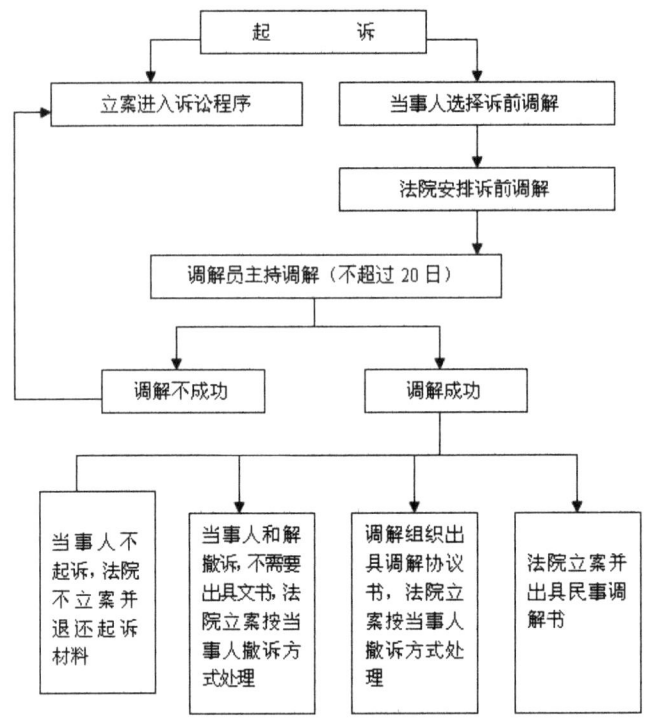

图 6.1 浦东新区人民法院诉前调解工作流程图①

窗口"等,由司法局向法院派驻人民调解组织。这种诉调对接模式突破了传统意义上的司法范畴,也不同于传统意义上人民调解,某种意义上其融入了"大调解"机制的内容,实现人民调解、行政调解和司法调解之间的融合。如东莞市两级人民法院的"诉调对接人民调解工作室",由人民调解员常驻法院,并承担着诉前联调工作,对于某些涉及面广的疑难案件,会组织相关行政主管机关人员进行专业化调解。(见图6.2)

(三)两种调解机制的性质与模式选择

日本学者棚濑孝雄根据人们对审判的期待性心理为标准对调解进行

---

① "诉前调解介绍",载 http://www.pdfy.gov.cn/pditw/web2011/sqtj/index.jsp#sfbz. 最后访问时间:2012年2月12日。

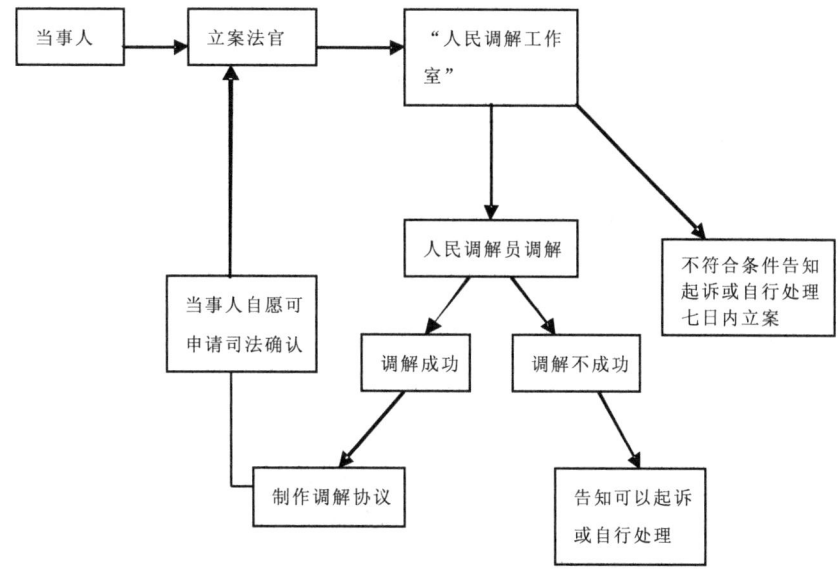

图 6.2　政府主导型诉前调解机制工作图

理想类型划分,将调解分为同向的调解和异向的调解。① 依此分类,法院附设型诉前调解是"同向的调解"机制,通过在法院附设调解机构,满足当事人对审判方式解决纠纷的心理期待。因而,可以说法院附设诉前调解是一种在"审判荫影下的调解"。总体而言,法院附设诉前调解在中国实践中取得一定的成效。例如,自2006年至今,上海浦东区法院民商事诉前调解结案案件与总结案数保持在20%左右,即诉前调解的分流作用相对较为明显;东莞市第一人民法院石龙法庭的诉调对接人民调解工作室2009至2010年,总计办理625起案件,调解成功为563件,成功率为90.08%。不过,在性质上,上述两种模式具有本质性差异。

在法院主导型诉前调解模式下,法院对诉前调解程序介入程度较深,法院负责诉前调解的协调、管理;对案件进行筛选,对当事人意向进行引

---

①　同向的调解是指积极满足纠纷当事人对审判式处理纠纷的心理期待,其在功能上与审判具有相近的追求;异向的调解指调解强调自身固有特性,追求自己独特的地位和形象。参见[日]棚濑孝雄著,王亚新译:《纠纷的解决与审判制度》,中国政法大学出版社2004年版,第52页。

导,对调解员选聘、培训和管理,指定案件调解员,对调解协议进行审查确认,以及一系列后续工作。但法院并不直接参加案件的调解,调解由专职的调解员展开。正是法院在其中的主导和支配作用,该模式性质上应属于司法性诉前调解。相反,政府主导型诉前调解模式中,主要是审判与人民调解资源的有机整合,突出诉与非诉机制的对接,法院只是在调解程序的启动上对当事人加以引导,调解员的选聘、经费保障等仍由政府机关负责。不过,对于调解成功后调解协议的司法审查,由法院负责。

法院主导型诉前调解模式是法院自觉地引入社会力量,化解自身危机;政府主导型诉前调解则更多是政府主导下,法院参与社会综合治理的一种措施。不过,由于多部门的合作,不可避免会产生部门协调不顺畅的弊端。如笔者对东莞市第一人民法院石龙镇派出法庭的"诉调对接人民调解工作室"调研发现,影响工作室功能发挥的除调解员调解能力和社会威信力外,重要的是调解员的工作积极性。该人民调解工作室的三名调解员因不受法院领导,其与法官的待遇差距较大,不可避免会产生倦怠情绪;同时还要完成很多司法局指派的其他任务,法院也因为该机构不属于法院的下设部门,在立案时将案件转介给人民调解工作室积极性不够。目前,各地探索中简单实现"人民调解员走进法院",面临着诉前转介调解妨碍纠纷当事人裁判请求权和有损当事人程序利益等学理上的质疑,这就需要重新审视"大调解"背景下法院附设诉前调解机制探索的走向问题。

目前,世界民事司法改革的趋势是一方面强调保障当事人裁判请求权,另一方面是积极探索多元化纠纷解决机制。从纠纷解决的发展历程来看,"接近司法"的第三波浪潮中,司法社会化成为普遍趋势,其中,"法院附设调解被认为是增加民众接近、参与、满意司法解决纠纷的一种有效的途径"。例如,美国法院附设调解通常是在证据开示程序即将结束时展开,调解员组成模式不一样,根据案件不同性质还会邀请非营利团体的调解协会组织、受过专门ADR训练的律师、退休法官、专家以及其他人员等参加,有的也有法官参加,实行的是调审分离;日本法院附设调停制度中,调停委员会设在法院内部,调解过程都由法官主持,调解员由律师或其他社会人员担任,进行诉前强制调解以及诉讼委托调解;德国2000年生效的民事诉讼法确立了强制性附设 ADR，允许各州酌情是否确立或如何建立附设 ADR，不过，调解是适用最广泛的 ADR 形式；我国台湾地区 2000 年修订的"民事诉讼法"用二十三个条文规定诉前调解制度。诉前调解机制中，规定了诉前强制调解和诉前合意调解两种启动方式，法官介入程度较深，法官可以决定调解委员会成员组成、命令当事人或其代理人到场、对财产权纠纷提出调解方案、决定对与调解的事件有利害关系的第三人参加调解程序、调解不成时转入开庭审理程序等。由以上可以看出，除美国外，不少国家和地区的法院附设调解是在法院领导下进行纠纷解决，既有诉前调解，也有审前调解，不过都严格贯彻调审分离原则。正是由于法院的主导，可以说其法院附设调解在性质上属于司法性附设调解机制。

对我国而言，由法院主导的司法性附设调解机制应当成为未来制度化构建的方向，理由是：

首先，从两大法系国家的诉讼文化来讲，英美法系强调对抗，法官在诉讼中消极被动，诉讼耗时费力无效率，这激发当事人在诉前选择调解或和解，其存在大量由非法官进行的法院附设强制性调解；大陆法系注重法官对案件的管理，反映在法院附设调解机制中，法官充当着决定性作用。我国具有大陆法系传统，富有长期的法官调解的法律文化，因而，法官在诉前分流机制中积极参与也具有相应的文化和心理基础。

其次，从司法权属性来看，司法权本质是来源社会的一种裁判权，是被国家化、强制化的裁判权。因而，法院积极参与法院附设调解机制的构建，实质上是司法权社会化回归。由法院主导的诉前调解机制，更能够突出法院纠纷解决的地位和职责，也能够发挥法院在纠纷解决方面的专长，指导社会力量进行调解，履行法院的社会责任。因而，应当理性宽容地看待法院在诉前调解中的能动性。

最后，从机制的正当性考量，正当性是任何制度存在并持续发展的前提。目前，各地法院附设的人民调解工作室面临着正当性危机，法院对前来起诉的纠纷暂缓立案有损于当事人裁判请求权的实现。对于法院主导型诉前调解机制而言，其司法性质也决定了不存在阻碍当事人裁判请求权问题，法院此时只是暂时未行使裁判权，希望通过其他低廉、高效的纠纷解决机制对纠纷进行处理。在这种情况下，诉前调解好似通过社会力量来解决纠纷，但其实质上离不开法院司法权的支撑。

对此，我们应避免"法院简单地把处理纠纷的责任转移给受托人，相反，法院对于委托的纠纷仍然要恪尽职守，对法院选任的调解人履行指导、监督、介入的司法职责"，应根据司法规律，探索具有司法性质的诉前调解机制。这既可以提高诉前分流效果，也可以延伸法院附设诉前调解机制的功能，便利法院的诉前、诉中委托调解，实现调审分离，使得调解和审判回归到正常的互动关系上。

（四）司法性法院附设诉前调解机制设立的构想

1. 通过立法确立司法性诉前调解机制

目前，上海浦东法院的司法性诉前调解机制运作良好，不过由于缺乏立法支撑，也面临着合法性质疑。在调解成功时，当事人要求出具调解书的，目前基本上都是采取迂回战术，将诉前调解的成果通过法院重新立案受理转化为审前调解，由法院出具调解书。调解不成时，由当事人自行起诉、法院审查立案。这些表现仍是法院对诉前调解探索中的"徘徊"或"摇摆不定"的状态。而且，实践中对调解的探索呈现出"运动式"特征，缺乏长效机制的建设，对此，可进一步借鉴其他国家和地区做法，如美国1990年通过的《民事司法改革法案》、日本颁布《家事调停法》，韩国颁布《民事调停法》，通过立法确立司法 ADR 机制，在制度层面对多元化纠纷解决机制的探索搭建平台。我国应当以立法形式确立司法性诉前调解机制，在法院设立常设性调解委员会，并对诉前调解程序予以明确，以此增强诉前调解的权威性和规范性，使其能够依靠机制本身具有的自治、经济、柔性的司法保障等优势，提升该机制的吸引力。

2. 设立常任调解员和临时调解员

法院附设诉前调解机制功能发挥关键在于常设性调解机构的设立。对此，可以借鉴日本、韩国的经验，从社会人士中选任一定数额的民间调解员，如选择退休法官、检察官、人民调解员、仲裁员等，制定调解员名册置于法院，以供申请调解的当事人挑选。当事人可以从名册中挑选出一至三名担任调解员,当事人无法确定的,由法院代为指定。根据案情,法院可以指派调解法官担任调解委员会主席,另选两名调解员组成合议庭。调解员由法院负责聘请,进行技能培训,报酬方面可以按照工作日支付。同时,为了发挥制度的灵活性,法院可以选聘一些具有专业知识背景的临时调解员,如医疗、保险、建筑工程等方面,对于特定案件,法院可组织临时调解员进行调解,给当事人以专业化的服务。

3. 调审分离,实现审判与调解的良性互动

调解与审判不存在孰优孰劣的问题,这可以由目前各国对 ADR 机制的探讨反映出来。不过,我国目前的司法政策过分强调调解优于审判,调解在中国过度膨胀。对此,应当保持清醒的认识。从域外经验来看,美国诉前调解之所以很发达,成为其他国家或地区学习的楷模,是与其完善的审判制度分不开的。美国的律师代理制度以及判决的社会指引功能,当事人对司法有充分的了解和心理预期,能够判断出纠纷通过诉讼程序的结果,这便促使当事人通过调解程序化解纠纷,而非一味追求诉讼。然而,我国司法状况与美国相去甚远,审判制度不够完善,律师体系也不健全,这种情况下"调解优先"等会使得司法制度处于摇摆状态,审判不能发挥其社会指引的功能。因此,在构建我国法院附设调解机制时,应当采取"调审分离"模式,无论是诉前、审前调解,都由法院常设的调解委员会负责,进入庭审程序的案件法官不能进行调解,除当事人和解以外,都要经过判决予以解决。① 通过裁判法官与调解法官的身份分离,合理调整司法政策,有助于司法的精英化和专业化走向的转变,并实现判决对社会公众的行为指引功能,以此促进民众对调解制度的选择和适用。

4. 构建任意性与强制性相结合的诉前调解模式

目前,实践中对诉前调解的探索都是建立在当事人自愿的基础上,强调程序启动和调解结果的"双重合意"。不过,在未来诉前调解的制度化

---

① 法院调解费时费力已经成为共识,因而不少法官对法院系统"审判质量和效率"考核指标体系中对高调解率的要求怨声载道,尤其"案多人少"矛盾突出的法院更是如此。不过,实践中已经有对"调审分离"的探索。以东莞第一人民法院专业审理交通事故案件的民三庭为例,由于案件基数大、案情相对同质化,审前调解工作主要是由书记员负责,调解不成再进入庭审程序,这便相对实现"调审分离"。

构建中,考虑到案件性质、难易程度等,在诉前调解程序启动上,可以采取任意性诉前调解和强制性诉前调解相结合的启动方式。任意性的诉前调解,是基于当事人处分权和双方合意而设置的诉前调解方式,只要案件属于性质不违背法律的禁止性规定,都可以根据当事人申请而启动;强制性的诉前调解,是立法上根据案件性质,在一定程度上限制当事人意思自由,法院针对当事人的起诉直接委托给法院附设的常设调解委员会进行调解。应当注意的是,强制性的诉前调解,强制的是程序的启动而非程序的结果。"强制性的诉前调解前置,其'强制'只能针对调解的发动而言,而且只能限定于法律明确规定的少数简易案件,调解的过程和结果不能'强制',仍然需要尊重当事人的选择权,达成的调解协议仍然需要各方当事人同意。"

5. 采取预立案登记制度

目前对诉前调解最主要的质疑是立案前法院的介入和阻碍当事人裁判请求权的实现。因此,实现诉前程序与诉讼程序的对接成为司法性法院附设诉前调解机制构建的关键。对此,我国台湾地区"民事诉讼法"对诉与非诉立案衔接上作出精巧的制度设计值得借鉴。该法第419条规定,如果诉前调解不成功,按照调解申请人申请调解的时间为提起诉讼的时间,法院可以依一方当事人之申请,按照该案应适用的诉讼程序,直接进入辩论阶段。这种制度设计从根本上解决了可能因诉讼时效届满对当事人诉权行使造成的影响,也避免程序上的烦琐复杂。

借鉴我国台湾地区之经验,我们可建立预立案登记制度,当法院附设诉前调解组织调解不成功时,将法院转介调解行为视为法院受理当事人起诉的行为,产生法院受理效果;如果不符合立案条件,直接裁定驳回起诉。① 不过,预立案登记制度的设立还应当做好审限制度、立案审查制度的相应调整。

6.赋予诉前调解协议强制执行力

调解协议的效力是影响诉前调解机制功能发挥的重要因素。目前,我国通过司法确认程序赋予人民调解协议等调解文书强制执行力,但对于法院主导的司法性诉前调解机制从性质上与人民调解有本质上的不同,因而不能简单地套用司法确认程序来提升调解文书的效力。司法性诉前调解机制中法院处于主导作用,在立法上可以直接赋予诉前调解书强制执行的效力。经诉前调解,如果双方当事人能够达成一致,诉前调解组织制作的书面调解书经法院审查登记后,在法律上具有与判决书同等的效力,当事人可以此为执行依据,向法院申请强制执行。此外,在诉前调解中,当事人所作陈述或让步,无论调解是否成功,都不能作为诉讼程序中对该方不利的证据。

从世界范围来看,多元化纠纷解决机制的探索正在如火如荼地进行,在有些国家和地区的实践中,"调解根本不是替代的,而是成为多种形式纠纷的主导性解决方式。通常而言,对于选择调解的案件而言,诉讼现在扮演着替代性纠纷解决机制的角色"。不过,对于我国来说,调解机制在从传统模式向现代转变的过程中,不能简单地以"调解优先"等运动式方式推进,而需要通过立法方式,在多元化纠纷解决机制整体推进的框架内形成司法救济、社会救济、私力救济等多种解纷方式协调并存的、稳定长效的机制,这涉及社会自我消解纠纷机制培育、司法的转型升级、国家正式制度与非正式制度衔接等问题。其中,司法性法院附设诉前调解机制的构建将充当起消弭诉讼与调解、诉与非诉机制隔阂的虹桥,成为解决人

---

① 目前,不少地方法院在探索诉前调解机制中,都采取"立案预登记",其主要模式是当事人到法院立案时,立案法官认为适合进行诉前调解的,便立"预审字"案号,然后将案件交由专门负责诉前调解的法官或者法院附设调解组织进行调解,调解不成的转交立案大厅正式立案交由业务庭审理;调解成功,如果需要出调解书,也要转为正式立案然后由法院制作调解书,或者是经法院司法确认程序进行司法确认。由此可知,本书所主张的预立案登记制度对实践中的立案预登记制度有质的突破,减少程序的烦琐,直接赋予预立案以正式立案的效果。

民日益增长的司法需求与司法供给不足失衡、实现社会力量参与司法和法院履行社会责任的互动的重要方式。

二、法院附设型人民调解及其运作

从 20 世纪 80 年代末起,随着我国审判方式改革的深入,出现像美国耶鲁大学教授欧文·费斯(Owen M. Fiss)那样对调解的批评,认为调解是对法治、审判的冲击,是二流的正义,[①]诉讼调解以及人民调解制度逐步受到冷落。但是,在以诉讼为主导的法治现代化过程中,"诉讼爆炸"等弊端初显;与此同时,在转型期社会矛盾凸显的严峻形势下,人民调解的社会治理功能重新得到重视,直接推动人民调解走向"第二次复兴","大调解""诉调对接"等创新机制相继出现,其中,"人民调解进法院"作为"诉调对接"机制下的创新方式席卷全国。2003 年上海长宁区法院设立了全国第一家专业化人民调解机构——"区联调委人民调解窗口",开展了"在法官主导下诉讼调解适度社会化"探索,开创了"人民调解走进法院"的先河。随后"人民调解窗口""人民调解工作室""诉调对接人民调解工作室"等如雨后春笋般地在各地法院挂牌成立。目前,附设于法院的"人民调解工作室"形式也得到最高人民法院的肯定。[②]

基于此,笔者将附设于法院的"人民调解窗口""人民调解工作室""诉调对接人民调解工作室"的组织形式概括为法院附设型人民调解。为真实展示法院附设型人民调解的运作机理,除引用网络资料外,笔者于 2010 年 7 月对广东省东莞市第一人民法院石龙镇派出法庭附设的"诉调对接人民调解工作室"进行实证考察,又于 2011 年 1 月、9 月进行补充调

[①] Owen M. Fiss, Against Settlement, *The Yale Law Journal*, Vol. 93, No. 6 (May 1984), pp. 1073-1090.

[②] 2011 年《最高人民法院工作报告》中指出:"加强诉讼与非诉讼相衔接的矛盾纠纷解决机制建设,发挥人民调解组织、社会团体、律师、专家、仲裁机构的作用,通过在法院设立人民调解工作室等做法,引导当事人就地、就近选择非诉方式解决纠纷。"

研;2011年5月对重庆市渝中区人民法院"人民调解工作室"和涪陵区人民法院"人民调解工作室"的工作机理进行考察。在调研方法上采取数据分析、访谈、阅卷等方式。但是,本书并非追求对各地法院附设型人民调解的全面考察和论述,而是立足于通过对个案深度描绘来窥见法院附设型人民调解的运行机理,并就其对民事诉讼基本原理的挑战进行回应,揭示其在"诉调对接"下国家正式制度与社会力量的互动的积极意义,为中国司法 ADR 机制的制度化构建提供些许参考。

(一)什么是法院附设型人民调解

1. 法院附设型人民调解的界定

法院附设型人民调解是对"诉调对接"实践中新型解纷方式的概括,指的是人民法院内部设置专用办公室,由司法局向该办公室派常驻人民调解员进行诉前调解的人民调解组织。其工作机理是,立案法官在立案时可根据当事人意愿,建议当事人到人民调解办公室或调解窗口进行调解,调解成功后,当事人可以直接向人民法院申请司法确认;调解不成功,可以走正常诉讼程序。法院附设型人民调解的组织化构建是能动司法的重要表现,与传统人民调解机制相比,该机制主要是将人民调解员办公地点转移到法院,实现人民调解功能的扩大。这种诉调对接模式突破了传统意义上的司法范畴,也不同于传统意义上人民调解,在某种程度上实现了国家正式司法制度与社会自身力量的结合,属于社会化的诉前调解组织。

2. 法院附设型人民调解的运作机理

法院附设型人民调解是对"诉调对接"实践中新型解纷方式的概括,也是一种实践先行的动态机制,各地法院的探索并没有完全一致的运作形态,但其具有基本一致的运行机理。

(1)组织机构的对接——法院附设"人民调解窗口"或"人民调解工作室"。基于司法便民和保障当事人程序选择权的考虑,法院附设型人民调解的办公地点设立在人民法院内部,使得法院能借助这条便捷的、低成本渠道实现纠纷的诉前分流,引导当事人就地、就近选择非诉纠纷解决机制解决纠纷。

(2)工作流程的对接——法院附设诉前调解。目前,各地人民调解工作室等,践行的是法院附设诉前调解机理,这属于诉讼与人民调解的诉前对接机制,而非委托调解范畴。不过,随着社会对"人民调解工作室"等接受度的提高,纠纷当事人直接到工作室寻求救济的现象呈现上升趋势。① 此外,人民调解工作室等附设型人民调解承担的另一个重要的工作就是接受法院委托调解以及协助法院调解。

(3)调解结果的对接——司法确认程序。人民调解协议的效力是影响人民调解功效的根本。最近两年兴起的司法确认制度是诉调对接机制探索中的最新成果,经过法院确认的案件直接赋予人民调解协议强制执行力。

以上是法院附设型人民调解诉调对接下的三个关键对接点。其中,组织机构对接是前提,诉前调解机制是核心,司法确认程序是保障。在法院附设型人民调解的实践中,诉前调解由人民调解员主持,纠纷双方达成的协议属于私法上的和解协议。但是,经过法院司法确认后的协议,产生了实体法上和程序法上的双重约束力和执行力。

3. 法院附设型人民调解的运作特征

法院附设型人民调解是一种新兴的解纷机制,其与诉讼调解和传统人民调解具有不同的特征,其不仅具有专业化、职业化的外在特征,更重要的是其具有更为内在的特质。

(1)"司法—自治"双重指向的 ADR

范愉教授将"接近正义"第三波浪潮以来的 ADR 分为两大模式:司法指向的 ADR 和自治指向的 ADR。其中,司法指向的 ADR 是指强调 ADR 对司法的辅助作用,缓解司法压力和危机并促进民众利用司法的便利化。该模式集中表现为法院附设 ADR(调解、仲裁、退休法官、和解会议、模拟陪审团等)的积极推进。自治指向的 ADR 是在社会自治认同度较高的情况下,由法院外第三方提供一恢复当事人自治的机会,以此也相

---

① 如涪陵区人民法院的"人民调解工作室"原来主要接受法院委托调解,现在纠纷当事人直接到调解室要求调解情况逐渐增多。

应提高个人依靠自身力量而非国家权力解决纠纷的能力。①

法院附设型人民调解是法院与人民调解对接模式,具有双重指向。根据《宪法》及《人民调解法》的规定,人民调解委员会属于民间自治性组织。一方面,法院附设型人民调解体现的是国家与社会共同参与的纠纷解决机制,尽管其国家干预色彩更见浓厚,其本质仍是民间性、自治性调解组织。从这个角度看,法院附设型人民调解是一种自治指向的 ADR;另一方面,由于人民调解制度在我国面临着"人多案少"的功能萎缩状况,人民调解机制在"主动与被动"之间不断通过正规化、规范化向司法指向靠拢,以此提高其正当性、扩大影响力。附设型人民调解就是这种趋势下的一种创新机制,为当事人和社会公众提供便利的准"司法服务"或通向"正义"的途径,因而其也符合司法指向的特征。

(2)法院附设"自愿转介调解"机制

目前,不少国家和地区在探索法院附设调解机制(Court-related Mediation、Court-referred Mediation 等),出现不同的实践模式,总体上可从以下两个因素进行判断:一是"当事人意愿",包括"自愿"(Voluntary)或"强制"(Mandatory);二是"法官是否担任调解员",包括"法官调解"和"转介调解"(Referral)。两个因素结合,即表现为"自愿法官调解""强制法官调解""自愿转介调解""强制转介调解"四种基本的诉讼调解模式。② 根据该分类,我国诉讼调解基本上可以归类于"自愿法官调解"模式,其例外情况是委托调解,应当属于"自愿转介调解"模式。而作为诉前调解机制的法院附设型人民调解,在启动上仍是遵守当事人意思自治,在立案阶段由人民法院将前来立案的案件转介给法院附设的人民调解组织进行调解,法官不负责具体调解的事务,实现在诉前调解的分流机制,因而属于"自愿调解"与"转介调解"结合的"自愿转介调解"模式。

---

① 范愉:《纠纷解决的理论与实践》,清华大学出版社 2007 年版,第 169~172 页。

② Nadja Alexander,*Global Trends in Mediation*,2nd edition,London: Kluwer Law International,2006,pp. 1-467.

(二)法院附设型人民调解为什么兴起

总体而言,人民调解制度此次复兴的目的是通过发挥人民调解维护社会稳定"第一道防线"的功能,以实现迈向社会和谐的总体目标。不过,通过对附设型人民调解机制的考察发现,法院附设型人民调解的兴起主要集中在经济发达地区,实践中少了此次人民调解复兴所肩负的社会治理的政治意蕴,更多的是在司法社会化的大背景下实现纠纷的合意解决和减轻法院压力。

1. 接近司法与司法社会化的趋势

从纠纷解决的发展历程来看,"接近司法"的第三波浪潮中,司法社会化成为普遍趋势。[①] 在这次浪潮中,"ADR 不仅被认为是一种与司法不同的纠纷解决机制,而且是与司法相互依存、相互作用的机制。ADR 与现有法律机制之间的依存关系通过法院附设调解很清晰地表现出来。法院附设调解被认为是增加民众接近、参与、满意司法解决纠纷的一种有效的途径"。[②] 2004 年最高人民法院《关于人民法院民事调解工作若干问题的规定》提出正式"适度社会化"理念,各地法院因地制宜地创造了一些诉前调解机制。法院附设型人民调解机制是在司法社会化趋势中形成的一种创新机制,由社会型救济机制承担起部分纠纷解决的职能。

2. 案多人少与司法能力不足的困境

"诉讼爆炸""案多人少"是当前不少法院所面临的困境,也从宏观层面反映出实践中案件激增与法官短缺之间的矛盾。当然,由于社会区域发展不平衡,这种矛盾在各地表现也不平衡。总体而言,大中型城市和东部发达地区法院突出的问题是"案多人少",如东莞地区法官人均年结案量自 2005 年就已经超过 240 件,2009 年更是达到 313 件,最近几年法官

[①] 参见[意]莫诺·卡佩莱蒂编,刘俊祥等译:《福利国家与接近正义》,法律出版社 2000 年版,第 13~125 页。

[②] Nadja Alexander, *Global Trends in Mediation*, 2nd edition, London: Kluwer Law International, 2006, p. 6.

人均办案数量基本上保持在全国法官人均办案数量的6倍(见表6.2)。①如果排除法院内部行政管理职能所占用的法官资源,只从一线审判法官数量计算,该数字可能会是惊人的。

表6.2 2005—2010 东莞市两级法院案件审理情况表②

年度	收案数(件)	同比增长数(件)	同比增长率	结案数(件)	同比增长数(件)	同比增长率	法官人均结案数(件)	与全省法官人均比值(倍)
2010	117443	-10486	-8.20%	113811	-9552	-7.74%	269.1	——
2009	127929	43931	52.30%	123363	48973	65.83%	312.31	3.6
2008	83998	17757	26.81%	74390	12222	19.66%	277.6	
2007	66241	6181	10.29%	62168	5317	9.35%	240	
2006	60060	12915	20.24%	56851	13315	22.68%		
2005	47145	2836	6.4%	43536	2928	7.21%	241.8	3.2

此外,我国社会结构发生重大变革,转型期纠纷呈现出类型多样化、主体多元化、内容复合化、矛盾易激化等特点,但法院又面临着适法无据、司法公信力不高、法院在国家权力构架中地位较低等难题,诉讼程序无法实现案结事了、定纷止争,这样常常使得法院身处纠纷的漩涡之中。也正是法院面临巨大的案件压力和自身能力的不足,不少法院开始加强诉讼之外替代性纠纷解决机制的构建。在最近几年的多元化纠纷解决机制探索中,如"大调解""诉调对接"等,法院往往会主动且多出力,从源头上减少进入诉讼程序的案件数量。其中,法院附设型人民调解便是法院充分利用人民调解这一社会调解资源的典型。

3. 纠纷形态的变化与人民调解发展的滞后

日本学者高见泽磨通过对20世纪90年代之前中国纠纷解决制度梳理,得出我国纠纷解决采取的是以调解为轴心的"说理—心服"方式,"由通过说理来解决纠纷的第三者(说理者)和被劝说后从心底里服从的当事

---

① 2009年,全国审执结案数为1054.5万件,全国法官人数为19万人,人均办案数为55.5件。详见最高人民法院发布的《2006—2010年审执结案件数量与法官人数走势情况》。

② 数据来源:《东莞市中级人民法院工作报告》(2006—2011年)。

人(心服者),一起来演戏的情景,就是中国解决纠纷的具体画面。"① 其中,人民调解机制是对"说理—心服"方式的最好诠释。但是,随着改革开放、社会组织结构的分化,社会成员之间的纠纷形态发生变化,以往一些常见性民间纠纷的数量在减少,且即使发生纠纷也往往因法律性质的复杂而不适合人民调解组织处理。② 因此,人民调解在经过 20 世纪 80 年代的繁荣之后开始衰落。根据统计数据,从 1991 年至 2007 年,人民调解委员会数量持续下降,人民调解组织化解的纠纷数量处于持续下滑的状态,而相应人民法院收案数总体上处于持续上升状态(见表 6.3)。

表 6.3 1987—2009 年人民调解制度运作状况表③

年度	人民法院 收案数	人民调解 结案数	人民调解员 (万人)	人民调解员 人均办案数
1987	1580375	6966053	620.58	1.12
1989	2511017	7341030	593.71	1.24
1991	2448178	7125524	991.41	0.72
1993	2983667	6222958	976.65	0.62
1995	3997339	6028481	102.59	0.59
1997	4760928	5543166	1027.4	0.54
1999	5054857	5188646	880.3	0.59
2001	4615017	4860695	779.3	0.62
2003	4410236	4492157	669.2	0.67

---

① [日]高见泽磨著,何勤华等译:《现代中国的纠纷与法》,法律出版社 2003 年版,第 73 页。

② 例如,有学者在对农村调解的调研后得出结论,由于村民的生活水平的提高、村民注意力的转移以及村民之间互动频率降低,纠纷正在减少。参见董磊明:《宋村的调解——巨变时代的权威与秩序》,法律出版社 2008 年版,第 99~100 页。有学者对北京地区人民调解制度适用调研发现,城镇居民财富增长、生活方式态度的变化,纠纷的数量在减少。参见[美]何宜伦著,戴昕译:《中国城镇地区人民调解制度改革》,载徐昕主编:《司法》第 1 辑,法律出版社 2006 年版,第 243 页。

③ 资料来源:《中国法律年鉴》(1988—2010 年)。

续表

年度	人民法院收案数	人民调解结案数	人民调解员（万人）	人民调解员人均办案数
2005	4380095	4486825	509.65	0.88
2007	4724440	4800238	486.87	0.99
2009	5800144	5797300	493.89	1.17

与此相应,多年来人民调解制度的发展基本停止,人民调解员基本上都是村民委员会或居民委员会干部兼任,人民调解总体上呈现出非专业化、非职业化的散乱特点。近些年来,全国人民调解员数量始终保持在500万人左右,而人民调解员人均每年调解的案件数量在1件左右,仅从量化效果上考察,则可以看出人民调解制度的发展未能跟上社会发展的步伐(见表6.3)。当前,在构建和谐社会的大背景下,各地党委、政府以及法院都在探索新时期人民调解功能复苏道路,将人民调解重新纳入到社会治理的框架中来。法院附设型人民调解即是在这种状态下的一种积极探索,其实也体现出对传统解纷资源的"路径依赖",但其主要以纠纷解决为目标,以专业化、职业化、程序化这种"集约化"模式为探索方式,实现诉讼调解的社会化和人民调解的准司法化衔接,提升其处理纠纷的有效性。

总而言之,在司法社会化的国际背景下和中国当下社会转型的特定时期,人民日益增长的司法需求与司法能力相对不足之间的基本矛盾和纠纷形态的改变与传统人民调解解纷功能之间的基本矛盾的双重驱使下,法院附设型人民调解机制应运而生,成为中国当前探索"诉调对接"机制的创新模式,也是我国对司法 ADR 机制的尝试与探索。

(三)法院附设型人民调解机制的效果评估

通常而言,对制度实践运作效果的考察需要对其预期目标实现程度进行评估。法院附设人民调解设立之初的目的便是实现对纠纷的诉前分流,但实践中,其通过专业化、职业化对提升人民调解能力、提高效率发挥积极的作用。

1. 法院附设型人民调解一定程度上实现诉前分流

目前,从宏观角度数据对比来看,很难界定民事纠纷在民事诉讼与人民调解之间的流转关系。但从小范围、微观角度看,判断法院附设型人民调解是否对诉讼程序进行案件分流,可以通过法院附设诉前调解处理纠纷的数量上进行直观评断。例如,自2003年到2009年4月,长宁区法院"人民调解窗口"共受理法院委托调解各类涉诉纠纷一万余件,调解成功率达96%,有效缓解了法院审判压力,减轻了当事人的诉讼成本,取得了良好的社会效果。而且,从实践运作来看,法院附设型人民调解直接与立案庭对接,接受立案庭转交过来的案件,因而其肯定对案件的诉前分流有一定作用。此外,随着人民调解窗口、人民调解工作室专业化、免费等激励机制得到社会的认可,以及司法确认程序作为后盾保障,法院附设诉前调解机制的诉前分流功能正在逐步增强。

2. 法院附设型人民调解提升人民调解机制的功能

传统人民调解机制具有非专业、非职业等特点,在经济急速发展和社会转型时期,其很难适应社会的发展。故此,2002年司法部发布的《人民调解工作若干规定》便将行业调解组织等划归到人民调解的范畴,为人民调解的专业化、职业化发展提供依据。法院附设诉前调解集专业化、职业化调解为一身,实现对传统人民调解工作机制的转化,相应提升人民调解机制的功能。从石龙镇人民法庭"诉调对接人民调解工作室"的实证调研数据来看,自2008年10月至2010年12月,总计调解案件648件,其中案件类型较为广泛,有买卖合同、民间借贷、运输合同、离婚、交通肇事、劳动纠纷、信用卡纠纷、知识产权纠纷等。其解决纠纷的类型明显与传统人民调解主要针对婚姻家庭、邻里纠纷不同,更具有社会转型期纠纷的特点。而且,2009年,该人民调解工作室工作人员为2人,总计办理273起案件,年人均137件;2010年,总计办理352起案件,年人均176件。这与全国人民调解员年人均1件左右相比,其纠纷解决功能较传统人民调解明显较高(见表6.4)。

表6.4 2009—2010年石龙法庭人民调解工作室解决纠纷案件情况表①

年份	收案总数（件）	调解成功	调解成功率	申请司法确认（件）	申请司法确认率	年人均（件）
2009	273	222	81.32%	142	52.01%	137
2010	352	341	96.88%	316	89.77	176
两年	625	563	90.08%	458	73.28%	——

3.法院附设型人民调解能够提高纠纷解决的效益

对效益的评估主要体现为当事人利用该程序的成本和收益。成本和收益之间的比值，也是评价一种纠纷解决机制优劣的主要指标。"面对着现代化社会中权利救济大众化的要求的趋势，缺少成本意识的司法制度更容易产生功能不全的问题。"②司法程序具有很强的正式性和规范性，公正优于效益是司法程序价值的基本取向。因而，诉讼活动费时费力成本大，"司法产品"的"价格"很高。从目前各地法院附设型人民调解运作机制来看，基本上都是采取"免费"调解。并且，调解后进入司法确认程序的案件，法院也不收取任何费用，这体现在当事人合意基础上获取免费的"产品"。以石龙法庭人民调解工作室实践为例（表6.4），在成功率上，2009、2010两年中，人民调解工作室调解成功率达到90.08%，比同期法院调解成功率高；此外，在调解成功案件中，申请司法确认的案件比率为73.28%。在时间上，根据实证调研，经人民调解工作室调解的案件，都是在一周之内结案，并且司法确认也可以当场进行。因而用时上与诉讼程序相比，能节约至少十倍以上的时间。从最终结果上看，有不少当事人当面就对调解协议约定的权利义务关系予以兑现，而经过司法确认协议，又具有强制执行力，当事人因而获得与裁判结果基本等价的结果。

总之，从宏观角度看，法院附设型人民调解机制有助于国家与社会的良性互动，积极回应了人们对司法的心理期待性，使得调解活动处在法院

---

① 资料来源：东莞市石龙镇人民法庭"诉调对接人民调解工作室"案件登记表。
② ［日］棚濑孝雄著，王亚新译：《纠纷的解决与审判制度》，中国政法大学出版社2004年版，第267页。

审判的"荫影下"而更有功效,且实现纠纷的合意化处理,实现了追求社会共同体秩序恢复的目的。

(四)法院附设型人民调解实践存在的不足

通过以上效果考察,可以看出法院附设型人民调解机制在实践运作中基本上实现其预设目标,产生积极的效果,但法院附设型人民调解也面临一系列问题。

1.法院附设人民调解的正当性危机

正当性是任何制度存在并持续发展的前提。法院附设型人民调解这种新生事物却面临着正当性危机,法院对前来起诉的纠纷暂缓立案有损于当事人裁判请求权的实现。法院附设型人民调解的运作机制是立案时法官可以引导当事人选择人民调解组织进行先行调解,调解不成功时,再由立案庭立案受理后进入诉讼程序。这可能便于纠纷的及时解决,但是也会带来法院行为正当性、合法性的质疑。根据民事诉讼法规定,人民法院收到起诉状或者口头起诉后七日内必须作出立案或不予立案的结论,而目前的实践采取的是第三条道路——"暂缓立案",这可能剥夺或妨碍当事人裁判请求权行使,违背了"法院不得拒绝纠纷"的基本法理,也可能因为立案时间上的过于迟延而导致当事人对诉讼时效担忧。[①]

2.法院附设人民调解给虚假调解创造便利条件

法院附设型人民调解在迅速、便捷解决纠纷同时,也面临着虚假调解的困扰。审判程序有较为严格的程序控制,法院对当事人实体权利义务的主张要经过严格证明程序才会作出判断,因而虚假诉讼等问题还能在一定程度上予以控制。不过,人民调解工作室调解工作以当事人合意为基础,缺乏相应的审查程序,而且在当前追求"调解率"的当下,司法确认程序中法官审查较为粗略,这给恶意转移财产、规避执行等提供便利条件,当事人可以串通起来骗取法院的司法确认书,实现其非法目的。通过

---

① 参见肖建国:《司法 ADR 建构中的委托调解制度研究——以中国法院的当代实践为中心》,载《法学评论》2009 年第 3 期。

司法确认程序虚假调解的案件已经给法院执行工作带来巨大的障碍。

3. 经费保障不足，影响调解人员的积极性

目前，各地的"人民调解窗口""人民调解工作室"都是在司法局和法院共同推动下成立的。根据《人民调解法》第 5 条规定："国务院司法行政部门负责指导全国的人民调解工作，县级以上地方人民政府司法行政部门负责指导本行政区域的人民调解工作。"而实践中，法院附设型人民调解机构实质上是受到司法局的"领导"，人民调解工作室等经费也都是由当地政府支付，但由于缺乏统一规范和立法支持，各地人民调解工作室的经费也主要看当地经济状况和财政的"脸色"。① 因而，人民调解工作室经费保障问题是制约其发展的重要原因。经费紧张带来的问题是，专职人民调解员待遇方面不高，调解员积极性不高、人员流动大，人民调解工作室成为部分刚毕业大学生的"跳板"，如果通过司法考试，就辞职做律师或走公务员序列等，人民调解员成为不具吸引力的职位。

4. 部门之间衔接仍有待加强

尽管人民调解工作室附设于法院内部，主要是与立案庭或者审判部分联系，但两者隶属于不同的单位，难免会出现工作衔接不畅。目前，各地人民调解工作室等，专职的人民调解员除去接受法院转介而来的纠纷外，仍要承担法制局交办的不少工作，这在一定程度上会影响其工作效率。此外，人民调解工作室的功能仍主要集中于诉前分流，其接受法院委托调解的功能或协助法院调解的功能未得到足够重视，这主要是法院有自己调解的权力，将案件委托调解将会增加程序的复杂性，且效果也难以得到法院和当事人的认同。因而，这种部门衔接和制度设置也是影响附设人民调解工作的重要因素。

---

① 从与各地"人民调解工作室"调解员的访谈中可知，工作室普遍受到经费问题的困扰。相比而言，在经济条件较好的东莞市第一人民法院的石龙镇"人民调解工作室"、重庆市渝中区人民法院"人民调解工作室"等经费状况稍好，重庆市涪陵区人民法院"人民调解工作室"等经费问题更为严重。

(五)法院附设型人民调解机制的完善

法院附设型人民调解机制正处于试验阶段和发展初期,不可避免会遇到理论解释上的难题或正当性危机,对此,应当宽容对待。对于法院附设型人民调解的正当性而言,应以当事人认同为关键,"对行使权利而产生的结果,人们作为正当的东西而加以接受时,这种权利的行使及结果就可以称之为具有'正当性'或'正统性'(legitimacy)"[①]。从目前实践来看,法院附设型人民调解基本上得到社会的认可。不过,法院附设诉前调解仍有很大的制度完善和实践探索空间:

1. 改革法院立案制度,保障诉与非诉有效衔接

立案制度上对诉与非诉的对接是目前诉前调解在理论上受到质疑最多的地方,该问题不能很好地解决将影响当事人裁判请求权的实现。对此,我国台湾地区"民事诉讼法"用二十三个条文规定诉前调解制度,并对诉与非诉立案衔接上作出精巧的制度设计。该法第419条规定,如果诉前调解不成功,按照调解申请人申请调解的时间为提起诉讼的时间,法院可以依一方当事人之申请,按照该案应适用的诉讼程序,直接进入辩论阶段。这种制度设计从根本上解决了可能因诉讼时效届满对当事人诉权行使造成的影响,也避免程序上的烦琐复杂。

不过,台湾地区采取的是立案登记制度,我国大陆地区是立案审查制,经过法院审查符合受理条件的,才能予以立案。在法院附设型人民调解诉前调解实践中,法院的转介行为不同,有的会出具转介函,有的直接口头转介,并将材料转交给人民调解工作室等。对此,笔者认为可以借鉴我国台湾地区的立法,在我国确立"预立案"制度,当法院附设人民调解组织调解不成功时,将法院转介调解行为视为法院受理当事人起诉的行为,产生法院受理效果,不必重新办理立案手续。这种做法能够实现法院附设型人民调解诉前调解与诉讼程序的有效对接,并能规范法院的诉前转

---

① [日]谷口安平著,王亚新、刘荣军译:《程序的正义与诉讼》(增补本),中国政法大学出版社2002年版,第9页。

介行为。

2. 严格适用司法确认程序,杜绝虚假调解

对于通过对人民调解工作室调解书司法确认来转移财产、制造虚假债务逃避执行的,司法确认审查法官更应当严格把关。对于没有存疑的、交易金额较大或者不符合交易习惯的案件尤其慎重,必要时可以对当事人进行询问,调查案件真实情况。此外,强化部门交流,加强对人民调解员的培训,采取定期培训、观摩法官审理案件或者直接作为人民陪审员参与案件审理,提高其业务素质和鉴别能力,从源头上杜绝虚假调解。在人民调解工作室逐步走向规范化和制度化的同时,可以逐步提高诉讼中委托调解的适用,实现法院调解社会化和调审分离,也使得法官能够从"调解法官"向"审判法官"转变。

3. 完善经费保障,实现机构的可持续发展

为保障人民调解工作室的有效运作,政府应当加大对法院附设型人民调解机构的财政投入,可建立经费单独预算制度,这部分支出可从法院的案件受理费中拨付。目前,法院实行收支两条线,收取的诉讼费用统一交由财政,然后法院的经费由财政上统一拨付。对此,从功能上看,法院附设型人民调解机构主要是在诉前进行案件分流,目的也是缓解法院的压力,因而,从案件受理费中直接拨付也具有正当性。但不宜采取直接由法院拨付经费的方法,因为这会增加法院的负担,会使法院经费紧张的困局雪上加霜。

4. 完善调解员的选任,提高调解工作的效率

法院附设型人民调解旨在利用社会力量来化解纠纷。目前,各地的人民调解室工作人员主要由退休法官、大学本科生以及村(居)委会人民调解员组成。从实践效果来看,由退休法官担任调解员效果最佳。例如,东莞市第一人民法院东城派出法庭的"诉调对接人民调解工作室"即由退休法官担任调解委员会成员,该工作室调解成功的案件一年达到上千件;重庆市渝中区人民法院附设的人民调解工作室也有退休法官参与,效果显著。这不仅是因为退休法官具有丰富的法律工作经验和裁断能力,另一个重要的原因是纠纷当事人对退休法官工作的认同,满足人们通过调解工作室获取与审判等质的法律服务的预期。此外,由从法院走出的人

进行诉前调解,能够加深法院与人民调解工作室之间的沟通和协调,消除法院对调解工作室调解工作不专业的担忧。

因此,在法院附设型人民调解的深化发展上,应当重点在人民调解员的选任上下功夫,选任那些有丰富法律工作经验退休法官、检察官等作为主调解员,由他们帮带培养其他调解员。同时,吸纳社会经验丰富、热心公益事业的人士作为兼职调解员,以此满足人民调解社会性、民间性特征。最后,强化法官的协助职能。在人民调解员主持调解下,可以由特定法官给就相关法律问题予以适当解释,不过法官不参与到实际的调解中,避免法官与当事人或其代理人就法律理解产生争执。法院应当充分发挥其司法职责,加强对人民调解等社会调解机构的法律培训和工作指导,提升其纠纷解决能力。

总之,从世界范围来看,法院附设调解等类型的司法 ADR 是民事司法改革的一大发展方向,不少国家都在对法院附设调解(court-related mediation)进行积极的探索。不过,我国的替代性纠纷解决机制的实践远未取得以上实质性成效,社会型救济机制不发达,也未出现"消失中的审判"(vanishing trial)①的声音。目前对法院附设型人民调解实践仅仅是司法 ADR 在中国实践的开始。今后,如何整合调解资源,充分吸收和利用社会力量进行调解,尤其是人民调解,是未来探索法院附设型 ADR 的重要内容。不论如何,法院附设型人民调解这种社会化的附设型调解模式是一种不可忽视的实践模式。

三、非讼调解协议司法确认程序

随着我国经济的发展,民事纠纷呈倍数级增长,司法能力的有限性制

---

① Marc Galanter, The Vanishing Trial: An Examination of Trials and Related Matters in Federal and State Courts, *Journal of Empirical Legal Studies*, No. 1(2004), pp. 459-570.

约了这些纠纷的迅速化解,给社会带来了不稳定因素。因此,人们把目光转向了替代性纠纷解决方法,非讼调解便被作为一项重要方法进行深入挖掘,各种类型的非讼调解被不断创设,包括人民调解、行政调解、劳动争议仲裁调解、民商事仲裁调解、行业协会调解等。在非讼调解蓬勃发展的背后,却隐含着"危机":一是非讼调解法制化的问题;二是非讼调解有效性的问题。在这两个问题中,又包含了若干需要深入进行理论论证的基础性问题,比如非讼调解的程序保障、非讼调解协议的性质、非讼调解协议的效力等问题。其中,非讼调解协议的性质和效力是尤其值得研究的带有"根本性"的问题。

为解决非讼调解协议的效力问题,最高人民法院先后出台了多个司法解释,包括《最高人民法院关于审理涉及人民调解协议的民事案件的若干规定》(法释〔2002〕29号,以下简称《若干规定》)、《最高人民法院关于建立健全诉讼与非讼相衔接的矛盾纠纷解决机制的若干意见》(法发〔2009〕45号,以下简称《若干意见》)、《最高人民法院关于人民调解协议司法确认程序的若干规定》(法发〔2011〕5号,以下简称《司法确认程序》);十一届全国人大常委会第23次会议审议并发布了《中华人民共和国民事诉讼法修正案(草案)》,向社会广泛征求意见。本次民事诉讼法修改将非讼调解协议纳入司法审查的范畴,不仅是对新形势下解决民事纠纷实践需求的回应,同时也从立法上促进多元化纠纷解决机制的建立,确保非诉讼纠纷解决方式的实效性。本书以《民事诉讼法修正案(草案)》第38条、第39条和之前最高人民法院发布的关于诉调对接等一系列司法解释的相关内容为研究对象,探讨非讼民事调解协议司法确认程序中所涉及的几个重大理论问题,以求对民事诉讼法修改提供点滴参考意见。

(一)对非讼调解协议相关司法解释的评价

最高人民法院先后发布的几个关于非讼调解协议的司法解释,比较全面地就非讼调解协议的性质、对非讼调解协议争议的解决程序以及对非讼调解协议效力进行司法确认的程序等作了规定。2002年的《若干规定》第一次将人民调解协议确定为具有合同的性质,这在制度上解决了长期以来人民调解协议效力的问题,在一定程度上提升了人民调解委员会调解民事案件的权威性和实效性。在此基础上,2009年的《若干意见》又进一步就解决民事调解协议"争议"和调解协议司法确认的问题作了规定。根据《若干意见》的规定,当事人请求履行调解协议、请求变更、撤销调解协议或者请求确认调解协议无效的,可以通过诉讼的方式加以解决,这是对2002年《若干规定》将调解协议确定为一种合同的进一步解释,强调其通过司法救济的具体形态;更为突出的是,为解决民事调解协议的执行力问题,《若干意见》还进一步规定可以通过公证机关和人民法院确认调解协议的效力。当事人申请人民法院确认民事调解协议的效力,实质上是确立了民事调解协议的司法审查制度。2010年颁布实施的《人民调解法》则顺应实践的需要,第一次在立法上明确了民事调解协议的司法确认制度[①],为解决民事调解协议的效力问题提供了法律支持。为进一步规范民事调解协议的司法确认程序,最高人民法院2011年又发布了《人民调解协议司法确认程序的若干规定》,该规定除对原有司法解释相关条款的内容予以继受外,还就申请司法确认案件的管辖、申请及证明、受理、审查程序及方式、不予司法确认的具体情形、司法确认决定的效力和对案外人的救济等,都作了较为明确的规定,更具有操作性。

　　上述司法解释内容上的发展变化,充分表明法院系统为创建多元纠纷解决机制所做出的努力,并使其形成了较为完善的"调"与"诉"的对接机制。归纳起来,对于非讼调解协议效力的确认,以及因调解协议的履行等所生之争议,司法解释大致规定了以下几个方面的途径:就非讼调解协

[①] 全国人大常委会2010年8月28日通过、2011年1月起实施的《中华人民共和国人民调解法》第32条规定:"经人民调解委员会调解达成调解协议后,当事人之间就调解协议的履行或者调解协议的内容发生争议的,一方当事人可以向人民法院提起诉讼。"这是从立法上进一步明确了民事调解协议的合同性质。第33条规定:"经人民调解委员会调解达成调解协议后,双方当事人认为有必要的,可以自调解协议生效之日起三十日内共同向人民法院申请司法确认,人民法院应当及时对调解协议进行审查,依法确认调解协议的效力。人民法院依法确认调解协议有效,一方当事人拒绝履行或者未完全履行的,对方当事人可以向人民法院申请强制执行。"这是立法首次将民事调解协议纳入司法审查的范畴,也是解决民事调解协议执行力的法律依据,也是最高人民法院出台《民事调解协议司法确认程序若干规定》的法律依据。

议的效力而言,当事人可以通过申请公证、申请支付令和申请司法确认三种方式解决调解协议的强制执行力问题。关于因调解协议争议的解决问题,当事人可以向人民法院提起诉讼,包括请求履行调解协议、请求变更或者撤销调解协议,或者请求确认调解协议无效等。从上述司法解释的内容可以看出,法院系统正着力建立非讼与诉讼的衔接机制。王亚新教授认为,"从民事诉讼法学的角度来看,《若干意见》吸收并发展此前相关司法解释的这些规定,意味着法院系统正在努力建构对调解协议的效力进行司法审查的程序或诉讼类型,也是力图使目前在司法实务中法院主导推行多元化纠纷解决以及诉调对接的种种改革尝试走向规范化、制度化和体系化的一个重要步骤"。① 司法实务在多元化纠纷解决机制探索中所取得的经验,为在民事诉讼立法制定民事调解协议司法确认制度提供了基础。然而,目前实践中大力推进的各种类型的"诉"与"调"衔接所形成的司法确认问题,②无论在实践上还是在理论上都存在需要解决的问题。从实践方面来看,主要存在以下两个主要问题:一是司法确认制度利用的前景;二是如何识别和规制虚假司法确认的问题。从理论层面看,其需要探讨的问题则显得更多一些,有些是带有根本性的问题,比如司法确认程序的性质定位问题;一些则是具有相当理论难度的课题,如法院司法确认决定的既判力问题等。

(二)司法确认程序性质的认识

从民事诉讼法理论来看,民事诉讼程序分为两种类型:一是诉讼程序,二是非讼程序。诉讼程序主要用于解决存在权利义务争议,需要查明案件事实、适用法律作出权威性判断的案件,这类程序有一审普通程序、简易程序、二审程序等。诉讼程序的主要功能在于定纷止争,解决争议。

---

① 王亚新:《诉调对接和对调解协议的司法审查》,载《法律适用》2010 年第 6 期。
② 目前实践中既有人民调解和行业调解组织主持调解所形成的民事调解协议进行司法确认的问题,也有法院诉前、立案、诉中进行的"委托调解"所形成的民事调解协议的司法确认问题。

非讼程序所要解决的不是权利义务争议,而是对一定的法律事实进行确认,借以消除法律关系不稳定的状态。其程序功能主要是对一定事实的存在与否作权威性判断,而对权利的归属和义务的承担不作评价。这类程序主要包括特别程序、督促程序、公示催告程序等。诉讼程序与非讼程序依不同的法理、遵循不同的原则构建:诉讼程序以主张、论证、判断为基本逻辑来展开,采取当事人主义诉讼模式与对审的程序结构;遵循诉讼权利平等原则、处分原则、辩论原则和诚实信用原则;以开庭和公开审理的形式对案件进行审理;在程序上要求为当事人提供充分的程序保障和层级救济的体制。而非讼程序则采取职权探知主义和非对审的程序结构,案件审理以非开庭的书面审查等略式程序进行审理;不提供层级救济的程序保障。

关于民事调解协议司法确认程序的性质,存在"诉讼程序""非讼程序""特别程序"之争论。"诉讼程序说"认为,司法确认程序是对当事人之间达成的调解协议所涉及之权利义务关系的确认,具有解决纠纷的功能,与诉讼程序之功能与目的相一致。"非讼程序说"则认为,从裁判采决定形式这一点可以推断当事人对这种裁判不得上诉,此亦为非讼程序的表现之一。这种程序的非讼性质与关于当事人可依调解协议申请支付令的另一程序设计也能够相互支撑和印证。① 还有观点认为,司法确认程序具诉讼与非讼两种程序的性质,是一种独立的程序。

笔者认为,将司法确认程序定性为非讼程序更为合适。首先,从司法确认程序设置的目的看,其主要在于解决民事调解协议的强制执行力问题。尽管在制度上,我国以立法的形式肯定了人民调解的法律地位,但由于人民调解协议不具有类似于法院判决的强制执行力,当事人随意反悔调解协议,严重影响了人民调解的严肃性和权威性。设立司法确认程序的目的,就是在于通过对调解协议的司法审查,赋予民事调解协议强制执行力,提升人民调解组织解决纠纷的权威性。其次,就解决民事调解协议执行力的问题,现有的司法解释已规定了申请公证和申请支付令两种途径,若将人民法院司法确认理解为诉讼程序,则一方面与前两项司法解释

---

① 王亚新:《诉调对接和对调解协议的司法审查》,载《法律适用》2010年第6期。

有不协调之处,可能导致司法确认程序形同虚设、利用率低的问题。因为,具有诉讼性质的程序通常要比诉讼外程序和诉讼内非讼程序要复杂,成本也相对高,再加之充分的程序保障之需要,审级救济制度的设计也是不可或缺的。另一方面,将司法确认程序定性为诉讼程序也与2002年《若干规定》将调解协议定性为合同性质不协调,更无必要与当事人请求履行调解协议、撤销协议、变更协议内容的诉讼区别对待另设确认程序。

综上所述,司法确认程序的基本功能是确认当事人诉讼外达成的调解协议合法有效的事实,并不存在对当事人权利义务关系作出权威性判断,若当事人之间的调解协议不符合法律规定,法院只能驳回申请人确认效力的请求,而不能对当事人之间争议的权利义务关系作出判决。换句话说,当事人在诉讼外达成调解协议后,其争议即告消解,当事人申请确认调解协议的效力,其意图也仅仅是请求人民法院赋予调解协议强制执行力,而不在于法院查明事实,确定权利义务关系。对争议的权利义务关系寻求法院作出权威性判断,使当事人之间所生之纠纷得以解决,是诉讼程序的基本功能和特征;无争议且不解决实体权利争议,仅对一定事实进行权威性的认定,是非讼程序的基本程序功能和特征。从司法确认程序启动的前提、目的来看,司法确认程序更符合非讼程序的特点,遵循非讼程序的法理。

(三)司法确认裁定的既判力问题

法院判决的既判力,是指生效判决的实质确定力。判决一旦确定,就成了最终解决纠纷的权威性判断,当事人丧失了以不服判决的方法要求撤销判决,法院也受此约束不得作出相反判断。"这种确定判决所表示的判断不论对当事人还是法院都有强制性的通用力,不得进行违反它的主张或者判断的效果就是'既判力'。"① 民事调解协议经法院司法审查作出的确认决定是否具有既判力,是一个争论颇大的理论和实践问题。承认

---

① [日]兼子一、竹下守夫著,白绿铉译:《民事诉讼法》,法律出版社1996年版,第156页。

司法确认决定具有既判决力的理论难点,在于司法确认程序因其非讼性的特点而缺少充分的程序保障,赋予其既判力缺乏正当性;不支持司法确认决定具有既判力的困难则在于,因司法确认决定具有强制执行力,一旦通过法院强力实现后,当事人之间的实体法律关系便处于相对稳定的状态,若当事人和法院不受约束而进行相反主张或作出不同的权利义务关系判断,这不但不利于既成实体法律关系的安定性,业已完成的强制执行也存在潜在的危机。

笔者不赞同赋予司法确认决定以既判力。主要有以下几点理由:

第一,既判力是法院所作终局判决所具有的通用力,判决的内容则隐含了法院的判断,其是在正确认定案件事实的基础上,准确适用法律所作出的当事人之间实体权利义务关系的权威性判断。而在司法确认程序中,法院并不进行类似于诉讼中的庭审调查和事实认定,也不适用法律对当事人之间的权利义务关系进行判断,而是审查调解协议的形成是否符合当事人的意愿(自愿),是否有违反法律强制性规定之内容,仅此而已。

第二,司法确认程序缺少对当事人必要且充分的程序保障。考虑到司法确认之目的及程序的非讼性,司法确认程序采取略式结构,类似于特别程序、督促程序的程序结构。不采取主张、证明、判断的诉讼证明程序结构,也就无需对审的庭审程序设计,诉讼中非常重要的辩论在这里也似乎失去了意义,更不要说当事人不服即可上诉的审级救济制度。理论上也普遍认为获得既判力的正当化根据之一是必要的程序保障,[①]从这一点看,赋予司法确认决定以既判力缺少必要的程序保障。

第三,我国并不承认根据当事人合意可作出判决的所谓合意判决。如果承认司法确认决定具有如同法院判决一样的既判力,就等于承认法院可以根据当事人合意作出判决。尽管在一些国家为确保非讼调解协议、诉讼和解协议的效力,承认法院可以经当事人申请并根据调解协议的内容作出合意判决;但是,在我国实践中却缺少合意判决的制度支撑。

第四,防范虚假司法确认之必要。在司法确认程序制定之时,就有担

[①] [日]高桥宏志著,林剑锋译:《民事诉讼法制度与理论的深层分析》,法律出版社2003年版,第492页。

心可能存在虚假司法确认的危险,特别是在我国实践中一定程度上存在信用、诚信缺失的背景下,这种担心就尤为值得我们注意。从目前的实践来看,否定司法确认决定的既判力不失为一项妥当的制度安排。

(四)关于司法确认的救济问题

如同法院适用其他程序可能出现错误裁判一样,司法确认决定出现错误的可能性也是存在的。这种错误可能表现为两种情形:一是司法确认决定对当事人产生的错误,比如超出当事人调解协议内容的确认决定、对不得确认之事项进行了确认;二是当事人调解协议涉及第三人的利益,司法确认决定损害了第三人的利益。因司法确认程序的非讼性,法院对司法确认案件采取略式程序进行不公开审理,不可能像诉讼程序那样为案外第三人提供程序参与的机会和程序保障,这就不可避免地会有司法确认决定损害第三人利益的情形发生,对案外第三人提供程序救济就显得必要。

现有司法解释是通过事前预防和事后补救两种策略来加以解决的。所谓的事前预防,是指当事人申请调解协议司法确认的同时,双方当事人应当签署承诺书,保证双方当事人是出于解决纠纷的目的自愿达成协议,没有恶意串通、规避法律的行为;若因为调解协议内容给他人造成损害的,愿意承担相应的民事责任和其他法律责任。所谓事后救济,是指经司法确认程序的审理,法院作出的司法确认决定有错误或损害第三人的合法权益之情形时,所提供的申请撤销司法确认决定的程序。按诉讼法理,人民法院适用诉讼程序所作的判决,除有审级救济程序之外,制度上还提供了再审救济的保障。而按非讼程序的法理,法院作出的非讼判决发生错误或者与事实不符时,是向原审法院申请适用原审程序审理并撤销原判决、作出新判决,再审制度并无利用的必要。与一般的非讼判决所不同的是,司法确认程序所作出的确认决定,是对当事人解决其权利义务争议合意的确认,其能否按照再审程序加以救济呢?答案是否定的。理由是:第一,司法确认程序采取一审终审制,制度上并未为当事人提供审级救济的程序保障,按诉讼法理来讲,原则上不能上诉之裁判,也无再审救济之必要;第二,按现有法律规定,再审程序是对原裁判在事实认定、法律适用等方面存在的错误进行审理并加以纠正,而在司法确认案件的审理中,法院并不对案件事实本身进行审理,也不适用法律对案件实体关系作出裁判,不符合再审事由和再审对象的要求;第三,法院适用再审程序纠正已确定裁判之错误时,适用的程序为诉讼程序,即第一审普通程序或者第二审程序,而司法确认程序为略式程序,适用这一程序作出的确认决定若适用再审程序加以纠正,显得极不协调,即确认程序是一个非讼程序,而纠错程序却是诉讼程序,其正当性便是一个值得质疑的问题。

笔者认为,就司法确认决定错误对当事人的救济,应当适用非讼程序的法理,即当事人向原审法院提出申请,并由原审法院适用原司法确认程序予以撤销决定决并作出新决定。而对于法院作出的司法确认决定损害了第三人利益之情形,是否也作同样处理?这是一个值得讨论的问题。非讼程序的特点是程序简化,程序保障供给不足。一般情况下,法院裁判影响案外第三人利益之时,通常的救济方法是赋予第三人提起撤销诉讼的权利。① 在我国非讼程序的立法实践中,只有公示催告程序中利害关系人因正当事由未能在判决前向法院申报权利者,是向作出除权判决的法院提起撤销诉讼。那么第三人对影响自己民事权利的司法确认决定,是应当以提起撤销诉讼还是以申请本院撤销决定、作出新决定来保护自己的合法权益呢?笔者认为,第三人应当以向原审法院申请的方式,并适用原司法确认程序予以撤销并作出新的决定。其实,这里存在两难的困境。一方面,赋予案外人提起诉讼的救济方法,不但在法理上难以解释为何作出司法确认决定适用略式非讼程序,而作出撤销决定却需要通过诉讼程序;同时,这与本书前文认为的确认决定不具有既判力的观点也难以契合。另一方面,若通过一个略式程序的审查即撤销已作出的司法确认决定,则又显得过于随意,使本身就不具有既判力的司法决定的效力更加

---

① 我国民事诉讼法并未建立第三人撤销诉讼制度,一旦法院作出的确定裁判损害第三人利益时,并无相应的救济手段。最高人民法院2008年出台的关于适用民事诉讼法再审程序的司法解释中,规定了案外人可以申请再审的权利。但这一条实际上是很难操作的,特别是再审程序即使因第三人的申请而得以启动,但第三人并无进入再审程序的正当地位,无法对再审结果形成实质性的影响,对其程序保障非常欠缺。

不稳定。然而,面对这样两难的选择,无论是从法理上,还是从制度设计层面,第三人通过原审程序申请撤销司法确认决定显得更具有说服力。

(五)司法确认程序与调解协议争议诉讼程序之关系

仔细研究最高人民法院先后出台的关于民事调解协议相关问题的司法解释,会发现这些司法解释内含了多个程序。仅是涉及赋予民事调解协议强制执行力的程序就多达三个,一是公证程序,二是督促程序,三是司法确认程序;同时还有建立了关于调解协议争议的诉讼程序,这与之前较早的司法解释将民事调解协议定义为合同是相一致的。

从赋予民事调解协议强制执行力的程序来看,其本身就涉及三个程序的协调问题。特别是同为非讼程序的督促程序和司法确认程序,则更需要考虑在规则制定上的相当性。两程序相比较,督促程序比司法确认程序更为简化:其不需要当事人双方合意申请、法院仅作形式审查而不需要当事人出庭说明情况或提供补充材料;相比之下,司法确认程序相对复杂一些。由此而带来的法院裁判在效力上也有些许差异:被申请人对法院发出的支付令仅书面表示不服而不需要任何理由,支付令即失效,民事调解协议也无法通过申请支付令的方式获得强制执行力;而司法确认决定一旦作出并送达双方当事人,即产生强制执行力。这种程序效果,也是程序本身所提供的保障不同而产生的差异。而公证程序确认民事调解协议的效力与非讼程序确认调解协议的效力,则难以比较并加以协调,调解协议一旦公证即产生强制执行的效力。这里便产生一个十分有趣的问题,有了公证确认调解协议效力的情况下,通过督促程序和司法确认程序这两个非讼程序并由法院介入进行司法审查来确认调解协议效力的程序,其还有多大的存在价值?

除上述关于调解协议效力确认的程序比较之外,调解协议效力确认程序与关于调解协议争议的诉讼程序也存在相互关联、相互影响的问题,需要加以厘清。根据相关司法解释的规定,涉及调解协议的履行、调解协议内容的变更或者确认调解协议无效的,可以向人民法院提起诉讼。这里有两个问题是需要探讨的:一是关于请求法院确认调解协议无效的案件,司法解释规定了适用诉讼程序而非司法确认程序,同是确认调解协议的效力问题,确认调解协议合法有效适用非讼程序,请求确认调解协议无效却适用诉讼程序。缘何如此？能够找到的合理解释是,当事人合意请求确认调解协议的效力表明双方并无争议存在,适用非讼程序当然无错；而当事人一方请求确认调解协议无效,则说明双方存在分歧,显然只能通过诉讼程序加以平息。但是,这是一个问题的两个方面,在法院驳回当事人请求确认调解协议效力的申请时,相应地也就说明了调解协议是无效的；当法院判决驳回当事人请求确认调解协议无效之诉求时,也就说明了调解协议是有效的。那么,在这种情况下,我们是否可以理解此时的调解协议已具备了强制执行的效力了呢？笔者的答案是肯定的。理由是：调解协议的效力之认定,是司法确认程序的核心问题,与仅通过略式审查即可赋予调解协议强制执行力的司法确认程序相比,确认调解协议无效的诉讼程序则显得更具有可靠性,由此程序作出的司法确认判决当然可以作为强制执行依据。除此之外,关于诉请调解协议的履行、调解协议内容的变更的诉讼,因为其是将调解协议作为合同的一个通常诉讼,其判决具有强制执行力当无需再耗费笔墨加以讨论。

(六)完善调解协议司法确认程序的建议

对上述关于调解协议效力及司法确认相关司法解释讨论的目的,在于促进立法的科学化。本次发布的民事诉讼法修正案将调解协议纳入司法审查的范围,是从立法上进一步肯定司法确认制度并试图使其规范化。修正案第 38 条规定:"人民法院审理选民资格案件、宣告失踪案件或者宣告死亡案件、认定公民无民事能力或者限制民事行为能力案件,适用本章规定。本章没有规定的,适用本法和其他法律的有关规定。"从本条规定的表述来看,立法将确认调解协议效力案件与选民资格和几类非讼案件并列,并适用特别程序,肯定了司法确认程序的非讼性,这是值得肯定的。在程序的操作上,修正案第 39 条规定,当事人申请司法确认应当由双方当事人共同向调解组织所在地的人民法院提出。这一方面表明司法确认程序需要当事人双方合意启动,另一方面明确了管辖法院。结合现有司

第六章 法院附设调解机制

法解释和本书的讨论,笔者对民事诉讼法修正案确立调解协议司法确认程序提出以下几点参考建议:

1. 关于司法确认程序的启动

现有司法解释和立法都规定司法确认程序需要双方当事人共同申请方能启动,这一规定是否合理?笔者认为,在程序的启动方面限制过于严格。从所有诉讼程序和非讼程序的启动方面来看,当事人双方合意启动程序的规定尚不存在,即使是非讼程序也没有先例。当事人一方启动并不影响适用非讼程序来确认调解协议的效力,因此,建议改为当事人一方即可申请司法确认,启动司法确认程序。

2. 关于司法确认案件的审理

根据现有司法解释的规定,司法确认案件是以开庭的方式加以审理的,开庭、对审的审理方式与非讼程序案件的特点和程序结构不符。从域外关于调解协议、和解协议的效力确认程序来看,基本上采取书面审理的形式。结合民事诉讼法修正案对司法确认程序的定位,笔者建议司法确认案件以书面审理为原则,必要时可询问当事人和调解组织,以简化审理程序。

3. 增加对司法确认决定的救济程序

必须建立对发生错误的司法确认决定的救济程序,以保障当事人和案外第三人的合法权益。根据司法确认程序的非讼性特点,对司法确认决定的救济也应当适用同一程序,并由原审法院予以纠正。

后 记

本书是教育部课题"'审判荫影'下调解合意诱导机制研究——以我国民事诉讼法调审合一程序为基础(项目编号:10YJA820096)"的最终研究成果。课题研究以我国调审合一程序结构为基础,结合诉讼调解实践,从调解的基本原理出发,探讨了在法院设置调解的基本程序结构,分析了促成当事人合意生成的诱导机制,并对法院调解的制度构建提出了建设性的改革思路。

为完成本课题,课题组成员进行了大量的实证调研,取得了第一手实践资料。在此,要特别感谢重庆市第一中级人民法院、重庆市沙坪坝区人民法院、广东省广州市增城区人民法院、广东省广州市萝岗区人民法院、广东省惠州市中级人民法院、广东省惠州市惠城区人民法院、广东省东莞市第一人民法院、贵州省安顺市平坝县人民法院。

课题由唐力主持,课题组成员包括:毋爱斌、谷佳杰、高翔、易晓东。课题撰写分工如下:

唐力(西南政法大学法学院教授、法学博士、博士研究生导师):第二章、第三章(合写)、第四章、第五章、第六章(合写);

毋爱斌(西南政法大学法学院副教授、法学博士、硕士研究生导师):绪论、第六章(合写);

谷佳杰(西南政法大学法学院讲师、法学博士):第一章(合写);

高翔(西南政法大学博士研究生):第一章(合写);

易晓东(西南政法大学博士研究生):第三章(合写);

全书由课题主持人唐力统稿、审定。

唐　力

2016年9月1日